神がいるなら、なぜ悪があるのか

現代の神義論

Theodizee

クラウス・フォン・シュトッシュ／著
Klaus von Stosch
加納和寛／訳
Kano Kazuhiro

関西学院大学出版会

神がいるなら、なぜ悪があるのか

——現代の神義論

Klaus von Stosch
Theodizee
3., überarbeitete Auflage 2024

訳者まえがき

世界中の人々が、地震で被害を受けた日本の人々に思いを寄せています。そして神を信じる人々は、『なぜ神は、こうした災害を未然に防いでくれないのか』と問うのではないでしょうか。

二〇一一年三月二四日、つまり、あの東日本大震災の発生から約二週間後に、ドイツの全国紙「ツァイト」が取り上げた、ある読者からの質問です。これに回答したのは、ドイツのプロテスタント教会を代表する牧師の一人であり、神学者でもあるヴォルフガング・フーバー氏でした。彼はまず被災地の人々の声を丁寧に紹介し、地震や津波そのものの被害と、科学技術の産物である原発に伴う事故の被害とを区別しつつ、次のように語りました。

地震、津波とも自然の法則に従って生じています。人間には、自然法則に従うだけにとどまらない自由な意思がありますが、それを誤って用いていることにまず気づかなければなりません。自然災害で人間が苦しんでいるとき、神は自然法則の側ではなく、苦しむ人間の側にいるのです。人間は自分が作り出した技術を過信し、人間の技術だけで明るい未来を切り開くことができると思い込んでいました。その結果起きたのが、原発事故であることを認めなければなりません。絶対に安全な技術など存在しません。人間は自分たちの行いが、どれだけのリスクを伴うことなのか、常に考えなければなりません。いまこの世を共に生きている人々のために、そして未来を生きる次世代の人々のために、私たちはそれをしなければなりません。そして神はそのような私たちと共に、そして未来を生きる次世代の人々と共にいるのです。

キリスト教が伝統宗教として根付いているドイツで交わされた問いと答えですので、あくまでキリスト教的宗教観が前提となっているのですが、似たような疑問を抱いた人は日本でもいたことでしょうし、キリスト教を背景としない日本の人々でも、このフーバー氏の答えから得るものは少なくないのではないでしょうか。

神がいるなら、なぜ悪があるのか――「神義論」と呼ばれるこの問いは、神を信じる人々にとって昔から重要な問いでした。そして近代の神義論の出発点の一つは、実は一七五五年のリスボン地震でした。港町であるポルトガルの首都リスボンは、マグニチュード八・五から九と推計される大地震と一五メートルあまりの高さの津波に襲われました。さらに津波を免れた地域も地震直後に発生した大火災に巻き込まれたため、市街地の約八五パーセントの建物が壊滅的な打撃を受けました。二七万五〇〇〇人の住民のうち、実に三万人から一〇万人が犠牲になったと考えられています。ポルトガルはローマ・カトリックの国であり、しかも地震発生当日はキリスト教の祝日の一つである「諸聖人」の日（一一月一日）でした。「なぜ神はカトリック国ポルトガルを、教会や修道院がひしめくリスボンを、そして神を信じる住民たちを守ってくれなかったのか」。この地震は、本書でも取り上げられている哲学者カントを初めとする知識人たちが、悪とは何か、神の全能性とは何か、そもそも宗教とは何かといった課題に取り組むきっかけとなりました。

神がいるなら、なぜ悪があるのか――長い間、この問いかけは宗教に対して否定的な立場の人々から投げかけられる皮肉としての響きが強いものでした。これは問いかけというよりも「結局、神はいませんよね。なぜならこの世には、神がいるというにはあまりにも不条理な悪が多いのは明らかですから」という意味で用いられることが多かったように感じます。しかし近年、この問いかけが含むニュアンスに微妙な変化を感じるのは私だけでしょうか。東日本大震災を期に、被災地にある東北大学には「臨床宗教師」の講座が設置されました。これは災害時のみならず、病院や福祉施設そのほかで精神的なケアを提供する宗教者が学ぶ講座で、同様の講座が宗教系の大学などを中心に全国に広まりつつあります。いま宗教者に向かって「神がいるならば、なぜこの世には悪があるのか」と問う人々は、これまでのように神を否定するのではなく、この問いに次のような思いを込めているのではと感じます。「神がいるなら教えてほしい、不条理としか思えない悪にいま苦しまなければならない意味を、そして苦しみがあるにもかかわらず、この私が生きていかなければならない意味を」。この問いに対して、宗教者は決して目をそらすことなく、人々の魂に届くような応答をすることが求められているのではないでしょうか。

本書は、フーバー氏と同じドイツのキリスト教神学者であるクラウス・フォン・シュトッシュ氏の『神義論（Theodizee）』（二〇一三年初版、二〇二四年改訂第三版）の全訳です。原書はドイツの大学生用の教科書として出版されました。

著者はまず、悪を自然災害や病気などによる「自然悪」と、人間の手による「道徳悪」とに分けて考えるとしたうえで、キリスト教の伝統的な悪の解釈を説明します。しかし、それでも悪の存在に納得がいかない場合、神が善であること、全能であること、全知であることの意味を解釈し直せばうまくいくのでは、という提案があることを紹介します。こうして神の側から悪を考えることに続いて、なぜ人間は悪をなすことができるのかという問いに取り組むため、人間の自由、特に「自由意志」について考察が深められます。また「道徳悪」への理解を広げるために、カントの実践理性に関する考え方が取り上げられています。そして悪そのものの定義もさることながら、人間が苦しむことの意味にも重点を置くことで、現代の私たちが受け入れることのできる神義論を描こうとします。最後に著者は、イスラーム、ヒンズー教、仏教における悪と苦しみの問題にも触れています。

この本の特徴は、悪というものを単なる観念として追求するのではなく、悪が人間に引き起こす体験的な「苦しみ」を一つの中心として議論を展開していることにあります。これが重要な問題であることを示す例として、ドストエフスキーの小説「カラマーゾフの兄弟」のなかで、登場人物イワン・カラマーゾフが語る劇中劇の一つである、地主の将軍の犬を傷つけた少年が罰として将軍の命令で猟犬たちに喰い殺される話が繰り返し取り上げられます。この話はキリスト教の救済論批判として読まれることが多いのですが、著者はこれを無残に殺された少年の苦しみの意味の観点から徹底的に考察することで、アウシュヴィッツの犠牲者の苦しみと重ね合わせ、現代における神義論の新たな地平を切り開こうとしています。それは自然災害で命を落とした人々の苦しみの意味を考えることにもなるでしょう。悪そのものは「自然悪」と「道徳悪」といったように区別がつきやすいものも多いですが、この私が感じる「苦しみ」には簡単に区別などつけられないことが多いからです。本書が苦しみ多き人生を歩むすべての人々にとって少しでもお役に立つことがあればと願ってやみません。

本書の翻訳にあたっては、関西学院大学出版会の田中直哉さま、辻戸みゆきさまに大変お世話になりました。この場を借りてお礼を申し上げます。そして訳者のドイツ留学から現在の大学勤務に至るまで、いつも理解し、支えてくれている妻・美巳に、心からの感謝を捧げます。

初版第二刷（原著改訂第三版）への訳者まえがき

二〇一八年に刊行した本書の日本語版初版は、ドイツ語原著の第二版を底本にしていました。二〇二四年夏、関西学院大学出版会より重版を考えているとのご連絡をいただき、改めて原著を調べ直したところ、ちょうど同年八月に原著第三版が出されたところでした。そこで重版を機に、原著で新たに追加された段落や注などを訳出することにしました。また、その他の訳語などについて、初版刊行後に不充分だったと感じていたものについても修正を加えました。このため、初版の日本語版とは異なる部分が多々あることをお許しください。

今回の改訂・重版においても、関西学院大学出版会の田中直哉さま、辻戸みゆきさまに格別のご配慮をいただきました。この場を借りて、再度お礼を申し上げます。

神がいるなら、なぜ悪があるのか　目次

第五章

第六章

第七章

はじめに

神義論とは、全知全能の善なる神を信じている人が、意味の見出せない苦しみに直面したとき、果たしてその信仰は正しいかどうかを議論することです。仮に現代の神学者たちが神義論の課題の重要さに気づくならば、神義論の問題に直面するはずです。それはつまり、神がいるなら、この世にはなぜ悪が存在するのかという問いは、実はもう長い間、無神論の最も重要な根拠になっており、神を信じるという責任を引き受けるためには、この問題に理性的に対処することが不可欠であるという事実です。ただその際には、悪というものは、自然法則から生じる悪と、人間の自由意志から生じる悪とに区別されなければなりません。というのは、神義論とは自然法則の存在から出発するべきですが、それだけではなく、人間には自由意志があるということからも考えを広げる必要があるからです。

「神義論」は文字どおり「神」と「正義」という二つの言葉の組み合わせです。宗教改革者マルティン・ルター（一四八三—一五四六）もそう考えたのですが、この字面から、神義論とは神が正義であると証明すること、つまり人間の理性によって神は正義であると判定することだと思われるかもしれません。※1 実際、神義論はそういうものだと繰り返し言われてきました。しかし、ここで改めて声を大にして言わなければならないのは、神義論とは少なくとも現代においては神を信じることの正しさに関する議論であり、神が正しいかどうかということに関する議論ではないということです。神のすることは何でも正しいはずだと、神を正当化する必要はありません。けれども、自分が持っている神への信仰は果たして正しいのだろうかと吟味する必要はあります。

　信仰の正しさを吟味する必要性は、明らかに矛盾していることから生じます。神義論において問題となることの核心は、信仰が生み出したものだからです。信仰があるがゆえに信仰が正しいかどうかを吟味しなければならないというこの矛盾が生まれるのは、神は全知、全能、完全なる善という性質の持ち主である一方で、この世には意味をはかりかねる苦しみが存在するという事実があるからです。意味がないとしか思えない苦しみや、悪としか言いようのない事柄を前にしてはっきりさせておきますが、この世の苦しみに対して安易に意味を与えることは解決にはなりません。痛みを伴う出来事には、それ自体に深い意味があるということは誰もが体験的に知っています。痛いと感じることは、危険を回避するなど、意味のある警告の役割を果たしています。また子供時代にある種の病気にかかることで、その後かえって丈夫に育つことがあるのは多くの人が認めるところです。他方で、あまり高尚な意味を感じられない痛みや苦しみ、道徳的視点からするとあってはならない苦しみや死、例えば罪のない子供が亡くなるといったことが現実には存在します。少なくともこうした苦しみの形態は、完全なる善であり、全能である神への信仰において論理的に矛盾しているのではないか、あるいはこの信仰において果たして納得できるものなのかという問いを鋭く突きつけます。本書では、こうした苦しみの形態だけを悪と呼び、神義論が取り組む問題としましょう。

哲学者ゴットフリート・ヴィルヘルム・ライプニッツ（一六四六―一七一六）は、それまでの神学において考えられてきた神義論の概念を変えた人です。彼以降、悪の形式は三つに分けられるようになりました。すなわち、形而上学的悪、自然悪、道徳悪の三つです。※2 例えば、形而上学的悪としては、人間の不完全性や有限性が挙げられます。ただこれらの事柄は、人間が神の被造物であるということや、神の視点からみて多様性は必要であるとされ、それゆえに人間は不完全でなければならないというのであれば、大きな問題とはいえません。神の創造によって生まれた人間が多様であるというのは、人間は自由な存在であるということにもなりますし、それぞれの人間は神の前でそれぞれ異なった独自の立場を持つことになります。さらに、あとでより深くみることになりますが、世界の限界性や不完全性に直面する際、人間の有限性は神から与えられた大いなる恵みとみなすことができます。そういうわけで、これ以上、形而上学的悪を初めから悪として説明することはやめておきましょう。（図1）

それよりも、この本では道徳悪と自然悪とについて詳しく説明していきます。道徳悪というのは必ず人間が引き起こすものであり、人間の自由が引き起こす過ちによる苦しみの形です。反対に、自然悪は人間以外の自然の事物が引き起こすものです。強いて例を挙げるならば、殺人行為は道徳悪であり、自然災害による死は自然悪だということができるでしょうか。ただ現代において、人間による自然破壊が引き起こす災害などに目を向けると、いったいこの出来事はどの悪に当てはまるのかと判断するのは難しい場合があります。例えば、一般的に人間が主な原因であるとされる地球温暖化現象によって生じた台風による被害は、道徳悪と呼ぶべきで

図1　神義論的問題

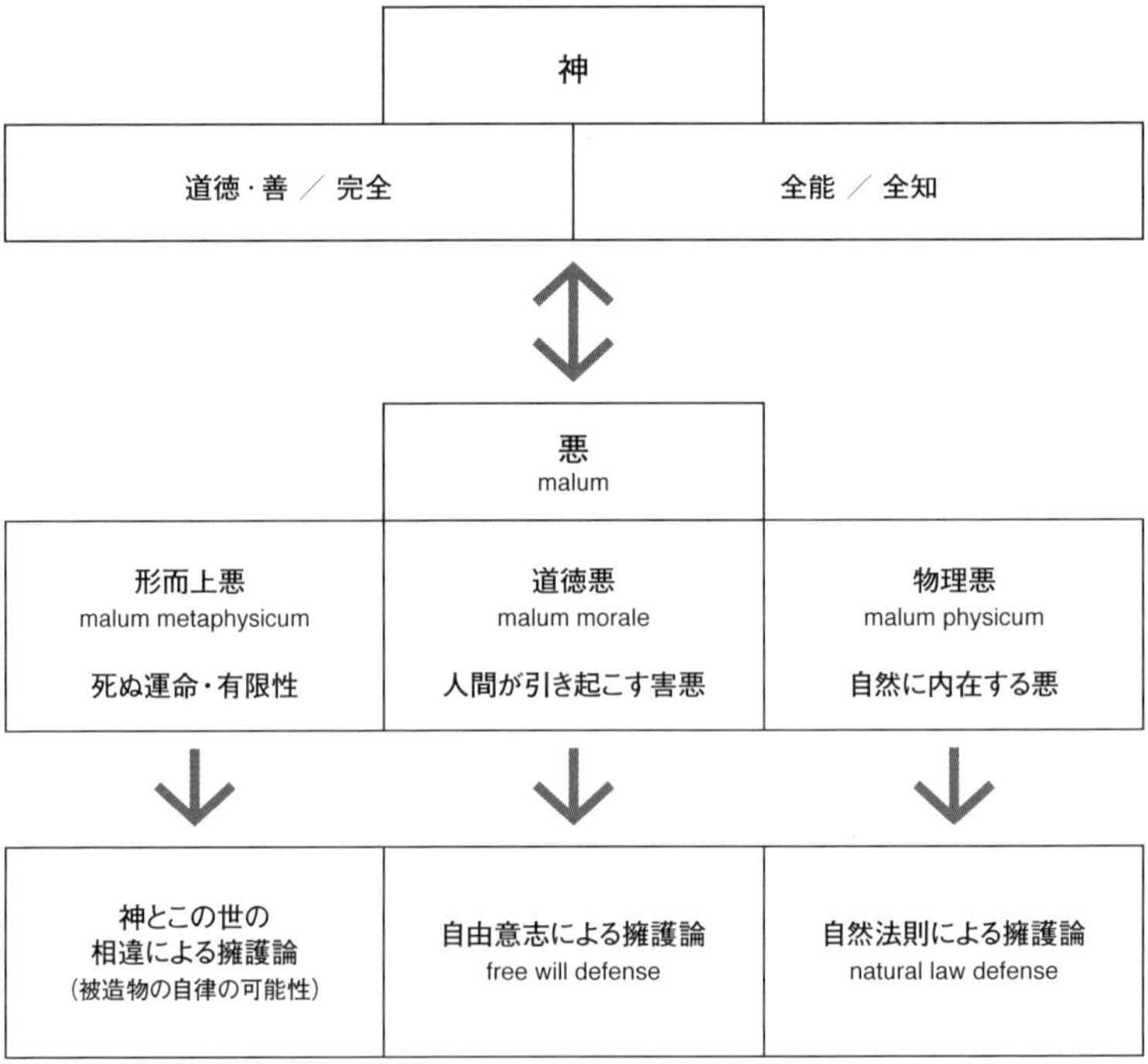

しょうか、それとも自然悪といったほうが正しいでしょうか。こうした区別をつけるのが難しい個々の問題があるのは承知のうえで、神義論でなおも自然悪と道徳悪を根本的に区別することには意味があると考えます。そうすることで、悪というもの、あるいは部分的に悪といえるものが存在していることについて、それが人間の自由な行為の結果なのか、それとも自然法則あるいはキリスト教倫理の観点から悪と呼ぶべきものなのか、あるいはそもそも神の創造の秩序によって生じたものなのか、という違いがはっき

りするからです。

そうしてさまざまな考察を適切に行おうとすると、ここで二つの疑問が生じます。一つは、なぜ神は創造の秩序をほかの形式にしなかったのか、つまり人間が自然から受ける苦しみをもっと少なくしなかったのかということです（第三章を参照）。このことは、しばしば自然法則による擁護論（natural law defense）において問題視されることがあります。もう一つは、神はなぜ人間に自由を行使させることを許しているのかということです（第五章を参照）。一般的な言い方をすれば、自由意志による擁護論（free will defense）から提起される問題です。

完全なる善にして全能である神への信仰の立場から、この世の悪に直面した際に、それを理性的に説明する責任があるような問いに対して応答しなければならないことも、神義論の役割の一つです。神義論が扱う問題の古典的な形式の一つは、初期キリスト教の護教家として知られる神学者ラクタンティウス（二五〇頃—三一七）の文章に見出すことができます（ギリシャの哲学者エピクロスに帰される文章ともいわれていますが、おそらくそうではないでしょう）。


神が悪を取り除こうとし、それができないとしたら、それほど神は弱いのか。

神は悪を取り除くことができるが、それを望まないとしたら、神は冷淡で妬み深い存在なのか。

神は悪を取り除こうとも思わず、そうする力もないとしたら、神は神と呼べないほど弱く妬み深いのか。

それとも神は神らしく悪を取り除こうと望み、またそうすることができるのか。

それならば悪はどこから生じ、なぜ神は悪を取り除かないのか。※3

この矛盾対立は、全能である存在が行うことに限界などなく、全知である存在が悪というものを知っているならば、その完全に善であり全能にして全知の存在は、善に対立するようなものを許しておくはずがないではないか、という考えからきています。ですから、完全に善であり、全能であり、全知である存在は、この世界に意味の見出せない苦しみがあることを許すはずがない、という考えが出てくるのは当然でしょう。したがって、それにもかかわらずこの世に悪が存在することは、この完全なる善であり、全能であり、全知である存在に対立することになり、神への信仰を大きく揺さぶるのです。

神義論は、この立ち位置において神への信仰を守ろうとするものです。それは近現代にみられる典型的な現象です。確かに古代や中世においてもこの世の悪について考えられてきたわけですが、悪が存在するならば、それと同じくらい神の存在は意味のあることだと思われていました。その際、神の存在自体を知性的に、あるいは存在論的に疑うことはありませんでした。というのは、神が存在するのは当たり前のこととして受け止められており、無神論はまともに取り扱う価値などない考え方だとみなされていたからです。

こうした状況は啓蒙主義時代以降、劇的に変化しました。イギリスの哲学者デーヴィッド・ヒューム（一七一一―一七七六）とドイツの哲学者イマヌエル・カント（一七二四―一八〇四）以来、神学者でさえも神の存在は当たり前だとは滅多に言わなくなり、西洋では無神論者がどこでもふつうにみられるようになりました。フランスの小説家スタンダール（一七八三―一八四二）が言ったように、神が存在するということが当然でもなければ証明もできないというのであれば、この世の苦しみに直面したときに「それは神などいないからだ」という説明が出てくるようになりました。近代以前、神への信仰は神義論についての充分な説明のないまま正当化されていました。ときに神義論と取り組まねばならない場合、そこには神と格闘する人の姿がみられました。

そして、人は結局そこから答えを得られずに退くほかありませんでした。旧約聖書のヨブ記の主人公であるヨブが、嘆き悲しみを神に訴える様子がまさにそれです。近代になり、この苦しみの問題こそが「無神論の盤石な基礎[※4]」であり、神への信仰から離反する決定的な動機であるとみなされるようになったのです。そのために、神との対話によって現実問題に対処することや、それを実際に行うことは難しくなってしまいました。悪というものをどう受容するかという選択は、近代においては、もはやヨブのように神に訴えることではなく、神を信じることをやめるという形を取るようになりました。ですから、神にどう抗議するのが適切なのかという過去の事例はあまり参考にならないでしょう。それよりも、神のすることに同意するにせよ抗議するにせよ、神を信じることがいかに総合的に合理的で正当なものとして説明できるかということが問題なのです。神を信じることの正当性を説明できなければ無神論に決定的な反論を行うことができませんし、それでは神を信じることは不合理なことだと思われてしまいます。

本書で展開する予定の神義論では、例えば、神を信じるならばこの世界にみられる悪には肯定的な意味があるというような立場は採用しません。むしろ神義論の目的とは、無神論の立場からの異議に対して、きちんとした根拠によって正面から向かい合うことにあります。最終的にはもっと詳しく根拠を述べることになると思いますが、その意味で神義論は悪に直面したときにそれを神に問うだけのものではありません。悪が存在するのに全能である神を信じる信仰は矛盾しているという主張を、合理的根拠によってきっぱりと退けるのが神義論なのです。ということは、神義論はまだ終わっていません。議論の途中のままなのです[※5]。

そういう意味での神義論は、英単語の「ディフェンス（擁護、防御）」が意味するものに対応しているといえます。この神義論の課題は、神が善であり全能であることの証明ではなく、善であり全能である神への信仰をそれに対する非難から守ることにあるからです。疑問をすべて解消させることが目的ではありません。神義論に関する疑問が絶えず生じていることに意味があります。神の存在を護ることが課題なのではありません。神を信じ探求する人が、神に希望を見出すことをあきらめてしまわないようにすることが大切なのです。※6

ですから私は、どうすれば神義論は不正義としか思えない事柄をもっと大所高所から取り扱えるだろうか、などとは考えません。※7そんなことをするのは、神義論によって神の存在を擁護し、独自の根拠から悪の存在を定義できると考えるような傲慢な神学者だけです。焦点は、私たちが神を信じているということにあります。したがって、私たちの神のイメージ（といっても神は到底イメージし尽くせるものではありませんが）を軸にしつつ、その神のイメージこそが明らかに矛盾しているではないかという非難から護るということについて、選択の余地はないのです。「苦しみに満ちたこの世と神との断絶を超える論証をすること」※8が神義論の課題なのではありません。神がすべての物を創造したということを信じ、そこから最終的に自分のいま置かれている状況について、私にはどんな責任があるのかと考えた場合、自分の生きることと死ぬことについて神に希望を見出すことに責任を持てるかどうか、当事者からみた聖書的視点で考え抜くことが重要なのです。こうした問いかけはするべきではないとして、このことについて考えるのをやめてしまうと、信仰の根幹にかかわることについて慣れない方法で合理的根拠のある非難を受けても、そんなものは答える必要のない問題だとして関心を示すことなく、独りよがりに陥ってしまいます。

独りよがりに陥ってしまう危険を考慮するならば、現代のドイツ語圏において神義論的問いかけが繰り返しなされても、そのたびにそれは「神秘への還元（reductio in mysterium）」、つまり神の神秘であると結論づけてしまうことではないかという観点から、そうした問いかけが拒絶されるのは憂慮すべきことのように思えるのです。このように処理されてしまうのは、神の神秘について答えることも含め、神義論的問いを解くこと自体があまりに大胆不敵なことなので、とても受け入れられないとされているためです。そうなると、宗教に批判的な立場から厄介な質問をされた場合も、それは神の秘密のヴェールに包まれた部分であり、理解不能であるとしてしまう危険にもつながります。反対に、あまりに拙速に神義論的問いに答えようとすると、神から悪が出てくるのだという結論を導いてしまったり、悪に対して抗議しようとすることへ疑問を投げかけてしまったりするようなことになりかねません。ですから創造主とは全能であり、善であり、あるいは愛であるということを何らかの形でしっかりと理解できるように語り、そのうえで、悪について疑問を立て、神とは人間に把握しきれない存在なのだからといってこの疑問を拒否したりせず、悪についてもきちんと考慮しなければなりません。

それでも、人間に把握しきれない存在としての神について語ることが、神義論の問題について理論上の理性的な応答としては適切なものの一つだとする神学者もいます。ドイツ生まれのイエズス会司祭カール・ラーナー（一九〇四―一九八四）は二〇世紀を代表する神学者の一人といえる人物ですが、彼は最終的に人間の苦しみという問題を「事実上永遠に把握不能なものとして」置いておくべきで、同時にそこにおいて「把握不能な神が事実上顕現する」としました。[※9] 彼のように考える人々は決して少なくありません。その一方で、ラーナーはそれでも意味のわからない苦しみのなかに神学的意義を見出そうと努力しました。もちろんそうすると、苦しみには意味がないのでは、という疑問に充分に答えられないかもしれないという危険はあったわけで、結局、ラーナーの姿勢には神義論の問題に真正面から答えなかったという印象を受けます。同じようにほかの現代の神学者たち、例えばドイツのカトリック神学者オイゲン・ドレーヴァーマンは神義論の問いかけを「そもそも設定された形式において、明らかに回答不能」とみなしました。[※10] またハンス・キュンク、ハンス＝ウルス＝フォン・バルタザール、イェルク・シュプレットといった現代のドイツ語圏における代表的な神学者たちも、神義論の問題に理論的解決を与えることは不可能であるという点で一致しています。テュービンゲン大学カトリック神学部教授を務めたカール＝ヨーゼフ・クシェルは、神は人間にとって把握しきれない存在である以上、人間の尺度で神が正しいかどうかを吟味するのは間違いであり、傲慢であるとして、神義論を拒絶しています。[※11]

このような疑念のまとめとしてしばしば言われるのが、神義論の問題を一掃しようとするこうした試みは、単に苦しみを知的に正当化する際に生じる論理的矛盾の問題を片づけようとする試みと同じものにすぎないし、あってはならない悪に関する洞察から目を背けることになる、というものです。それぞれの人が誰にも打ち明けられないような理解不能の苦しみに直面したとき、決定的な慰めになるのは、ただ神だけが神義論の問いかけに答えることができるはずであり、世の終わりのときには神はすべての疑問に答えてくださるだろうと、私たちは信じることができるということです。このことは、どんな反論があるとしても神義論的問いが持つ矛盾した問題を、完全に納得がいくまで処理するのは人間には不可能であるということが一致した意見として背景にあることを示しているように思われます。このことを的確にまとめたものとして、二〇世紀前半期におけるローマ・カトリックの代表的神学者ロマーノ・グァルディーニ（一八八五―一九六八）の言葉から引用してみましょう。

神は最後の審判において、誰かに質問させるだけでなく、神自身から問いかけてくるであろう。神は、天使が真実を答えることを拒否せず、何かの本や聖書にすら書いておらず、教義にも聖職者からも示されたこともなく、「神義論」や神学でも論じられたこともなく、個々の事情に合わせたものでもない問いに返答できると確信したい。ではなぜ神は救いのために、恐ろしいほどの遠回りをさせ、罪のない人に苦しみを与え、人に負い目を負わせるのであろうか。※12

このように考えていくと、神義論的問いとは神についてさらに深く考えるということであり、実践的かつ信頼に価する神義論が往々にして提案されることになります。それは苦しみとは何かということを説明する、あるいは苦しみの構造を明らかにするといったものではなく、苦しみをできるだけ少なくし、和らげ、さらには苦しみに打ち克とうというものです。そこで、スイスのフリブール大学名誉教授で教義学者のヨハンネス・ブランチェンは、神義論を理論的に解決するという不可能な試みを繰り返す代わりに、神学が実践的な指針を与えることを勧めています。※13 神に従う信仰を持っている人の理性は「なぜ人は苦しむのか」という問いの前には白旗を揚げざるを得ないと言います。なぜなら、「いったい誰が、大地震あるいは合理的主張によって行われたナチスのユダヤ人大虐殺を、神の救いの計画の一端だったと敢えて証明しようとするだろうか。誰もそんなことはしないだろう。人間が生きているということ、人間らしく振る舞うということにこそ価値がある」からです。※14 多くの人々が考える神義論は「観客席から傍観しているようなものであって、舞台の上からのものではない。舞台上では苦しみ、叫び、嘆き、脅え、泣くさまが演じられる。祈る姿もあるだろうが、その舞台では苦しみに対する神の慰めが思弁的に語られることなどない」とブランチェンは言います。※15 非常によく似た主張をしているのが、テュービンゲン大学国際倫理学研究所のレギーナ・アンミヒト＝クヴィン教授です。神義論の問いへの唯一の適切な応答とは「思弁的な答えではなく、個々の問題に対して実践的な姿勢で向かい合うこと」だというのです。[※16] アメリカのラビ（ユダヤ教聖職者）であるアーヴィング・グリーンバーグは、ユダヤ教神学者の立場から、このことを特に強調します。

子供が火に焼かれて死にそうになっているのを目の当たりにしながら、愛あるいは人間を養ってくれる神について語るとしたら、それは聞くに価しないばかげた話である。火のなかへ飛び込んで子供を助け出し、その顔や体をきれいに拭ってやりなさいと言うことこそ、聞く人の心に届く、唯一かつ価値ある発言である。[※17]

こうした状況が、神学が扱わなければならない状況を総合的に描いているというならば、この状況とこうした発言を結びつけることは正しいのですが、神学が扱う事柄というのはこのような状況ばかりではありません。[※18] 確かに、意味のない苦しみと現実的に戦わなければならない状況においては、理論的にあれこれ考えることしかしないという態度は間違っています。実際、アンミヒト＝クヴィンはほかの人々と同様、連帯して事にあたることが必要であるとしています。その一方で、神義論を論証するつもりのないアンミヒト＝クヴィンですが、苦しみというものについて真剣に考えることで、それを実践的に解決することができると考えているようなのです。

しかしながら、苦しみに対してどのように振る舞うことが適切な行動かという助言をすることに、神学の役割が制限されるようなことがあってはなりません。その点では、神学と宗教的信仰とは倫理的かつ実践的意義しかないものに制限されるべきではない、とグリーンバーグに対して言うべきでしょう。確かに、宗教的信仰の意味とは、信仰者がその信仰をどう実践するかということに注意を払い、それを高めるものでなければならないのは事実です。だからといって、信仰とは（連帯的）実践以上のものではなく、また信仰を顧慮することは信仰者の行動の指針を見出すこと以上のものではない、という結論にはならないのです。そもそもアウシュヴィッツ以後もなお、神学が真実とは何かということを求め、また求めるべきだと確信しているならば、世界的な苦難の歴史を前に愛の神について語ることが、果たしていままでのようにできるのかという理論上の問題に直面せざるを得ないのです。苦しみにあったときいったいどこに神はいるのかという問いは、神義論の問題として扱われるべきであり、初めからつじつまの合わない問題のように扱われるべきではありません。

何よりも重要なのは、この二つの立場はどちらか一方だけが正しいというものではないということです。伝統的なキリスト教理解における人格的な神を信じる立場からすれば、神義論的疑問を「神秘への還元」、つまり、それは神の神秘であると言って片づけてしまえば、悪をなすことの罪、および神の存在についての完璧な説明のように思えるかもしれません。しかし「還元（reductio）」を実際にどのように考えるかについては、敬虔で誠実に考える立場においても別の可能性が存在します。ミュンヘン大学で基礎神学を講じているアルミン・クライナー教授のような合理的思考の人々によれば「『神の神秘こそが完全な説明であり、基礎であり得る』ということは問題の解決にならない」のです。[※19] 彼らに言わせれば、重要なのは、神とはどういう存在かという概念が二律背反に陥らないように、明らかな矛盾を避けることなのです。

そうすると、神義論的な問いがそのなかに含んでいる、理論上の矛盾の問題を解決に導くことが不可欠であるということになりそうです。その場合、それと同時に、苦しみに直面しても揺るがない一定の世界観と視点を持った信仰へと、どのような筋道で導いたらよいのかを示さなければならなくなります。それはまた、キリスト教の神の概念に対して宗教批判の立場から疑問が出されても、理論理性を用い、しっかりとした論理を持ち出してそれをはね返す必要があるということになりますし、また他方では、信仰が論理上矛盾を抱えているものではないと証明するだけではなく、信仰を一定の世界観と視点に立脚した揺るぎないものにしなければならないということになります。

そこで本書は以下のように進めていきたいと思います。第一章・第二章では、まず矛盾すると思われる諸問題が古典的にどのように解決されてきたかをみます。第三章では自然法則による擁護論を扱います。第四章・第五章では自由意志による擁護論を取り上げます。これらが神義論を論じる形式によってどのように相互に関連しているのかを詳しくみた後、第六章では次のステップとして、すでにみてきたそのほかの神義論の取り扱い方、すなわち、実践的かつ信頼に値する神義論とは何かということと、この世における苦しみに直面した際に神への信仰が揺らぐことがないようにする筋道を探求することにしたいと思います。第七章では、さまざまな神義論の形式をみることで、神の行動とは人の痛みに直接かかわるものであることが述べられている場合に限り、神義論は説得力を持つことを論じます。つまり、この世における神の行動についての証言と神義論は互いに深い関係があるものとして考察する必要があるということです。第八章では、他宗教において苦しみがどう受容されているか、その状況を簡潔にみて本書のまとめとします。というのは、苦しみとは何かという問いは、あらゆる宗教において同じように向かい合わなければならない問題だからです。

本書の大部分は、ドイツのヘルダー社から出版され、すでに絶版となっている私の大学教授資格取得論文『神・力・歴史――この世における神の働きに関する神義論についての試み』をもとにしています。本書はこの論文を、言葉遣いやスタイルをもっと簡潔に新しくまとめ直し、より力強いものに書き換える試みでした。これに付け加える形で、その後に取り組み、公刊した私の著作がもとになっている章もあります（第四章では神学的基本カテゴリーとしての自由に関する論文から、第八章ではイスラームにおける神義論の論文から書き起こした部分があります）。メリーナ・ローマンは、校正、索引作成および神学を学ぶ学生の要望に応える内容になっているかどうかの検証といった苦労の多い作業を引き受けてくれました。ナディーネ・アルバートは出版関係の煩雑な事柄をこなし、エマヌエル・ラッシェは図版を作成してくれました。彼らに感謝します。

本書をいまは亡き両親、ハンス・ヨアヒム・フォン・シュトッシュとゲルトルート・フォン・シュトッシュ（旧姓ライヒェンバッハ＝フィリップス）に捧げます。父は長年闘病生活を送った末に、母はあまりにも早く突然この世を去りましたが、その両方の死に立ち会ったことが、私の神義論に大きな影響を与えました。私を深い愛によって育て、愛の絆を深めてくれた両親への感謝はいまなお絶えることがありません。

※1　Vgl. T. REINHUBER, „Deus absconditus", 62. T・ラインフーバーによれば、ルターは神義論における神をあたかも法廷に召喚されたグリム童話の「こびとのくつや」であるかのように扱っているとしている。

※2　Vgl. G. W. LEIBNIZ, Theodizee, I, 21.

※3　LAKTANZ, De ira dei, 13, 20f.=Us. 374; vgl. REINHOLD F. GLEI, Et invidus et inbecillus. Das angebliche Epikurfragment bei Laktanz, De ira dei 13, 20-21. In: Vigiliae Christianae 42（1988）47-58.

※4　GEORG BÜCHNER, Dantons Tod. Dramatische Bilder aus Frankreichs Schreckensherrschaft, Frankfurt a. M. 1835（Faksimile Darmstadt 1981）, 93.

※5　Vgl. J. WERBICK, Gebetsglaube und Gotteszweifel, 118:「神義論がなお問われる価値があること、神学的に応答可能であることは、人間の思考の可能性の範囲で説明される。むしろそのために、宗教批判から神義論を守ろうとするあまり行われる意味の通らない主張が揺さぶりをかけられるであろう」。

※6　Vgl. W. HASKER, The triumph of God over evil, 120. つまり神のために必要な擁護論なのではなく、私たちの信仰にとって必要な擁護論であるということである。

※7　Vgl. die entsprechenden Vorwürfe bei W. DIETRICH/ C. LINK, Läßt sich das Theodizee-Problem rational bewältigen?, 163, EUGEN DREWERMANN, Der sechste Tag. Die Herkunft des Menschen und die Frage nach Gott. Glauben in Freiheit. Bd. 3. Religion und Naturwissenschaft 1. Teil, Zürich-Düsseldorf ^{2}1998, 53, P. KNAUER, Eine andere Antwort auf das „Theodizeeproblem", 193.

※8　W. DIETRICH/ C. LINK, Läßt sich das Theodizee-Problem rational bewältigen?, 163.

※9　K. RAHNER, Warum läßt Gott uns leiden?, 462f.; vgl. EBERHARD JÜNGEL, Gottes ursprüngliches Anfangen als schöpferische Selbstbegrenzung. In: DERS., Wertlose Wahrheit. Zur Identität und Relevanz des christlichen Glaubens. Theologische Erörterungen III, München 1990（Beiträge zur evangelischen Theologie; 107）, 151-162, 161; CHRISTOPH MÜNZ, Der Welt ein Gedächtnis geben. Geschichtstheologisches Denken im Judentum nach Auschwitz, Gütersloh 1995, 92f.

※10　E. DREWERMANN, Der sechste Tag, 53.　このことからドレーヴァーマンは、すべての神義論的問題は一見すると問題であっても解決可能であるとみなしている（vgl. ebd., 225）。

※11　Vgl. HANS KÜNG, Credo, München 1993, 121; HANS URS v. BALTHASAR, Gott und das Leid, Freiburg 1994, 14; J. SPLETT, Und zu Lösungsversuchen durch Überbietung, 415; K. -J. KUSCHEL, Ist Gott verantwortlich für das Übel?, 251:「神を我々のものさしによって計るべきではない。神にさらに固執しようとするならば、神の最終的な不可知性を告白するしかない」。

※12　Bericht von Walter Dirks über seinen Besuch bei dem bereits vom Tode gezeichneten Romano Guardini, in: EUGEN BISER, Interpretation und Veränderung. Werk und Wirkung Romano Guardinis, Paderborn u. a. 1979, 132f.

※13　Vgl. J. BRANTSCHEN, Leiden-Ernstfall der Hoffnung, 231.

※14　J. BRANTSCHEN, Warum gibt es Leid?, 55.

※15　Ebd., 57.

※16　R. AMMICHT-QUINN, Von Lissabon bis Auschwitz, 264.

※17　I. GREENBERG, Augenblicke des Glaubens, 158.

※18　しかしこうしたある特定の姿勢に神学を固定してしまうことについては、実はグリーンバーグ自身が次のように続け

ている。「火に焼かれている子供が目の前にいる際に人は何も主張することができない、と言っているわけではない」（I. GREENBERG, Augenblicke des Glaubens, 147）。これに対してドルトムント工科大学のカトリック組織神学担当教授グレゴール・タクサヒャーは次のように述べている。「我々は何者なのか、神学とは何か。我々は地獄と隣り合わせで、神学はそんな我々を慰める、そういう関係なのか。それではヨブの友人たちが語った神学と同じではないか。決してそうではない。アウシュヴィッツにも通用するのは、『嵐の中から』（ヨブ記 三八・一） 神が語ったような答えではないはずだ。思うに、こうした究極的な状況で神学的な言い回しでなければならない主張などというものは、ある種のパトス（情念）で簡単に覆りかねない。こうした状況におけるある種の懇願にとって、またそうした状況に対して、このような答えは空しく的外れな神学的おしゃべりのようなものである。そんなおしゃべりはこうしたひどい状況を抱えている当事者に何の意識も呼び起こさない」（G. TAXACHER, Nicht endende Endzeit. 17）。この点はノルウェー神学大学の組織神学者アトレ・セヴィク教授が適切にも特に強調している。すなわち、神学的な枠組みを度外視して単純に一般論からみても、目の前に火で焼かれている子供がいるならば、その子を助けなければ言えることなど何もないだろうし、普遍的な話をすることなどもはや許されないとする（vgl. A. SØVIK, Why almost all moral critique of theodicies is misplaced, 482）。

※19　A. KREINER, Gott im Leid, 66; vgl. zur Kritik an der *reductio in mysterium* insgesamt ebd., 49–78.

第一章

悪を新しく解釈する

キリスト教の伝統では、意味がない苦しみがあるのではないかという切実な問いかけは、多くの場合それは些細なことにすぎないという説明や、意味のない苦しみがあるのでは、という問いそのものを否定することによって、その切実さを緩和してきました。事実、多くの人々の人生を総体的にみるならば、さらに良いものへと登るステップであったとみなすことのできる苦しみがあります。しかし、やはり悪や災いのなかには、決してあってはならないものや、ほかと比較することなどできない種類のものもあります。私の親しい知人にも、道徳的な理由から、自分が直面した悪を悪ではないと解釈することなどできない、あるいはその問題性を緩和することなどできない、と思われる事態に見舞われた人がいます。

この世にはなぜ意味のない苦しみがあるのかという問題を、そんなことは大した問題ではないと片づけ、神によって慰めが与えられることにしてしまう一番手っ取り早い方法は、苦しみから目を背けたり、あるいはそんな苦しみなど些細なものだとしてしまったりすることです。苦しみを良いものとして受け止める、あるいは良いものそのものとしてありがたく頂戴するよう仕向ける方法（「善化法」）を教えてくれといわれたら、そのような苦しみの「拒絶の試み」としての方法などいくらでも示すことができます。この苦しみを実は良いものだと思わせる試みとして、苦しみというものを、実はより高い目的のために特定の機能を持つものだとする規準に当てはめることもできます（苦しみの「機能化」）。あるいは苦しみを、人間が成熟するための教育的手段もしくは自ら犯した罪への罰だとみなすこともできます（苦しみの「教育化」）。究極的には、苦しみとは善を深く認識するために不可欠な条件なのだと考えることさえできます（苦しみの「美学化」）[※1]。このようなあらゆる試みは、苦しみとは悪ではなく、より深い意味を持つものであるという前提から出発しています。ですからこれらの試みはすべて、苦しみとは実は良いものであるという上位概念のもとで扱われる運命にあります。

苦しみを些細なものにすることは、悪を骨抜きにするという形でも示すことができます。つまり、苦しみには所詮たいした力はないし、基本的にそれほど悪影響を及ぼすものではない、と示そうとする努力です。もしもそうだとするならば、苦しみそれ自体には現実的な意味などなく、悪の性質が寄生しているようなものだと指摘することになります（「存在論的無力化」）。悪を相対化する説明で、より受け入れやすいものは、この世で苦しんだ分だけあの世では慰められる、あるいは報われる、という死後の世界との関連づけです。この神学的な解決の試みは、苦しみの目的論的無力化として提示することができます。肝心なのは、苦しみの相対化の背景に目的があるということ、つまりあの世の存在があるからです。

このような方法はみなライプニッツの神義論で論じられており、おおよそ神義論の古典的な形式といえます。現代のキリスト教神学では、神義論はほとんど論じられることがないにもかかわらず、伝統的には神義論的問いに対する応答こそが最も広範な展開をみせたのでした。興味深いことに、神義論は無神論者たちが時折論じることがあり、[※2]有神論と無神論とが議論する際の論点として、どちら側からも価値を認められています。つまり、神学者も宗教を批判する人々も、両者とも神義論によって自己弁護し、かつ相手を論難しているのです。ですから、無神論者や宗教を批判する人々も、この世とは果たして価値があるのかと問い、悪を些細なものだと考える、あるいは目を背けることによってこの世界を受容できるかと問うのです。

一　悪の拒絶、もしくは悪を悪とみなさない（善化法）

苦しみの「善化」とは、悪などそもそも存在しないとみなし、苦しみには実は意味があるとすることによって、苦しみを良いものとみなす方法であると紹介しました。この「善化法」の最もよく知られた形式は、苦しみには、より高次の価値のために特定の機能があるというものです。これは苦しみの「機能化」と呼ぶことができるでしょう。「機能化」の形式はいろいろありますが、すべての形式は結局のところ、ある良い目的を達成するための受容可能な手段として苦しみを説明し、苦しみに実は最終的に良いものの源泉とみることができる隠された機能を見出そうとすることにあります。

例えば、自然科学の分野で繰り返し強調されることですが、進化論では人間がより高い段階に進化できたのは幾多の苦しみを経たから、としか考えられないとします。自然淘汰と突然変異の過程がどのように起きたのか考える際に、苦しみを経験したということを考慮しなければ、ホモ・サピエンスまで進化したことを到底説明できないというのです。個々の生命体は死ぬようにできていることが、実はその種《しゅ》の発展の条件であるように、ある種が絶滅することは「環境上の生態的地位を確立するうえで妨げになる機能を除去し、生存空間を広げるために、生命がより高い段階へ進化する条件である」とされています。※3 通常の進化がより高次の段階まで進み、人類という特別な存在へと発展したという理論に同意するならば、進化の総体的な歩みという観点からすれば、死と苦しみというものは人間にとって拒絶不可能で、不可欠な積極的かつ創造的な要素ということになります。

この原因論的な機能化による説明の試みに近いのですが、純粋に哲学的な観点からも機能化について語られることがあります。知識の獲得あるいは価値観や徳を形成して人格的に成熟していくプロセスを可能にするために、苦しみには意味があると強調されることです。オックスフォード大学名誉教授である宗教哲学者リチャード・スウィンバーンは、彼の主張である「知の必要性」(need-for-knowledge)の論証において、知識の獲得に関連し、人間の自由な決定が肯定的かつ否定的に作用することや、人間が道徳的に振る舞う局面がいかに幅広いかということを認識するために「物理的悪(malum physicum)」が必要であることを強く主張します。※4 さらに、人間が世界を認識しようと歩みを進めるならば、まず苦しみに直面して傷つくものであるとさえ言います。この観点によれば、苦しみとは知識の獲得のために不可欠な手段のように思われます。

この論証とは別に行われている「有用性」(being-of-use)の論証において、スウィンバーンは苦しみや危険、苦痛のようなものがあるとすれば、連帯性や同情、勇敢さといった道徳的な徳を身につけることがまず可能になることを示そうと努めています。この視点からみると、苦しみとはある特定の有益な事柄に合致するもののようにみえます。人間に起り得るこの世におけるさまざまな苦しみは、道徳的に成熟するプロセスだというわけです。スウィンバーンは言います。「純粋な天国といっていいような世界があるとしたら、そこにはマザー・テレサもアルバート・シュヴァイツァーもいないだろう。我々が彼らのような人々に魅力を感じるような人間の人格的価値も存在しないだろう」[※5]。つまり、苦しみに与えることの意味がわからないことは実は重要なことなのです。というのは、苦しみの意味が完全にわかってしまうと、苦しみに対して何か対策をしようという気が徐々に失われてしまうからです。しかしそうすると「役に立つ」苦しみに苦しんでいる人に同情するのは不適切で、その人が徳を形成するのを邪魔してしまうということにならないでしょうか。

仮に苦しみに与える理由が人間にはわからないほうがよいとしても、それでも苦しみには何か意味があるということが論証されるべきです。広い意味においてですが、結局、スウィンバーンは苦しみというものをある種の特典のようにみなしています。苦しんだ人は特別な人間的価値を持つ存在へと作り上げられる可能性があるからです。例えば一八世紀、奴隷貿易の是非をめぐって議論がなされていた際に、農場主たちは奴隷を買い続けるか、それともやめるかを決断することの道徳的重要性が高まったのですが、それに対して奴隷を解放するという自己放棄的で英雄的な決断をした人格者たちが現れたのはその一種だというのです[※6]。

しかしこのケースの論証に関しては、明らかに皮肉めいたことが言えます。当時、奴隷解放が議論になったのは、奴隷の人々自身の尊厳のためではなく、奴隷の身分から解放したほうが彼らをもっと有効に操ることができると考えた農場主たちがいたからです。それでも、苦しみとはある特別な人間的価値や人格を形成することができる条件だという、スウィンバーンの基本的な主張は破綻しているとは言い切れません。他者のために出かけていって何かをする、あるいは他者のために自発的に苦しみを引き受けることは、キリスト教文化圏に限定されることなく、非常に素晴らしい意義のあることだと認められているからです。出産には多くの苦しみが伴いますが、それは深い意味のあることであって、麻薬による多幸感などよりもはるかに価値があるというスウィンバーンの主張は、クリスチャンでなくても同意できるでしょう。

その意味では、苦しみの「機能化」という主張を全否定するのは間違っているかもしれません。苦しみはときに深い意味を持っている、あるいはしばしばそのような深い意味にたどりつくことがあるというのは、こうした根拠があって導き出されたものだからです。それでも、苦しみのなかには到底受け入れられないものがたくさんあるという問題は残ります。「物理的悪」のさまざまな形式は、すべてより高次に進化するために必要な要素の可能性がある、あるいは「知の必要性」の論証の枠組みでまとめ上げられるということを「証明」するのは非常に困難だからです。さらにこの論証では、もし自然的な悪というものがそれほどたくさんは存在しないとするならば、知識もそれほどたくさん必要ではないという悪循環に陥ってしまいます。また「有用性」の論証では、あらゆる形の「道徳悪（malum morale）」は道徳的価値と徳を育成するものとして考えますが、そのような考えは物事を皮肉めいた見方からとらえる姿勢からきているといわれる可能性があります。アウシュヴィッツを引き合いに出すまでもなく、苦しみというものが、いつも連帯心や同情といった人格的価値や善の形成へと昇華するとは限らず、むしろしばしば悪い行いのもととなり、人を傷つけることに喜びを感じたり、サディズムや猜疑心といった悪業へと転化したりするものであることは認めざるを得ません。[※7]つまり、あまりにも大きな苦しみは、ときとして徳を生み出すのではなく、むしろ徳をすり減らし、お手上げ状態をもたらすのです。こういった結果があることについては「有用性」の論証で応答できていません。結局のところ、この論証は特定のケースにしか当てはまらないものであり、神義論上重要なすべてのケースに適用するには無理がありそうです。

そうすると「機能化」仮説というのは、個人的に経験した苦しみを克服する手法として用いることはできそうです。しかし、あまりにも大きい他者の苦しみの前には、この仮説は何もできません。仮に人間が遭遇せざるを得ないあらゆる苦しみを個人的経験と結びつけてその深い意味を認識し、あるいは苦しみを個々の人生の総合的な意味のなかでまとめ上げることができたとしても、道徳的な理由から考えると、そういった主張は他者の苦しみとの関係では決して充分なものとはいえません。苦しみに意味を見出すことができるのは、苦しんでいる当事者だけです。理屈だけの神学が他者の苦しみを機能的に処理しようとすると、苦しんでいる当事者の尊厳を許しがたい方法で即座に傷つけてしまうことになるのです。ですから「機能化」の観点から苦しみを「善化」できるという意見に対する決定的な反論は、自分自身の苦しみに意味を見出せない当事者に、苦しみが「機能的」に良いものとして働くことなどあり得ない、というものです。確かに、当事者がその意味を納得できていない生き方や苦しみに何かほかの善なる目的があるとみなす考え方は、人間は何かほかのものの手段として扱われてはならず、人間の存在そのものが目的でなければならない、というカントが提唱した道徳的命題に矛盾してしまいます。

苦しめられた末に幼くして亡くなってしまった子供にとっては、その苦しみは人間として成熟するためのプロセスだったなどということは到底できません。ことによると、それはほかの人にとって必要な苦しみだったといえるかもしれませんが、やはり人間はほかのものの手段であってはならないという道徳上の理由から、これを正当化することは決してできません。「孤立無援の孤児が存在するのは他者が慈善を施せるようにするためであるなどという言説は不正義以外の何ものでもない」というオーストリア出身の哲学者ゲルハルト・シュトレミンガーの断言は正しいといえます。[※8] つまりこうした異議は、苦しむ当事者自身が、それによって人間的に成熟したり、進歩したり、ふさわしい知的成長を遂げるために有益であったりする可能性がまったくない、死の苦しみを味わわされている場合に特に当てはまるものです。こうした苦しみが死後の魂の成熟プロセスといえるかどうかは、議論の余地があるといわなければなりません。しかしこの「機能化」仮説では死後の世界のことまで扱うことはできません。死後の世界ではなく、この世において次の世代の利益になるのでは、ということに関しても、そもそも倫理的にみて疑問があります。ヴァルター・ベンヤミンやマックス・ホルクハイマーといった哲学者たちが気づいているように、人類が偉大な進化を遂げ、大きな改善があったからといって、過去の苦しみが何か良いものであったということにはなりません。[※9]「機能化」による苦しみの「善化」説は、苦しんでいる当事者にとって何の効果もないならば、その苦しみにいったい何の機能があるのかという反論に、多くの場合、きちんと答えることができないのです。

ほかの「善化」の試みである「教育化」と「美学化」は、それによって悪を悪ではないと説明しようとしても、当事者が納得しない、あるいは少なくともいつも納得するとは限らないという問題を抱えています。しかしながら、苦しみとは理念上、教育手段あるいは試練として、宗教においてさまざまな出来事と関連づけられていることには、重要な意味があると感じざるを得ません。そもそも聖書では苦しみの「教育化」があちこちでいわれており、そこでは苦しみは単に罰としてではなく、試練として理解されています（例えば、シラ書二一・五、ヘブライ人への手紙 一二・五―六、一一）。実際のところ、苦しんでいる当事者に対し、絶対に苦しみには教育的効果があるはずだというのは問題があるといえるでしょうし、苦しみは罪に対する罰であると理解するのは、しばしば道徳的にもっと良くあるよう努力しなさいという話に飛躍しがちです。しかしながら、苦しみというものを個人や宗教共同体が神との関係に立ち返るためのチャンスだとみなすならば、「教育化」によって苦しみにも希望や先の見通しがもたらされるということもあり得ます。その意味では、例えば、旧約聖書にみられる申命記の思想に基づく歴史記述は、イスラエルはその歴史において苦しい経験をしたことを通して、神に対するより深い信頼を得てきたのだという理念によって意味づけがされています。[※10] 新約聖書では、人間はまず罪を犯して苦しんでおり、それゆえにイエス・キリストの贖いの死によって救われる可能性があるということで、「幸いなる罪（felix culpa）」の思想が中心的な役割を果たしています。赦された罪人が神のそばへと招かれるということに関していえば、イエスが語った「放蕩息子のたとえ話」、すなわち、親からもらった財産を放蕩の挙げ句に使い果たして帰って来た息子を深い憐れみをもって迎え、喜び、感謝にあふれた父親の話は、罪を犯したことにより、かえって神と深い絆で結ばれている共同体へと導かれるという観点がもとになっています。しかしアメリカのリバイバル運動の指導者として知られたジョナサン・エドワーズ牧師や、アメリカの宗教哲学者エリオノーレ・スタンプらが発展させたこの思想を真面目に受け止めた場合、道徳性や人間性が軽んじられる重大な危険性があります。というのは、罪を犯すことが救いへの第一歩であると考えているので、その意味では罪を犯すことにむしろ喜びを感じてしまうかもしれないからです。そこまでいかなくても、神に立ち返る喜びが失われてしまわないように、かえって純粋に道徳的に生きようと努力することにはあまり熱心ではなくなってしまうかもしれません。[※11] それよりもっとひどく困惑してしまうことがあります。それは、人間が経験する事柄のコンパティビリティ（両立性、共存性）がなくなってしまうということです。確かに、私たちは苦しみを経験することにより、人間として成長し成熟することを学ぶということを知っています。同時に、人間は苦しみによって挫折を経験することも確かです。神はその人が耐えることのできないような苦しみを課すはずがないという、いかにも敬虔そうな物言いは、残念ながら現実とは矛盾しています。悪しき重荷に耐えきれず倒れてしまう人や、残虐性の犠牲になる子供たちはあとを絶ちません。そこには人間として成熟するチャンスなどありません。罪のない子供に与えられた苦しみは罰としてとらえる余地など当然ありません。仮に原罪の教理を神学的に妥当する理念だとして引き合いに出したとしても、このケースには何の役にも立ちません。人間の始祖アダムの行為によって罪もない子供が罰せられるなどという考えが道徳に反することは明らかです。ふつうの罪とはそもそも個人に属するものであって、世代を超えて引き継がれるものではないからです。アウシュヴィッツや大津波による想像を絶する悲劇が罰としての苦しみである、あるいは神による教育手段である、などという考えが成り立つなどとは到底考えられません。何らかの教育的意味があるといわれる苦しみは、その多くが惨憺たる破壊的なものであり、その点で「教育化」仮説は少なくとも苦しむ当事者たちの実情を無視した無頓着なものであると言わざるを得ません。

旧約聖書に収録されている書物であるヨブ記やコヘレトの言葉（伝道者の書）では、すでに起きている危機的状況を神学的な知的営みによって理解しようとする様子がはっきりと描かれています。すなわち、苦しみとは人間の犯した罪への罰であるという理念、あるいは、苦しみの真の意味とは教育目的であるという言葉が当事者に浴びせられます。単純にみると、苦しみとは罪への罰などではないし、苦しみに教育的な目的などあり得ないと思っている人がほとんどです。ただ、もしそうだとすると、人間が苦しみを背負うことに対し、例えば、父親が子供のために苦い薬を飲ませるような道徳的正しさによって、神が人間に苦しみを与えることはないということになります。実際のところ、人間が背負う苦しみはほとんどの場合、そういった形で道徳的に正当化などできないというのが私たちの現実です。ただし、道徳に反しており、連帯意識に欠けた行動を取ったために自ら招いた苦しみは別です。こうした理由による苦しみは、罰や教育として認められるべきでしょう。そうするとこの場合、苦しみの「教育化」の試みは、現実の日常的経験にあるコンパティビリティの問題を克服できます。

「美学化」による苦しみの「善化」に関しても事情は似たようなものです。「美学化」を適用すれば、苦しみに直面した際、実はそれはしばしば人生にとって良いものであるということがより明らかになり、その本当の価値がわかるはずだと無邪気に考えがちです。「美学」には、苦しみのような出来事によって、この世のあらゆるものは互いに不釣り合いで差があるがゆえに、この世界の「美しさ」がはっきりするという視点があるからです。

すでに三世紀の哲学者プロティノスは、悪役のいない演劇などあり得ないという考えを示しています。アウグスティヌスは、美や調和というものはそれに反するものがあるから味わい深くなるのだ、という考えに賛成しています。[※12] ライプニッツが強調しているように、悪があるからこそ善は善として認識できるのであり、影があるからこそ色がはっきりと見え、不協和音があるからこそハーモニーが際立つのは事実です。[※13]

他方で、善がその価値を持つために悪を必要とする、あるいは幸福が同じように苦しみを必要とするという論理は、そうとは言い切れないもののように思えます。そうでなければ、地獄に堕ちた人々が苦しむ様子を思い浮かべられるから、天国にあげられた人々の至福の様子を想うことができるということになり、キリスト教における神の性質、すなわちすべての人々を救いたいという愛に矛盾することになってしまいますし、そのように地獄に堕ちた人々がいるから天国がイメージできるとするのは、ばかげた間違いだと言わなければなりません。[※14]また、人生における良いものを守るために、この世における苦しみの量はほどほどがよいということに疑いはありません。それは少なくとも、地上世界を総合的な芸術作品としてみるのではなく、個々の人間の運命だけに着目するのでそうなるのだといえます。この場合、さまざまな形の苦しみに直面しても、苦しむ当事者は、それをほかの人の苦しみと共に総合的に調和してとらえることはどうやっても無理ですし、苦しみに何らかの美学的な有用性があると理解することもほとんどないでしょう。当事者の視点というものがぼやけてしまうと、「美学的な有用性」という目的も認められなくなってしまいますし、当事者性を認めないということは人間の尊厳を奪うということでもあります。人間はこの世という劇場で演じられるドラマの小さな歯車にすぎず、神が演出する劇の操り人形にすぎないということになります。つまるところ、この世とはそれ自体に厳粛な意味などなく、神の戯れのためにつくられたオモチャだということになります。この世の悪に対抗しようとする行動は余計なお世話でしかありません。その行動が本当に正しいことなのか、あるいはむしろ全体的な調和のために必要な不協和音として除去せずにおくべきものなのかどうか、個々の人には決してわからないからです。要するに、これまでの歴史において、また現在も起こっている悲惨な出来事の数々に対して、「美学化」による説明方法は、神義論が提起する問題の解決にまったく役立たないのです。ドイツの哲学者ルドガー・エインヒ＝ハンホフはこう言っています。「美学的神義論を唱える者は、もしも子供たちが苦しみながら死んでいき、アウシュヴィッツでユダヤ人が虐殺され、キリストが十字架で殺されることがなければ、世界は色あせて退屈で凡庸で、多彩でもなくたいして美しくないものになってしまったはずだとでも言うのだろうか。現代において、もはやこんな意見をいちいちまともに相手にする必要はない」[※15]。

二　悪を過小評価する（無力化法）

苦しみやネガティブなことを「善化」すること、あるいは「悪ではないとみなす」のは受け入れがたいということになると、悪の存在自体を拒絶するという発想が出てくるかもしれません。善にして全能なる神は存在するということを出発点にするならば、こういう発想は当然出てきますし、それがあらゆる一神教の中心的な教理の伝統においてみられる事実は、決して単なる偶然ではありません。善にして全能なる神は良いものしか創造しなかったはずですし、だとするならば、まったく意味のない苦しみなどという悪しきものが存在するはずがないからです。そうして無意味な苦しみや悪は存在しないのだと考えるならば、創造者である神の善性は揺らぐことなく守られます。というのは、悪の根源を探す必要がなくなり、苦しみは存在しないことになるので、善なる神の立場が脅かされることはありません。これを別の観点から言い換えると「神が確かに存在するならば、悪の実在は否定されなければならない」となります。

悪とは善が取り去られた状態、あるいは善の欠如（privatio boni）であると理解し、真に実在するのは善だけであるとすることによって、伝統的な哲学や神学を代表する人々はこの「欠如理論」を主張してきました。[※16] この理論によれば、悪はそもそも存在しません。この説の基礎には古典的な存在論があります。それは、存在するものと善なる存在は具体的・客観的に同一である（omne ens est bonum、存在するものはすべて良いものである）というものです。この「欠如理論」を正当化する最も重要な基礎は、二元論的存在論の拒絶であるように思われます。[※17] さらに、私たちは日常の経験において、悪というものをしばしば善に取り付いている寄生物のように感じることがあります。つまり、悪そのものが一体どんな存在であるか実態がわからないまま、善なるものや美しいものが悪によって追いやられてしまうということを実際にしばしば経験するので、この「欠如理論」は納得しやすいのです。

「欠如理論」が正しいかどうかを検証するまでもなく、ここまで行ってきた議論から「欠如理論」は神義論の問題を解決する手助けにはあまりならないといえるでしょう。というのは、仮に悪とは善が取り去られた状態以外の何物でもなく、善に寄生するような性質のものであるとすると、ではなぜ、ときどき善が取り去られるという苦しみに満ちた状態になるのを神は許しておくのかという疑問が生じます。厳密に言うと、悪の存在論的無力化は、人はなぜ苦しむのかという問題を単に言い換えたにすぎず、神義論の問題を解く作業には何の助けにもならないのです。その点では、「欠如理論」も「善化」説も、しょせん堂々巡りの論証方法だといえるでしょう。そもそも神義論で問われているのは、神は果たして善なる存在なのかということだからです。私たちが経験する苦しみとは単なる理論ではなく、このうえなくリアルなものですから、つまるところ「欠如理論」や「善化」説は、私たちの経験からすると直観的に受け入れがたいのです。エインク＝ハンホフは言います。「歯痛とは一体何かとか、おいしいワインを舌の上でどれくらい長く味わうことができるかということを、身をもって知っている人はみな、明らかにおかしな思想を用いて自分の実体験を説明したりはしないだろう」[※18]。そう考えると、「欠如理論」をいくら詳細に論じても、私たちの実体験との関係では神義論の問題は何も前進しないように思えます。そこで、悪の「無力化法」のなかでも意味のありそうな方策に目を転じてみたいと思います。すなわち、あの世に視点を置いた「無力化法」です。

古典的な「無力化法」では、この世の苦しみをあの世の生との相対化の観点からとらえます。この論証の形式は、人間は何のために生きているのか、最後の審判で何が裁かれるのかという展望から苦しみを相対化し、この世の終わりと救済を語ることによって、この世で背負った苦しみが充分に報われる正義が達成されるとしています。この論証によれば、神によって永遠なる良いものに変容され、救いを与えられ、慰めを受けることがないような苦しみや痛みや悪など万に一つもあり得ないとされるので、永遠の生命ということにおいては、そういった苦しみや痛みや悪はそれほど悲惨なものではないということになります。

この考え方、つまり、終末において苦しみは良いものへと変容するという考え方を採用すると、これまでは著しく困難に思えた神義論の論証が、必然的にそれほど難しいものではなくなります。しかし、存在や実体といった事柄を中心に静的にとらえられてきた伝統的な世界観に対抗して、世界や神を動的なプロセスととらえるプロセス神学などは、全能の神があの世で救いや慰めを与えるという考えを用いません。こういった神学は神に関して、伝統的な意味での「神は全能である」という説明をしないので、神義論について強い説得力のある説明がまるでできないのです。というのは、人生の終末において、苦しみが良いものに変わるという望みがなければ、当事者にとって到底受け入れることなどできない実にさまざまな苦しみが存在しているのは事実だからです。[※19]終末において苦しみが良いものへ変容するという教えは、教義的にわかりやすくいうと、いずれにせよ人生で負ったすべての苦しみは、最終的にその何倍もの良いもので報われるということです。神義論に批判的な神学者である、前出のブランチェンもこのことを認めており、宗教改革者マルティン・ルターでさえも、死に際しての神あるいは神の救いにおいてこう答えています。「復活こそが、苦しみに関する私たちの問いに対する神からの答えだ[※20]」。

その一方で、死後に慰めが与えられるという観点が、神義論の問題への答えになるだろうという見方には充分な説得力がありません。神学上、別の形で作り上げられてきた神義論の形式による、この見方への決定的な反論はこうです。「ではなぜ神は初めから、人間をその最終目標の状態に創造しなかったのか説明がつかない」[※21]。現にいま存在するものの価値はあの世で最終的に確定する、さらには、あの世での至福はこの世で得られる幸福とは別物である、ということが正しいとすると、なぜ善にして全能なる神は「この世」をわざわざ創造したのかということの説明がつかなくなってしまうのです。カール・ラーナーは、あの世での永遠の生命をこの世での苦しみに満ちた人生とは無関係だと考えるならば「確かに苦しみを乗り越えようと思うのには役に立つかもしれないが、論理的にはつじつまが合わない」と言います。[※22] 要するに、なぜこの世には苦しみの多い人生があるのか、なぜ神は私たちを初めから永遠の至福のうちにある存在として創造しなかったのか、という問いは残ったままなのです。

三　エイレナイオス型神義論——魂の教育のプロセスへの組み込みによる無力化法

こうした立場に関しては、特にイギリスの宗教学者ジョン・ヒック（一九二二—二〇一二）の回答がスタンダードなものとして有名です。ヒックの回答は神学的な悪の無力化とみなすことができます。ここで重要視されているのは、教父と呼ばれる初期キリスト教神学者の一人であったリヨンのエイレナイオス（一三五頃—二〇二）の思想の系譜に連なり、そのため特に英語圏では「エイレナイオス型神義論」と呼ばれてきた神義論の類型です。これはしばしば、アウグスティヌス型神義論の類型、すなわち自由の誤用に重点を置くために、それと関連する罪へと目が向けられる神義論の類型（第五章参照）と対置されます。エイレナイオス型神義論では、悪をあの世まで継続する魂の教育のプロセスにあるものとします。そうすることで悪を忍耐可能なものにしようという試みです。そのプロセスがこの世の人生から始まるとすると、この世の人生においてのみ満たされる前提があることになります。つまりこの世の人生で悪が必要になるということなのですが、それは神が、人間が完全なものになることを人間の自由と教育のプロセスとして遂行しようとしているのだとするならば、理解可能なものになるでしょう。それゆえエイレナイオス型神義論を用いれば、なぜ神は人間を初めから永遠の至福のうちにある存在として創造しなかったのかという問いに対し、苦しみは神学的に無力化されるのだと応答することで、高い説得力が得られそうです。

ヒックはその論文で、キリスト教における永遠の命のイメージには、その構成上、非常に重要な前提が二つあるとしています。この前提から、苦しみに満ちたこの世における私たちの人生が、実は永遠の命への希望に必要不可欠なものであることが明らかになるというのです。まず、私たちが神に従うか、それとも逆らうかを自由に決められるのは、私たちの頭の中でこの世界のことを徹底的に良いものとも、反対に悪いものとも考えることができて初めて可能になるということです。しかもキリスト教からみても、この自由な決断は神が私たちに求めているものであり、永遠の生命に値するものなのです。悪が存在するにもかかわらず、この世界は宗教的にみて良いとも悪いとも言い切れず、神の存在も疑わしく思えるからこそ、本当の意味で愛を込めて神の存在を肯定することができるのです。[※23] キリスト教が説いているように、神がこの世界を創造した目的が愛であるということを認めるならば、神と人間との関係は基本的にお互いに自由な関係であると考えざるを得ません。

このように、人間の存在が認識論的に決して一義的なものではない、つまり、神に従うことも逆らうことも自由にできる存在であるとするならば、このような神と人間との自由な関係が結果的に考察可能であるということになります。そして愛というものは、神との関係における決定的な瞬間、つまり相手を愛したいと欲する際に、ほかにその動機となるものがないとすれば、愛とはひたすらそういうものなのであるといえます。もしも、この世が存在するということが神の愛の唯一の証拠であるとするならば、人間は誰でも自由意志を行使することにおいて、確信をもって神を愛する現実的な可能性があるはずだということになります。それは愛のしるしというよりは、神を信じることの知的表現、健全性あるいは感謝のしるしといったほうがいいかもしれません。この考え方に従えば、人間というのは自由意志のうちに神へと思いを向ける可能性があることが前提となっており、それはあの世において清められ、完全なものにされますが、決して初めからそうと決まっているわけではないということになります。そうしますと、この世は明らかに不完全なものであり、苦しみがもたらされるところであるとしても、本性としてはこの世はそもそも良いものであると解釈できる可能性が出てきますし、人間として体験する具体的な苦しみや悪とは別の次元で、認識論的に神は真実であるといえるようになり、そのような神に対して自由意志に基づく姿勢を取ることが可能となります。

この考え方を実にわかりやすく表現しているのが、旧約聖書のヨブ記における天国のシーンです（ヨブ記一・六―一二、二・一―七）。そこでヨブが苦しむのは、神とサタンとの賭けによるものとなっています。つまり、神はヨブの神への愛が、愛すること自体が目的である本物の愛なのか試そうとしたのです。サタンの推測では、ヨブが神を愛しているのは、ヨブが財産を持ち、家族に恵まれ、健康だからです。もし神がヨブに背を向け、ヨブが神を愛する前提条件とされるモノを根こそぎ没収すれば、ヨブにとって神は何の力もない存在になるだろうというのです。あらゆる安逸なものや利益を失うことでしか、前提条件などない愛の形、すなわち愛の神秘に迫る愛そのものが目的である本物の愛はみえてこないのです。苦しみのなかへ放り込まれたヨブは、最終的な神との関係を見出そうとします。つまり、外的な理由などまったくない、神の神秘に属する愛において、神が近くにいることを経験する、ただひたすらにそのようなありさまから神に「はい」と言う、そのような神との関係です（ヨブ記 四二・五）。ヨブはすべての財産を失って初めて、それがどれほどの価値があるものであるか気がついたのでした。

ヨブは最後に物質的なモノを取り戻しますが、だからといって、何もかも失った経験それ自体に意味はなかったとか、そのような経験は神との関係を見直すために必要不可欠ではなかったということはできません。しかし神がいかほどの存在であるかを知ったことは、物質的なモノを取り戻したこととは関係がないようにみえる一方、神との出会いによってもたらされた唯一の実りなのです。

こうした意見に対してはいずれにしろ反対意見が存在します。人間は理屈上、徹底的な意味で神を信じることも信じないこともできるというのは、苦しみを通さなくても何かほかの方法でも悟ることができるのではないだろうか、という意見です。この場合、永遠の生命というものの第二の特徴、あるいはそれが成立するということがかかわってきます。つまり、それはエイレナイオスの考えたモデルの枠組みのなかでの目的論的な神義論を正当化するのに必要なものです。これが重要なのは、苦しみの「善化」の文脈でも出てきたのですが、そこでは充分に吟味し尽くせなかった論点でした。まずいえるのは、人間は人格的に成熟し、人間らしい能力が発達することによって初めて自分や他人の苦しみを説明できるようになるということです。神がこの世界を創造した目的は、被造物を見て良いものと感じ満足するという単純なものではなく、真実の自由と愛の関係を自由のうちに伸長する人間を育てることだとしたら、人間が苦しみによって成熟するのは人間にとって不可欠なものとして、あるいは少なくとも必要になる可能性のあるものとして、賛成する人もいることでしょう。[※24]ただ、確かに苦しみのいくらかについてはそういえるかもしれませんが、現実問題としてあまりにも極度の苦しみに直面した場合、そこにある種の特別な価値を見出すことなど果たしてできるものでしょうか。

ここで出てきたことは、すでに苦しみの「機能化」を考えた際に却下、いや少なくとも脇へ置いておくべきだとしたものでした。それがまたもや現れたということは、できるだけ慎重に考える必要があります。「機能化」仮説に疑問を持ち、支持できないとするならば、苦しみこそが、真に自由な信仰と人格的および霊的成長を可能にするという主張に対し、それでは世界にあふれるこれほど多くの苦しみがなぜ必要になるのかという疑問を抱くことになります。しかし、それはつい先ほど考えたばかりの事柄です。両者の違いは、エイレナイオスのモデルが個人の努力をもとに自由な意思によって神へと向かうものであるのに対し、「機能化」仮説では天国において神との共同体に生きるということに何の疑問も持たないというところにあります。そうすると、少なくとも次のような疑問が残ります。このように、世の終わりを最終目的とすることには本当に価値があるのか。つまり、霊的な歩みのなかで人間が苦しみを受けるということは、世の終わりという目的にふさわしい価値のあるものなのかということです。[※25]

ここまでで明らかになったことをまとめておきましょう。神学の範囲内で神義論を論じていく場合、人の魂は死後も生き続けるということ、あるいは少なくとも、一人ひとりの成長プロセスは死んだ後に完成に到達するという考え方は排除できません。このことを、いま生きている段階からすでに魂の成長プロセスは始まっているのだという考え方と結びつけると、なぜ神は初めから人間に永遠の生命を与えなかったのかという疑問は解消します。しかしそれでも相変わらず残ったままの疑問もあります。人が生きている間に受ける苦しみの意味は何なのかという問いに対し、その答えは死後に得られるといっても、いまここで苦しんでいる人にとっては、それは答えが得られるタイミングとしてはあまりにも遅すぎるのではないかという疑問です。

こうした観点からたびたび取り上げられるのが、ロシアの作家ドストエフスキーの小説『カラマーゾフの兄弟』に登場するイワン・カラマーゾフが語る意見です。イワンは、死後に天国への入場券などというものがあるとしても、自分はそれを受け取りたくないときっぱり断ります。その際に彼が引き合いに出したのが、一九世紀初頭に起こったとされる出来事です。それはロシアの将軍にして大地主が、彼の愛犬に石を投げてケガをさせた、自分の農園で働く農奴の八歳の子供に対して行った懲罰です。将軍は農園のすべての農奴およびその子供の母親の目の前で、子供を裸にして走り出させ、そのあとを猟犬たちに追わせ、子供を食い殺させたのでした。しかし、このようなおぞましい犯罪にもかかわらず、神の栄光が現されるときにすべての人々が救われ、神はこの将軍さえも赦し、将軍も神の正義を賛美するようになるという可能性をイワンは必ずしも全否定してはいません。それでもなお、イワンは次のように執拗に言います。

でも俺はそのときに叫びたくないんだよ。まだ時間のあるうちに、俺は急いで自己を防衛しておいて、そんな最高の調和なんぞ全面的に拒否するんだ。そんな調和は、小さな拳で自分の胸を叩きながら、臭い便所のなかで償われぬ涙を流して《神さま》に祈った、あの痛めつけられた子供一人の涙にさえ値しないよ！

確かに、この子供の苦しみはいったい何をもって償うことができるかなど考えもつきません。ですから、このような無名の罪なき人間の苦しみを思うならば、最後に天国ですべてが最高の調和に達するなどという考えは拒否するほうがいいのかもしれません。イワンは続けます。

俺は調和なんぞ欲しくない。人類への愛情から言っても、まっぴらだね。それより、報復できぬ苦しみを抱き続けているほうがいい。〔……〕だからおれは自分の入場券は急いで返すことにするよ。[※26]

生きている間の苦しみとは死後にその答えがわかる魂の成長のプロセスだという意見は、このように、それでは答えが与えられるタイミングが遅すぎるという異議申し立てを受けてきました。「罪もないのに非常な苦しみを味わって死んだ者に対し、実はあれは計画どおりのことだったのだよ、と後になってから打ち明けるような神は、それなら天国への入場券などいらないと言うイワン・カラマーゾフを説得することは難しいであろう」とフライブルク大学神学部教授ハンスユルゲン・フェアヴァイエンは結論づけています。[※27]

そこでフェアヴァイエンのような神学者は、キリスト教の終末論を持ち出します。この世の終わりにすべての人が完全な肉体を伴って復活するというのは、「一見、無意味に思えることも、決して無意味ではなかったことが明らかになる具体的行為」だというのです。[※28] その場合、その人が復活信仰ともいえるこうした考えに同意しているかどうかは関係ありません。神義論と取り組むことは、いまここで生きている姿とは別に、あの世では完全な肉体が与えられるということとは無関係ということになってしまいます。なぜなら、いまここで生きていることというのは終末論の視点、つまり、最後には完全な肉体という形で復活するという見方をすることによってのみ意味があるものになる、言い換えれば「終わりよければすべてよし」ということであり、い

ま肉体的に損なわれ、破滅させられることがあったとしても、悪に対して立ち向かうことができるというのです。※29

さらに、エイレナイオス型神義論は悪に対抗して戦うことを疑問視するわけですから、こうした考えは問題を抱えることになります。そこでは、苦しみの多くはこの世において意味があるともないともいえることになるので、苦しみを撲滅しようとするたびに、そうしてしまうと神の考えに逆らうことにならないか、人間の自由意志を乱用することにならないか、魂が成長するプロセスを損なうことにならないか、と問わなければならないということになります。つまりこの形式の神義論は、苦しみには「あってはならないもの」があるということに疑問を抱かせ、苦しみがないことは道徳的ではないかのようにみえてしまうかもしれない、という問題を抱えているのです。

ですから、ヒックの意見から出発して行き着く神義論というのものが、果たして神義論を総合的に考え尽くしたものだと説得力を持っていえるのかどうか、なお深く考えざるを得ません。残念ながらその説得力は完璧なものとはいえないでしょう。なぜなら、いまの苦しみはあの世のための成長プロセスだという観点に立つ苦しみの「無力化」は、いま苦しんでいる人間一人ひとりの尊厳と、苦しんでいる人からの異議申し立てのかけがえのなさとを、充分真摯に受け止めているようにはみえないからです。

結論からいうと、ここまで取り上げてきたことは、明らかに疑問の余地があるものと言わざるを得ません。まず、善なる神があらゆる苦しみを遠ざけてくれるのかどうかということがはっきりしません。どんな苦しみなら受け入れられるかという確かな尺度や、どの苦しみはこの世でむしろ価値があり、反対にどれはよくない苦しみなのかということに関して、あまりにも多くの疑念が残るのです。より高い次元の善へと導く教育的価値と、それを受容する手助けになるような苦しみが存在するのは明らかです。同様に、人間的成熟を助け、あるいは年を取ることが過大評価されないようにしてくれる苦しみがあります。この苦しみの否定的側面こそ、人生において意味あるものとして受け止めることができるといえるかもしれません。ドレスデン工科大学の実践哲学・倫理学教授トーマス・レンチが言うように、人間は「意味、権威、道徳的アイデンティティといったものを、限界に突き当たること、苦しみ、死、罪責といったもの以外からは決して獲得することができない」からです。※30

同時に、エイレナイオス型神義論では、人間が背負う苦しみが、どうしてこれほど質的にも量的にも大きいのかということがはっきりしません。あってはならない苦しみというものが存在するということも確認されなければなりません。イワン・カラマーゾフが引き合いに出した子供の苦しみは、どんな説明をもってしても正当化されてはなりませんし、無力化も善化も許されるべきではありません。このような絶対的に不条理としか言いようがない苦しみがあるという事実を解決しようとする試みは、その事実を「拒否あるいは骨抜きにし、軽んじたりしようとする」ことが「キリスト教的に我慢できないから」という理由で拒絶されるべきではありません。※31 そのようなことがこういった苦しみを説明する試みにおいて用いられてはなりません。例えば、イギリスの改革派神学者ポール・ヘルムは、子供が苦しむのは、結局あの世でよい結果が待っているからだという考えを必ずしも排除しないのですが、それに対しては、皮肉と不満の入り交じったイワン・カラマーゾフの考えが突きつけられることになります。※32

仮に、いったいどの苦しみがまったく無意味であるか、個別に判断することはきわめて困難であるということにしたとしても、だからといって、そのような苦しみが実際にあるということから目を背けることは許されません。その点では、実際に無意味な苦しみがあるということの判断は、苦しむ当事者がどう感じているかということと切っても切れない関係にあるということになるでしょう。ですからこれまで取り上げてきたように、苦しみというものを、全体的に俯瞰してみる枠組みと当事者の視点との両方で納得のいくよう調整する試みを進めると、「終わりよければすべてよし」で済ませるわけにはいかないということにならざるを得ないのです。

四　「共に苦しむ神」

これまで取り上げてきた神義論の解決方法は、実はすべてキリスト教信仰を抜きにして論じることが可能なものでした。もちろん神学的観点から主張された方法論もあったわけですが、言ってみれば、それらの「方策」もすべて無神論的観点から考えることができるものでした。しかしここからは、いままでの方策によく似た形式ではありますが、キリスト教の信仰のあり方と特に深く関係することによって説得力を発揮する解決方法を取り上げようと思います。ここでもやはり苦しみの「無力化」と「善化」は重要な焦点となります。しかし、ここでは哲学的にあれこれ考えて「善化」を構築するわけではありません。そうではなくて、イエス・キリストが経験した苦しみと死、人類の救済に対するその重要性を示すことこそがその基礎となります。

この場合、一般的にはイエス・キリストが十字架で死んだこととの関係で論じられ、それこそが神義論の問題を解決する唯一の手段であると主張されます。※33　その際に用いられる論証の形式は、神は苦しむ人々と共に苦しむが、神自身は苦しみを訴えたり、苦しみを引き起こしたりするわけではないという公式に基づいています。さらに苦しみというのは、原則的にはもはや無意味なもの以外の何物でもないとまでは言い切れません。なぜなら、苦しむことによってキリストとの出会いが生まれるともいえるからです。苦しみがキリストに従う道へと導き、それによって私たちの決して褒められたものではない側面は消失していきます。ローマ教皇庁立グレゴリアン大学の哲学教授を長年務めたイエズス会司祭であり、晩年はスイスの街クールの補佐司教に任じられた神学者ペーター・ヘンリキは次のように言います。

これこそが究極にして唯一かつ真の神義論である。苦しみに直面した際に神を正当化するのではなく、神を通して苦しみの正しい意味を知ること、これである。さらに言えば、神ご自身が苦しみを背負うことの根拠を正しく説明することである。〔……〕すべての苦しみの意味はこれに尽きる。神ご自身が苦しんでおられるなら、苦しみには充分な意味があるはずである。いや、もっと根本的に言おう。神は苦しんでおられる。だからあらゆる苦しみには意味がある。それは人を神にならう者として振る舞うことができるところ、イエスに従うことへと導くのである。※34

キリストにおいて神が苦しむことには充分な意味があり、これによって神義論の問いに完璧な回答ができるとヘンリキは考えているようにみえます。同様の論調を展開しているのが、やはりイエズス会司祭でアメリカのフォーダム大学教授などを務め、ローマ・カトリック教会への神学的貢献によりヨハネ・パウロ二世から枢機卿に叙せられた神学者エイヴリー・ダレスです。ダレスによれば、苦しみに関する問いへの最も完璧な回答とは、「聖なる者たちは、喜びをもって苦しむということである。なぜなら聖なる者たちは、苦しみによって、十字架につけられた主との深い一致へと導かれ、世を救うために主が引き受けられた贖いの苦しみに参与することになるからである」というものです。[※35] ちなみにドイツのエアランゲン＝ニュルンベルク大学神学部の組織神学教授であるプロテスタント神学者のヴェルナー・ティーデは、無意味な苦しみがこの世にあるという事実が十字架によってきれいになくなったわけではないが、そういった苦しみに癒しが与えられたのだとみています。ティーデの意見はこうです。「つまり、あらゆる不条理な苦しみに対し、それらを除去するのではなく、最終的かつ包括的な意味が与えられたということなのである」。[※36]

こうした回答はキリスト教の霊性（スピリチュアリティ）に深く根ざしており、実際、数え切れないほどの人々の助けとなっています。しかしながら、これは神義論の問題の解決法でもなければ応答でもありません。こうしたキリスト教信仰と不可分の回答は、存立基盤やその意義の源が普遍的ではないので、主観的にしか受け入れられないのでは、という疑問が残ります。[※37] 苦しんでいる当事者が、その苦しみに自分で意味を見出だせるかどうかということを脇に置いた場合、イエスの十字架、生と死という観点から、神義論的な問いにどれだけの安心を与え、あるいは答えをもたらすことができるのか、はっきりしないのです。というのは、もし神が共に苦しむ存在であり、カナダのマクマスター神学校の組織神学教授であったクラーク・ピノックが言うように、苦しむ当事者にとって働きかけてくれる「最も活動した活動者（most moved mover）」であるとするならば、なぜ神はそもそも苦しみそのものを放置しているのか、という問いは残ったままになるからです。しかし、少なくともキリスト教のものの見方によれば、神とはただ苦しむだけの存在ではありません。超然たる決断によってこの世界を創造した存在であり、だからこそ自分のつくった世界と共に苦しむことがあり得る存在なのです。

これが、なぜ神はこの世を苦しみに満ちたものにしているのかという問いへの答えです。神がこの世の苦しみをそのままにしているということは信仰に疑いを生じさせますが、だからといって、神が共に苦しむということは中立的なことであると論証する必要はないのです。

同時に申し上げておきますが、キリストに出会うための階段を登ることによって、すべての苦しみは「善化」されるという考え方は受け入れがたいものです。仮に、苦しみのなかでキリストに出会うということや、苦しみの意味が経験されるということが、必ずしも否定されなくてもよいと考えていたとしても（反対に否定したほうがいいと思ったとしても）、ドストエフスキーが指摘したような、大人の反道徳的暴力によって無残に殺された子供のように、道徳的理由からの意味がまったく見出せない苦しみを経験するということがこの世界に存在することには反論の余地がありません。もしも大人の反道徳的暴力によって死に至らしめられた子供の苦しみに意味があるというのであれば、私たちが共有すべき道徳の価値というものが低下してしまいます。そうすると、そもそも「意味がある」という概念そのものが一八〇度変わってしまいます。

同じように危険なのは、かつてナチス・ドイツがユダヤ人を虐殺したことに意味を見出そうとするような試みです。ユダヤ人虐殺をイエス・キリストの犠牲に重ねようとすると、ユダヤ人たちがナチスによって虐殺されたのは、逃れることのできない運命だったのだなどという誤った考えに行き着きかねません。ユダヤ人はその信仰ゆえに殺されたのだなどという英雄的な物語は成立しようがありません。なぜならナチスのユダヤ人虐殺においては、たとえ本人がユダヤ教信仰を捨てると宣言したり、親の世代ですでにユダヤ教信仰を失ったりしていたとしても、ナチスが定義するところの血統的なユダヤ人であるという理由により、虐殺を免れることはできなかったからです。そうしますと、ユダヤ人はナチスというきわめて特殊な倒錯した思想の犠牲者として殺されたのだといえますが、それはナチスがユダヤ人に対し、自分がユダヤ人であることを放棄したり、信仰を捨てたりして死を免れるチャンスを与えなかったからです。したがって、しばしばみられる、イエスの刑死とアウシュヴィッツを重ね合わせる試みは間違っていますし、イエスが十字架上で殺されたこととユダヤ人が虐殺されたことに関係性を見出そうする試みは、失敗していると言わざるを得ません。[※38]

ただ、キリスト論の枠組みで神義論的問いを取り扱うこと、つまりアウシュヴィッツをイエスの刑死から考えることは、別の理由から価値のあることだと思われます。新約聖書のローマの信徒への手紙九—一一章をみると、ユダヤ人の神への信仰およびユダヤ人の歴史はキリスト教の信仰内容との関係において特別な意味があり、何よりもキリストによる十字架の救いに基づいて説明されています。こうしたキリスト教とユダヤ教との特別な関係は、少なくともキリスト教の側からみたところ、アウシュヴィッツ以後も変わっていないと思われます。[※39]

こうした重要な批評のポイントにもかかわらず、ここで吟味してきた、キリストが苦しんだことと神が苦しむ可能性との関係で神義論の問題を論じることは、あらゆる形式上の相違にもかかわらず直観的にそうだと思える、特に次のような、これまでずっと言われ続けてきた共通性を有しています。つまり、神の不変性に関する伝統的な理解を転換するということです。感情などなく、苦しむこともせず、苦しみに満ちたこの世の歴史に一切手を触れることなく、世の中の動きを超然と眺めている、そういう神への信仰というものは、この世で罪のない名もなき人が苦しんでいるのを目の前にしては、もはや立ちゆかないのです。たとえ神が苦しむということを引き合いに出すことが神義論の問題の解決にならなかったとしても、かえって苦しみということを論じることなしに（キリスト論的な方向に持っていかなかったとしても）、神義論の問題性を扱うことはますます難しくなるのです。ドイツ出身のプロテスタント神学者で、ニューヨークのユニオン神学校教授を務め、第二次世界大戦後の世界において政治やフェミニズムの問題に積極的に取り組んだドロテー・ゼレはこう言っています。

アウシュヴィッツを雲の上から眺めて、ユダヤ人が苦しむよう定めた全能の神など、サディストとしか言いようがない。そのように神が勝ち組の側に立つというのであれば、神は「一人の白人至上主義の人種差別者（a white racist）」にすぎないのである。※40

その意味では、ゼレ、モルトマンや彼らと考えを同じくする人々の意見、つまり十字架とは、自分が創造した世界の苦しみと共に神が宇宙的規模で苦しんでいるということの現れとしてみるべきである、という意見は認められるべきでしょう。キリストなる神は十字架において、苦しむ人々と連帯する存在として自分自身を示したのです。神はすべての人の孤独と悪徳の苦しみを引き受けようと欲したのです。そうしますと、神は人間が自由に振る舞う歴史を認容し、なおかつその人間を愛することを引き受けたのであり、そのような人間と歴史にかかわろうとしたということになりますが、それは神は人間と共に苦しむと考えなければあり得ません。この考えは後ほど議論することになる自由意志による擁護論の中心的課題であり、神義論に対する有望な取組みの不可欠な部分とみることができるでしょう。

自由意志による擁護論のようなこうした非常に有力な方法を用いないと、神義論の問題を論じるにあたり、護教的に神が苦しむ可能性を引き合いに出すことは難しくなります。というのは――ラーナーが定式化したことで有名ですが――「もし神が、敢えて言ってしまえば、私のように汚れた存在だとするならば、私の苦しみ、もっと言えば私の汚れ、私の抱える困難、私の持つ疑いにおいて、いったい何を助けられるというのか」ということが、よくわからなくなってしまうからです。[※41] この場合、単純に、神は愛である、神は共に苦しむ存在であるということを示しても、神義論の問題の解決にはなりません。むしろ問題は大きくなるだけです。というのは、神は愛であるということを強調すればするほど、ではこの世界はなぜ苦しみだらけなのかという疑問が大きくなり、同じように神は共に苦しむ存在であると強調すればするほど、この世界の苦しみの多さ、大きさが増してしまうのです。

この場合、重要なのは、苦しみを無用に増やすことではなく、苦しみを乗り越えることにあると考えるのが普通ではないでしょうか。神が苦しむというのを受動的な苦痛に限定して考えなければならない必要はまったくないからです。そうではなくて「苦しみを癒す能動的で創造的な苦しみ」と評価するべきでしょう。[※42] 最終的には、キリストの苦しみは三位一体の神のうちに取り込まれ、神によって、神と共に、神のうちに克服されるのです。アウシュヴィッツについていうならば、「神ご自身が苦しみを引き受けられた、つまり父なる神が痛みを引き受け、子なるキリストが身をささげ、聖霊が苦しむ力を担った」といえるでしょう。[※43]

このような神義論的回答がまだ答え切れていない疑問が残っています。つまり、神はなぜこの世を、私たちがそうみているように、苦しみの多い世界として創造したのかということです。というのは、神のことを共に苦しむ神であるとしても、同時に神はこの世の苦しみに対する最高責任者でもあります。だとすれば、神はなぜわざわざこの世界を苦しみの多いものとしてつくったのかと問わざるを得ません。先ほど取り上げた三位一体論の視点から問うならば、なぜ神は、結局のところ最終的に苦しみは神によって克服される、つまりキリストが到来することによってようやく克服されるようにしたのか、なぜもっと早く克服してくれないのかということになります。

それよりも、この世の苦しみの歴史を神の次元へ引き上げて別の形式で考えることは、この世の苦しみについてあれこれ考えることをなおざりにしたり、あるいは反対に美化したり、そうかと思えば過大に考えてしまいかねません。※44 それだけではなく、「あってはならないもの」をある特定の形式にすぎないとして過小評価してしまう危険性もあります。苦しみは必ず終わるときがくるという聖書に書かれた約束の言葉がいつか実現すると神学的に期待することだけが、苦しみの過小評価に抵抗できるでしょう。このような危険に対しては、この世の時間における出来事であるということを無視して、頭でっかちに苦しみをなだめようとする考えに対し、常に慎重であることが必要なのです。

五　まとめ

ここまでみてきた方法論、すなわち苦しみの「無力化」あるいは「善化」は互いに矛盾するものであり、どちらかによって神義論を一方的に解決することはできないでしょう。確かに、部分的には神義論が抱える何らかの問題を解決する重要な働きができるわけですが、それはある特殊な苦しみのケースや特別な形式にしか通用しないものです。この二つの方法をあらゆる苦しみに適用しようとすると、とたんに説得力を失ってしまうのです。「無力化」や「善化」が想定していた以外の苦しみに直面すると、皮肉なことに人間は、人間そのものが目的であるという尊厳をいともたやすく見失ってしまいます。ユダヤ人の宗教哲学者エマニュエル・レヴィナスが指摘しているように、「他者の痛みを正当化すること」は「すべての不道徳の源泉」なのです。※45

これまで紹介した方法論と、これから取り上げることになる別のさまざまな方法論は、以下の前提によってのみ追求が可能になります。すなわち、苦しむ当事者自身が許容できる方法論であること、なおかつ、あらゆる苦しみにとにかく意味づけをするような方法論ではないことです。なぜなら、どう考えてもあってはならない苦しみというものが厳然と存在することを認めることが、神義論を論じるうえではどうしても必要であるように思われるからです。苦しみをなんとか正当化しようとする努力をした結果、決して正当化できない苦しみを神義論は発見したのです。そういった苦しみに対し、慌てて折り合いをつけようとするべきではないということも神義論は気がついています。苦しみを克服し、自分のものにしようとするあらゆる可能性を探る際に、同時に重要なのは「その苦しみが人生のリズムに組み入れることができないものであり、実り多いものにできない」ポイントは何かということです。※46

したがって、あらゆる神義論がその第一歩として認めなければならないことは、絶対的に無意味な苦しみが存在するということ、言い換えれば、神が根拠にならない苦しみが存在するということです。どんな神義論も、この観点によって導きだされる「とにかくあってはならないものがある」という事実に対する感受性を置き去りにすることは許されません。「悪を軽視することは許されないということ、それがあらゆる神義論の試金石」なのです。※47

こうしたことに注意を払うならば、実際に存在する苦しみを詳細に分析するのではなく、神とはどのような性質を持つ存在であるかということを新しく考え直すという形で、神義論の問題に取り組むことが可能になるかもしれません。仮にこのやり方が、先ほど取り上げた苦しみを新たな認め方によって考える方法のように、キリスト教の伝統が持つ重要項目に立脚するものではないとしても、少なくともそれがどれだけの可能性を持つものなのか、はっきり見極めるためにも一見する価値があると思うのです。

※1　ここで行った類型化とはいくらか異なる試みは、C. -F. GEYER, Das Theodizeeproblem, 12f. および HANS-JOACHIM HÖHN を参照。こうした事柄の矛盾については、Würzburg 2001（Glaubens Worte）, 111–117 参照。

※2　ケルン大学でカトリック組織神学を担当するハンス＝ヨアヒム・ヘーン教授は、こうした無神論的神義論のあらゆる試み、すなわち神はいないとする世界の暗黒面に関する考察は、結局のところ悪の「無悪化（Entübelung）」に行き着かざるを得ないとする（H. -J. HÖHN, zustimmen, 111 参照）。この結論はそれほど驚くに値しない。ここまでに列挙された苦しみの拒絶のさまざまな方法は、いずれも神を信じることとは関係がないので、少なくともその意味では充分な妥当性があるといえる。

※3　H. MOHR, Leiden und Sterben als Faktoren der Evolution, 218.

※4　Vgl. R. SWINBURNE, Providence and the problem of evil. 176–192. vgl. A. KREINER, Gott im Leid. 350–358, sowie R. SWINBURNE. Natural evil. 310f.:「悪というものがどのように生じるのか、あるいはそれをどのように妨げることができるかわかれば、自然悪は存在すべきであるということになる。また、すでにみたように、過去の多くの出来事から類推して将来どんなことが起こるかということに関する確かな知識があれば、そうした多くの悪はあってしかるべきなのである」。神を想定した場合に物理的悪を擁護するスウィンバーンのこうした主張に対する批判は、D. O'CONNOR, Swinburne on natural evil, 65-73; E. STUMP, Knowledge, freedom, and the problem of evil. 321f. 参照。

※5　ALEXANDER LOICHINGER, Theologie und Naturwissenschaft. Eine Grundbestimmung. In: ThGl 92（2002）195–208, 207.

※6　Vgl. R. SWINBURNE, Providence and the problem of evil, 245; zum *being-of-use*-Argument insgesamt vgl. ebd., 241–249; DERS., Das Problem des Übels, 114f.; zur Kritik vgl. RICHARD M. GALE, Swinburne on providence. In: RelSt 36（2000）209–219, 216f.

※7　Vgl. J. MACKIE, Das Wunder des Theismus, 246; DERS., Evil and omnipotence, 96; G. STREMINGER, Gottes Güte und die Übel der Welt (1991), 218.

※8　G. STREMINGER, Gottes Güte und die Übel der Welt (1991), 217.

※9　Vgl. M. HORKHEIMER, Die Sehnsucht nach dem ganz Anderen. Gespräch mit H. Gumnior. In: DERS., Gesammelte Schriften. 7: Vorträge und Aufzeichnungen 1949–1973. Hrsg. v. G. S. Noerr, Frankfurt a. M. 1985, 385–404, hier: 393:「仮に現在の社会的混乱がいずれやってくるよりよい社会に還元されるものだとしても、過去の不幸がそれで埋め合わせられるわけではないし、そうした環境に起因する辛苦が止揚（aufheben）されるわけでもない。」

※10　申命記史家の神学的歴史観については、als kurze Einführung ERICH ZENGER u. a., Einleitung ins Alte Testament, Stuttgart u. a. ^{5}2004, 201f. 参照。

※11　Vgl. W. HASKER, The triumph of God over evil, 191.

※12　Vgl. PLOTIN, Von der Vorsehung I = Plotins Schriften, griech.-dt., übers. v. R. Harder, hrsg. v. R. Beutler/W. Theiler. Bd. 5, Die Schriften 46–54, Hamburg 1960, Schrift 51; H. HÄRING, Die Macht des Bösen. 130.

※13　Vgl. G. W. LEIBNIZ, Theodizee, I, 12.

※14　驚くべきことだが、こうした明らかにサディスティックなイメージは伝統的に重要なものとされてきた。例えばトマス・アクィナスは『神学大全』において「それゆえ、聖徒たちをしてその祝福をより喜ばしいものとし、彼らは、神を失った罰に堕ちきっている者たちを見て、神に感謝をささげるであろう」と述べている（vgl. THOMAS VON AQUIN, Summa Theologiae, Suppl. 94, 1）。

※15　L. OEING-HANHOFF, Metaphysik und Freiheit, 85; vgl. DERS., Das Böse im Weltlauf, 230.

※16　「悪とは善の欠如以外の何ものでもない（Malum est nihil nisi privatio boni）」（A. AUGUSTINUS, De civitate Dei XI, 22）。Vgl. als geschichtlichen Überblick R. SCHÖNBERGER, Die Existenz des Nichtigen, 15–47.

※17　Vgl. F. HERMANNI, Das Böse und die Theodizee, 15f.

※18　エイング＝ハンホフは次のように述べている。「ゲットーと絶滅収容所を生み出し、それらを鉄拳でコントロールした悪とは、単なる善の欠如ではなかった。それは現実であり、力であり、まったくもって存在した」（L. OEING-HANHOFF, Metaphysik und Freiheit, 67; vgl. E. BERKOVITS, Das Verbergen Gottes, 47）。

※19　Vgl. A. SØVIK, The problem of evil and the power of God, 44, mit Verweis auf Keith Ward

※20　J. BRANTSCHEN, Warum gibt es Leid?, 87. Zu Luther vgl. T. REINHUBER, „Deus absconditus", 63.

※21　Vgl. A. KREINER, Gott im Leid, 268.

※22　K. RAHNER, Warum läßt uns Gott leiden?, 462.

※23　Vgl. G. FENDT, God is love, therefore there is evil, 5; E. BERKOVITS, Das Verbergen Gottes, 68; A. KREINER, Gott im Leid, 340f.; J. HICK, An irenaean theodicy, xxi; M. -O. AWA, Seelenreifung als Antwort, 212-225. シュトレミンガーによれば、自由が存在し得るためには、認識論とこうした事実との間にはどうしても距離が生じるという。というのは、シュトレミンガーは聖書を空から降ってきた解釈の余地のないものであるかのように扱うという誤りをしているからである（vgl. G. STREMINGER, Gottes Güte und die Übel der Welt [1991], 207）。

※24　ヒックは著書『エイレナイオス型神義論』において、人間に魂を成熟させるという目的を神が設定したのは、痛みを伴う変化なくして目標への到達はあり得ないという論理的な理由からであり、その目的には痛みに満ちた変化のプロセスがふさわしいとしている（vgl. J. HICK, An irenaean theodicy, xxi）。クライナーはこれを次のように評する。「この主張の背景には次のような価値判断がある。すなわち、なぜあるものに心を惹かれたり、ないしは愛着を持ったりしたのかという理由や、自由に決められることは何を選んでいるかといったことからわかる、人間の道徳的な質とは、初めから善を指向しているものの、自分自身の自由な決定によって生まれたわけではなく、神によって創造された人間、つまりその性格とは概念上、中立である人間の質として価値があるというものである」（A. KREINER, Gott im Leid, 269）。

※25　A. KREINER, Gott im Leid, 238.

※26　FJODOR DOSTOJEWSKI, Die Brüder Karamasow I. 2 Bde. Aus dem Russ. v. K. Nötzel, Frankfurt a. M. 1986, 420f.（ドストエフスキー『カラマーゾフの兄弟 上』原卓也訳、新潮文庫、六一六、六一七―六一八頁）。

※27　H. VERWEYEN, Kants Gottespostulat und das Problem sinnlosen Leidens, 585.

※28　Ebd., 586; vgl. PAUL PLATZBECKER, Radikale Autonomie vor Gott denken. Transzendentalphilosophische Glaubensverantwortung in der Auseinandersetzung zwischen Hansjürgen Verweyen und Thomas Pröpper, Regensburg 2003（ratio fidei; 19）, 383f.

※29　「私たちを刺し貫くこうした苦しみや死のすべてに何か意味があるのだろうか。もしも意味などないというのであれば、収容所で生き延びることに、結局何の意味もないであろう。なぜならある人の人生とは、その人がその意味が得られるか得られないか、そのことによって立ちもすれば、崩れもするからだ。つまり人生とは、そうした偶然の贈り物のような意味があるかどうかにかかっているのであって、人生そのものだけではそもそも本来の価値ある生き方などないといえよう」（Vgl. V.

FRANKL, ... trotzdem Ja zum Leben sagen, 110）。

※30　T. RENTSCH, Theodizee als Hermeneutik der Lebenswelt, 91.

※31　K. BARTH, Kirchliche Dogmatik, 175f.

※32　Vgl. PAUL HELM, The providence of God. Contours of christian Theology, Downers Grove/ Illinois 1994, 204:「我々はすべての事実を知っているわけではない。とりわけ、いずれ未来のステージで、苦しみの人生を送った子供たちが、あの苦しみは自分たちにとってよいことだったのだと悟るであろうということを除外することはできない」。より偉大な善の擁護を目指すことについては、同書、203-216.

※33　Vgl. etwa P. HENRICI, Gottes Vorsehung in unserem Leben, 330; EDMUND SCHLINK, Ökumenische Dogmatik. Grundzüge. Mit Geleitworten von H. Fries u. N. Nissiotis, Göttingen 1983, 206; J. H. TÜCK, Christologie und Theodizee bei Johann Baptist Metz, 232; 同書におけるこの定式化はいくらか控えめである。しかしここから導きだされることは決して不明瞭というわけではない。G. NEUHAUS, Frömmigkeit der Theologie, 123; A. DULLES, Göttliche Vorsehung und das Geheimnis menschlichen Leidens, 72.

※34　P. HENRICI, Von der Ungereimtheit, Gott zu rechtfertigen, 680.

※35　A. DULLES, Göttliche Vorsehung und das Geheimnis menschlichen Leidens, 72.

※36　W. THIEDE, Der gekreuzigte Sinn, 60.

※37　Vgl. P. KOSLOWSKI, Der leidende Gott, 56:「痛みによる苦しみは、十字架においてその意味を犠牲として、身代わりの苦しみとして得るのだ。ただし、その意味はほかの誰にも感知できないし、ほかの誰も苦しみの当事者であるかのように主張することはできない」。

※38　これに対してウィーン大学のヤン＝ハイナー・トゥック教授は、少なくとも「ゴルゴタを背景にしたアウシュヴィッツという思考」を試みる（J.H. TÜCK, Christologie und Theodizee bei Johann Baptist Metz, 247）。アウシュヴィッツとゴルゴタの類比化に対する批判については、N. RECK, Im Angesicht der Zeugen, 34-36; M. ROENTGEN, Alles verstehen hieße alles verzeihen ... , 112; A. FRIEDLANDER, Das Ende der Nacht, 111 参照。ファッケンハイムは次のように述べている。「十字架上の苦しみが、大笑いとウィーン・ワルツの響きのもとで惨殺された母親や子供たちと比されるとはいったい何事か」（E. FACKENHEIM, Die gebietende Stimme von Auschwitz, 84）。

※39　Vgl. K. v. STOSCH, Philosophisch verantwortete Christologie als Komplizin des Antijudaismus?? In: ZKTh 125（2003）

370-386, 370-386.

※40 D. SÖLLE, Gottes Schmerz und unsere Schmerzen, 276; vgl. J. MOLTMANN, Der gekreuzigte Gott, 265.

※41 K. RAHNER, Im Gespräch. Bd. 1: 1964-77. Hrsg. v. P. Imhoff/ H. Biallowons, München 1982, 246.

※42 H. KESSLER, Gott und das Leid seiner Schöpfung, 110.

※43 J. MOLTMANN, Der gekreuzigte Gott, 266.

※44 Vgl. J. B. METZ, Theologie als Theodizee?, 117.

※45 EMMANUEL LÉVINAS, Zwischen uns. Versuch über das Denken und den Anderen, München-Wien 1995, 126.

※46 B. WALDENFELS, Das überwältigte Leiden, 140.

※47 C. ILLIES, Theodizee der Theodizeelosigkeit, 412.

第二章

神の性質を考え直す

神は善を完全に行えるわけではない、あるいは神は完全に善なる存在ではないというように、神が善であることを制限することで神義論の問題を解決しようとする方法には、次のような疑問が残ります。つまり、アウシュヴィッツのような悲惨な出来事を、なすがままにしておいたという暗黒の側面を持つ神を、どうしたらそれでもなお信頼することができるのかという疑問です。「全能」という神の性質に制限を加えてしまうと、仮に神は実際にはごく限られた形でしかこの世には介入せず、あるいはまったく介入しない存在だとしても、神はあらゆるものの創造者であり、したがってこの世界に存在する悪にも責任があるという因果関係が断ち切られてしまうのは明らかです。神が時間を超越した存在であり、苦しむことなどあり得ないと考えることをやめてみると、神とこの世界との関係について新しいあり方が提案され、神の性質についての豊かで新しい解釈へと導かれるのは確かです。そしてこの神の性質についての新しい解釈は、神義論の問題に充分に取り組むためだけの方法論にとどまるものではないのです。

この章では、例えば、完全なる善、全能、全知といった神の性質が、神義論について考える際、悪とは何かということを新しく定義し直さなくても、矛盾を感じることなく理解できるのかどうかということを考えてみます。

一　善の内容を考え直す

理論的にいうと、神の性質を考え直そうとする際にすぐに思いつくのは、神が善であるということ、言い換えれば神が道徳的に完全な存在であるかどうかを疑うことです。つまり、実は神は善なる存在ではない、あるいは神が完全なる善であるというのは、人間が思うような善とは異なるのだと考えれば、神義論で問題となっている矛盾などあっという間に解消します。仮にそうだしても、神とはどういう存在かというイメージが決定的に崩壊してしまうわけではないと思われます。というのは、神が強大な力の持ち主ではなく、神の善なる性質がいままでより完全ではないと考えたとしても、それだけが神のすべてを決定するわけではないからです。

議論になりやすいこうした意見について、例えばアメリカのエモリー大学で教えるユダヤ教神学者デーヴィッド・ブルーメンソールは、神義論の最良の解決法として次のように述べています。「しばしばみられる、神による悪しき振る舞いとされるものは、神が人間に対して、人間にとって予想のつかないときに悪と思えることをするということである」[※1]。この世においてどう考えても無意味に思える苦しみは、この考え方を適用すれば、すんなりと神に責任を求めることができます。この考え方によれば、神には悪の側面があるということになるからです。こう言うと激しい反対意見が寄せられるわけですが、ブルーメンソールはその反対意見のことをこう説明します。「これへの反対意見が激しいのは、それだけ神は完全で総合的な善であってほしいという欲求を人間が神に負わせているということなのである」[※2]。ブルーメンソールが指摘するこのイメージは、まぎれもなくあらゆる世界的宗教の神のイメージの中核にみられるものです。ですから、ユダヤ教神学者であるブルーメンソールが提示するところの、神には悪の側面があるという主張は、ユダヤ教とキリスト教だけに適用される特殊な主張でしかないとはいえないのです。

神のイメージにおける悪の側面についてもっと広く率直に語るならば、それは人間が抱く狭い愛や善のイメージに神を押し込んでしまうことへの批判にもつながります[※3]。神のよい面や私たちに理解可能な面だけに着目し、それ以外の面を骨抜きにして神を「かわいらしいぬいぐるみのような神様」にしてしまわないよう、これまで小説家、精神分析家、神学者、教会指導者などさまざまな立場の人々が努力をしてきました。神が全知全能ならば、その力が過小評価されることは許されません。同時に、神がこの世の驚くべき素晴らしい出来事から無縁であるということもあり得ません。その一方で、ボーフム大学教授の旧約聖書学者ユルゲン・エーバッハは、「この場合の失敗や挫折は神と無関係であるというならば、それは神を過小評価しているのである」と言います[※4]。聖書の物語における神の素晴らしい言動に私たちは驚きを隠せませんが、同時に神の隠れた暗黒の側面を陳腐化させたり忘れたりするべきではありません。ルターは神の隠れた側面に対し、人間はその深淵を推し量ることはできないとしたうえで、次のような重要なコメントをしました。「この深淵を無視する、あるいは神を半分しかみないのではなく、神をまったく別の観点からみるほうがよい。すなわち、神には我々には理解不可能な面、近づくことができない面があり、私たちはそれに苛立ちを覚えるのだ」[※5]。これに関して重要な考えを示しているのは、ドイツのノーベル文学賞作家トーマス・マンの小説『ヨセフとその兄弟』です。アブラハムは神に出会って次のように述べます。「神は善のみではなく、全であった。神は神聖でもあった！しかし、やさしさのために神聖であったのではなく、生きた活動性のために、過度の活性のゆえに神聖であり、大きさ、恐ろしさのために神聖であった」[※6]。

こういった立場を代表する人々の言葉遣いは多分に誇張された部分もありますが、同時にそこには聖書に対する深い信頼があります。ブルーメンソールの立場のような人々が、関連する諸問題について深く考えたうえで発言しているのは明らかです。アウシュヴィッツが神の暗黒の側面に由来するものであるならば、そのような悪であると思われることを美化して書き換えるようなことは難しいということになります。一九九四年にキリスト教徒が九割を占めるとされるルワンダで起こった、数十万人から一〇〇万人ともいわれる犠牲者を出した虐殺や、一七五五年にカトリック国家であるポルトガルの首都リスボンを襲って、市民のおよそ三分の一が犠牲になったといわれる、ヨーロッパ史上最大の地震と津波が、神の「驚くべき所業」だとするならば、このような悲劇を引き起こす神とは、リスボン大震災について考察したカントが言うように、人間の尺度からすると嫌悪すべき以外の何ものでもない、ということになるでしょう[※7]。ただし、このような人間の尺度においては、人間が言ったりイメージしたりできるのは、人間による人間が考えるところの意味や価値の基準だけがもとになっているものである、ということを忘れてはなりません。ただ、神における善とは何かということを論じる際には、まったく異なる尺度を当てはめるべきではないかという主張をすると、人間が考える善のイメージを神に当てはめる作業は無意味になってしまいます。

神に関するこうした主張が抱える問題の核心は、うっかりするとこのように、そもそも議論の中身が空っぽなのだということではありません。そうではなく実際問題として、道徳的な理由から神を信じることは信仰として筋違いである、ということになりかねないことにあります。なぜなら、もしも人間からみて神は善であるかどうかわからないということになると、人間の尺度からみて嫌悪を感じるような出来事に際しても、神はそれとは無関係の存在であるということになってしまうかもしれないからです。そうすると必然的に、人間の考える道徳的理由から神について何かを判断すべきではないということになってしまいます。それでは、もしも神には道徳性も完全性もないとするならば、どうなってしまうのでしょうか。クライナーは次のように述べています。

> そのような神は賞賛にも愛にも値しない。ただ神に対して畏れおののくことしかできない。それ以上に、道徳的でもなければ非道徳的でもない神を賞賛するということは、賞賛する人間自身が道徳的に生きる努力を放棄したがっている傾向の現れなのである。※8

神が道徳的に善であるというイメージは、信仰とは実践理性によって責任ある応答をすることであるという考え方において、欠くことのできない構成要素です。そしてこのイメージは、ユダヤ教およびキリスト教の伝統において、神を認識する際にも不可欠です。神を認識することは、神の道徳的な正しさを賞賛することと重なるからです。

それでもなお、悪としか思えないあらゆる事柄に関して、神は最終的に責任があり、それゆえに、なぜ善なる神が苦しみをそのままにしておくのか、と考察せざるを得ないという意見には正当性があります。ナチスのホロコースト（ユダヤ人絶滅政策）から逃れた経験を持つ、ユダヤ教神学者でラビ（ユダヤ教聖職者）であったエリエゼル・ベルコヴィッツ（一九〇八―一九九二）は、神は人間の目からは隠れているようにみえる、あるいは沈黙しているように思えると語っています。同時に彼は、「なぜ神はあまりにもしばしば苦しみに直面する人間を前にして姿を隠しているのだろうか」と問いかけます。[※9]しかしベルコヴィッツのこの問いかけは、言ってしまえば「それにもかかわらず」神は人間に働きかけているということを示しているように思われます。神が姿を隠しているように思えるというのは、神が罪ある人間を罰するのではなく、人間の罪を赦し、人間が神に立ち返り、神と出会う可能性があるということを表しているように思われるのです。[※10]もしも、神が人間の罪を認めたうえで、最終的に人間が自由に振る舞うことを許しているのだとするならば、人間はその自由のうちに神へと向かうことができます。ではここから、自由意志による擁護論についてさらに考察を進めることにします。

その前に、ひとまずここまでの話をまとめてみましょう。この世における苦しみが、直接、神の持つ悪あるいは暗黒の側面からきているものだとするならば、神への信仰は解決不能な混乱に陥る可能性があると考えられます。だとするならば、人間は神の悪の側面を擬人化して考えようとするかもしれません。つまり神への反逆者あるいは悪魔の存在を考え出すということです。すなわち徹底的あるいは限定的な二元論に展開していくことになるわけです。それは以下のように、キリスト教信仰および自律的な理性の哲学と、どのように一致できるかが問われることになります。

では、ためしに二元論を徹底してみましょう。そこでは、悪なる神と善なる神がこの世界の主導権をめぐって争うことになります。歴史上で生じるすべての良いことは善なる神に由来し、反対に意味を見出せない苦しみの出来事は、悪なる神からくるというわけです。こうした世界観は神が唯一である、またすべてのものが神に由来するとはいえなくなってしまうので、一神教的世界宗教とは相容れないものです。しかし宗教とは一線を画した、純粋な哲学の世界では特に珍しいものではありません。自然の出来事は淡々と連続して生じるものだという考えよりも、全能ではない、同等の力を持つ二つのものが存在していて、ある規則に従って相争っていると考えたほうが経験的にしっくりくると思う場合、哲学的にはよく使われる考えなのです。※11

しかも一神教的世界宗教においてさえ、善なる神がすべての主権者であり、創造者であり、歴史をつくる存在であるということに異議を唱える傾向は繰り返しみられてきましたし、いまでもみられます。キリスト教神学の歴史においては、マルキオン（八五？—一六〇）と、マニ教の創始者であるマニ（二一六—二七六）が、特に強い影響を与えました。彼らの理屈では、徹底的な二元論に従って善なる神の全能性を否定すれば、キリスト教における最大の懸案事項、つまり神義論を処理できるといいます。限定的な二元論によって、つまり悪にも少しばかりは権力があるという原理を認め、しかしそれでも善なる神は全能であるといっているようでは、神義論という問題は解決できないというのです。もし善なる全能の神のもとで、悪にも少しは権力があるといったところで、それならば善なる全能の神は、なぜ悪に少しでも権力を持つことを許すのかという問いが出てきてしまうからです。

つまり、悪魔という確固たる存在を取り入れることによって、これ以上神義論について論じる必要がなくなり、それこそが神義論への答えになるといえるのです。ドイツのカトリック神学者ベルント・クラレットが言うように、悪魔を「道徳悪（malum morale）」へと人間を引きずりこむ存在として理解するならば、人間だけでなく、神の責任も軽くなります。しかし一方で悪魔が存在し、それが人間を誘惑するということを認めることにより、回答を迫られる新しい疑問が生まれます。悪魔について論じるとなると、それなら人間性（ヒューマニティ）とは何かということについてもはっきりさせようということになるかもしれません。しかし悪魔の存在を想定することにより、たとえ悪いことをした人間であっても「自分のしてしまった悪業に関して明らかに責任があるにもかかわらず、自分は悪い人間であると考える必要はなく、ただ『悪魔にそそのかされた』と考えればよい」ということになります。[※12] そうしますと、悪魔のような悪の存在、悪をそそのかす存在をなぜ神は創造したのかということを考えなければなりません。さらには、ではそのような悪魔が存在するうえで、人間はいったいどれだけ悪魔の誘惑に対抗して自らの意思を行う力があるのか、そのような自分自身についての最終決定権がある人間性と尊厳があるという人間のあり方とは、悪魔にそそのかされるだけの操り人形のような人間という考え方とどう折り合いをつけるのかが問題になるのです。

「道徳悪」の局面に関して悪魔の存在を考慮することは、神義論の視点からすると、神を人格的な存在として考えるときに無用な混乱を引き起こすものです。というのは、それでは人間の苦しみとは何か、そして神はそれに対して最終的にどんな責任があるのかという問題へと結局は戻らなくてはならないからです。ですから、「物理的悪」に限定して悪魔のことを神義論の視点で考えてみるというのは、このあとの、一貫性があり、特に神学的根拠がある方法にのっとって物理的悪の問題を自由意志による擁護論へ統合する試みとは立ち位置が異なります。仮に、悪魔あるいは何か特別な存在が、彼らの持つ自由を乱用することが、人間が原因ではない、この世におけるあらゆる「物理的悪」の源だとしましょう。そうすると「道徳悪」も「物理的悪」も、すべての悪業は例外なく、また直接的に、神がつくりそして与えた自由の乱用でしかないということになるでしょ

う。※13

アメリカの哲学者アルヴィン・プランティンガが主張したこの可能性は、一見するとなんとも魅力的な説に思えます。しかしながら、ここで展開されている仮説はとうの昔に議論し尽くしてしまったことです。というのは、自然界のさまざまな出来事の規則正しさを考慮するならば、神義論という問題に悩む必要などないからです。地震であろうが病気であろうがすべて自然法則のなせる業であり、悪の諸力による所業だなどと考える必要はないのです。ですから「物理的悪」に関していえば、悪魔の存在を仮定して地震や病気の存在を説明しようとすることのほうが、神が存在するならなぜ地震や病気が起きるのかと問うことよりも、はるかに問題が多いように思われるのです。

いずれにしても限定的な二元論のあらゆる形式では、神はこの世の悪しき出来事について責任があるという問題が残ったままであり、なぜ善なる神は自分で制御できるはずであり、なおかつ神自身が生み出したと思われる悪をそのままにしておくのかということを説明する必要があります。この問題を回避するために、善なる神の全能性には限界があると考えるならば、上記のように徹底的な二元論に行き着くか、あるいはここまで論じてきたように、そもそも善ということの意味を新しく考え直すことで、神の性質、つまり神が全能であるということをもっと別の形で考えるということになるでしょう。

二　全能の内容を考え直す

神の全能性について考え直すという解決法は、現在、神義論の問題に取り組む際に最もよく議論されているものであり、そのさまざまなあり方が取り沙汰されています。もっとも急進的な形式は、神はこの世を創造するときにその全能性を完全に手放したというものです。母親をアウシュヴィッツで殺害された経験を持つ、ドイツ生まれのユダヤ人哲学者ハンス・ヨナスはこの立場です。すなわち、アウシュヴィッツ以降のこの時代に神について語ろうとする場合、神はこの世の出来事に干渉しようと思えばできたけれどもそうすることを望まなかったというような、昔の「神話的な」神のイメージを語ることなど、もはやできないというのです。

今や私はこう言おう。神は干渉することを望まなかったのではない。干渉できなかったのだ。この時代の決定的な現実的体験を根拠として、私は神についての観念を次のように提案する。すなわち、神は時代に対して、つまり進行する世界の経過という意味での時代に対して、物質世界における「物理的な」成り行きに干渉するすべての力を放棄したのである。※14

似たような観点から、多くのキリスト教神学者が、神は全能であると述べることをやめてしまっています。全能の神とは、聖書に基づく個人的な神のイメージにおいてしか正当化できないものであり、古代の家父長制を背景にしたものであるというのがその理由です。※15　しかしながらその真の動機は、神義論の問題に答えるためであるというのは明らかです。神は全能であるという考えを完全に放棄すると、神は際限なく善であり続けながら、同時にどう考えても「あってはならない苦しみ」としかいえないものも存在するという主張が真実味を帯びるからです。

ただし、こうした考えが神義論的問題を実際に解決する方法となるのは、神はあるとき、自発的に全能性を放棄したというのではなく、神はそもそも初めから全能ではなかったのだと考える場合だけです。言い換えるならば、もし神が世界の歴史が進むプロセスの途中で、自発的に世界への干渉をあきらめたというのであれば、自発的に干渉をあきらめたという、世界に対する神の責任性は依然として残ってしまいます。神義論的問題を解決しようとするならば、神の支配権はそもそも初めから限定されたものだったのであり、ある時点で自発的にその力を放棄したわけではないということでなければならないのです。この解決法の視点からすると、特に天地創造に関していえば、それは「無からの創造（creatio ex nihilo）」という、神の自発的な創造の業であったわけではないと理解しなければなりません。この点にまったく言及しない場合、やはり神は自発的に無から世界を創造したという想定により、この世に存在する苦しみへの責任を問われるからです。ですから、カントが神義論的問題に取り組んだ際に、いまも議論が続く神の全能性の概念を中心として考えることをせず、神が世界の創造者であることを中心に据えたのは意義深いことでした。[※16] 仮に神が無力な存在で、この世に干渉することができないのであれば、そのような存在がどうして世界の創造者などといえるのかと問われるのは当然でしょう。

この方法論の最終形ともいえるのが、イギリスの哲学者アルフレッド・ノース・ホワイトヘッドの思想から生まれた「プロセス神学」による試みです。それによれば、神は創造の業を行う以前からそもそも限定的な存在であったとされます。例えば、神は永遠に存在する物質を与えられて世界を組み立てたと考えられたり、あるいは神は超自然的な原理によって規定される存在、つまり世界を創造する力を与えられた存在であるとされたりします。[※17] プロセス神学の立場から神義論について語る第一人者である、アメリカの神学者デーヴィッド・レイ・グリフィンは、神はなぜ歴史の流れをコントロールできないのか、コントロールするのではなく説得しようとするだけなのかと問います。つまりこの視点から考えると、神がこの世界に働きかけるというのは、実効的な圧力をかけるということではなく、説得することや呼びかけることでしかないというのです。

ただ別の見方をすると、神がそのように充分な力を持った存在ではないというのは、キリスト教における神の概念を真摯に問うものであるといえます。神を超自然的な原理によって規定された存在、あるいは物質的に限界を持った存在であるとすると、中世の神学者カンタベリーのアンセルムスが規定したように、神を「それ以上偉大なものが考えられない存在」とするのはたいへん難しくなります。神が超自然的な原理によって規定された存在ということにすると、神が自ら進んで自分自身を制限するとは考えにくくなります。こうした哲学的な神の概念は、初期キリスト教の素朴な神の概念、つまり神が自分を低くし、イエス・キリストとして人間となったという信仰とは相容れません。

ただし、神がそのような限定的な力しか持たない存在だとしても、世界の始まりに責任がある存在であることに変わりはありません。グリフィンが言うように「もし神が細胞生物の発生、要するに動物の生命が生じることを『説得して』阻止していたならば、意味の問われる苦しみなど、この世になかったであろう」といえるからです。[※18] その点ではプロセス神学のような哲学的な試みが、神が全能であるというイメージから生じる矛盾に縛られることなく上手に議論をしていると過大評価するべきではありません。神義論の問題に関してプロセス神学が評価に値するのは、神がすべての創造者である、あるいは世界の始まりに責任がある存在だとしても、だからといって、すぐにそれが神は全能であるというイメージと衝突してしまうわけではない、ということを明らかにしたことにあるのです。仮に形而上学的な意味で、世界をつくる材料を神に提供した存在がいるとして、そのために神が自分の思いどおりに世界をつくることができなかったのだとしても、それでも神はなぜそれらを用いてとにもかくにも何がしかのものをつくったのか、別の言い方をすると、なぜカオス（混沌）状態だった材料に秩序を与えたのか、という問いは残るのです。

こう考えると、結局のところ、力に限界のある神というのは、プロセス神学が主張するほど神義論に対する完全な答えにはなりません。むしろ「無からの創造（creatio ex nihilo）」の考えがどれほど意義深いかを改めて認識させ、神義論的な問題にとって、神が全能であるという概念がより決定的に重要なものであるかを、別の形で示してくれるものであるといえるでしょう。通常、このことは一九世紀のデンマークの哲学者セーレン・キルケゴールの意見が示してくれています。すなわち、全能の最も高い次元の形式とは、神の愛がその力として自由に行われていることにあるというものです。キルケゴールはこのことを次のように述べています。

存在に対して圧倒的に最も崇高なこと、あらゆるものに優っていること、それができるということはすなわち、それを自由に行うということである。それを行うことが可能であるということは全能であるということに属する。それは奇妙なことに思えるかもしれない。というのは全能であるということは従属的でなければならないと思われているからだ。つまり人が全能ということを考える場合、同時にそこには規則がなければならないと考えているわけだが、全能であるということによって、何ものにも従属しないでいられるという、全能の外へ謙遜に自らを放棄することもできるのだ。〔……〕全能者は自らそうすることによってのみ、全能者だけが全能から謙遜に自らを放棄することができる。この関係は誰かが授け、それを受け取るということとはまったく別である。それゆえ神が全能であるというのは、神の善なる性質なのである。それゆえ善とは謙遜に自らを放棄することであるといえよう。全能であると自認しているがゆえに、だからこそ何者にも依らずにそれを受け取るのである。限界のある力は何かに従属している。全能だけが何にも依らずにいられる。全能であることにより、自らのうちに沸き起こるものを、無から生じさせるのである。全能とは他者との関係におけるものではない。全能が関係を持たなければならない他者など存在しない。いやそうではない。全能者は、最も小さなものを見捨てることなく、その力を差し伸べようとすることを、何にも依らずにそうすることができるのである。全能者が、あらゆる面で最も素晴らしく、この世の物質的な存在であり、しかもあらゆる面でもろく弱いものであり、そして全能者から独立した存在をつくろうとしたというのは、人の理解の及ばないところである。[※19]

この考え方によれば、全能とは、無際限に「すべて論理的に可能なことができること」以上のものです。全能というものを、人間的な力を無限に高めた力量というふうに単純に考えるだけでは、人間的欲望のイメージや、人間が力というものに抱く幻想をそこに投影しているだけであることが明らかになるにすぎません。何よりも、全能について考えることは非常に深い問題性と取り組むことにほかならないのです。[※20]ですから、全能について正しく理解するということは、全能を、何もかも支配あるいはコントロールできるスーパーパワーとみなすことではありません。そうではなくて、全能者によってつくられたもの、それもまた何かしらの力を持っており、そういった力があるということから、自由な意思によって自らを創造した存在へと向かっていくことができるもの、つまり、人間のあり方を通して全能の正しい理解の仕方が示されているとみるべきです。相手にすべてを委ねることができるということ以上に偉大なことは考えられません。その意味では、全能とは、神がまったくの自由のうちに愛の力を行使することだといえるかもしれません。また、そこから出発して、神の自由と人間の自由の関係から苦しみの問題に取り組むことができるかもしれません。

この場合の基本的な前提となっている観点とは、神が、いったん自分がつくったもの、すなわち人間などに与えた自律性を撤回するようなことがないならば、人間の自由とは突き詰めればとても真摯なものであるということです。同時に、人間の自由とは突き詰めればとても真摯なものであるという認識も、神と人間との関係が自由と愛の関係であると考える前提となっています。

第五章で人間の自由意志についてさらに話を進める前に、次の立場を確認しておきたいと思います。すなわち、神の全能性に関して構想されたさまざまな新しい解釈は、さしあたり神義論的な問題の解決としては役に立たないということです。人間が自由であることに対する責任は神にあるからです。ですからこうした解釈をもってしても、神から独立している存在は完全な自由の責任を引き受けるべきなのかどうか、言い換えれば、人間の自由意志の価値は細部に至るまで擁護することができるのか、という問いに答えることはできないのです。

三　全知の内容を考え直す

人間の自由意志をどこまで擁護できるかということを論じる前に、神義論にとって決定的に重要な、神の性質の三つ目、つまり全知をみておきましょう。万が一、神は全能で完全なる善であるにもかかわらず全知ではないために、この世における苦しみの歴史、苦しみの物語を何も知らないとしたら、それでも人は神を非難することができるでしょうか。もっとも、苦しみを知らないということになると、それでは神が全能であると考えられるのか、そんな神は全能とはいえないのではないかという可能性もあるので、後述する神の全能についての新しい解釈と関連させて考えることにします。ここでの神義論的な問題の枠内の全知に関する議論というのは、神はこの世における苦しみを果たして知っているのか、それとも知らないのか、という問いではありません。そもそも神の全知に関する議論において、この世の苦しみを神は知らないので、神には苦しみに対する責任がないなどという神学的立場をこれまで聞いたことがありません。そのような立場は、世界的一神教であるキリスト教において確立させることなどできるはずがないでしょう。

むしろ議論になるのは、神は世界をつくったときに、これから先どのようなスケールで苦しみの歴史が生じるのか、きちんとわかっていたのか、あるいは、そうなるかもしれない程度しか知らなかったのか、ということです。神が世界を創造したときに、この世でどれくらいの苦しみの歴史が起こるのか仮に知らなかったとしても、この世の苦しみに対する神の道徳的責任がなくなるわけではありません。しかし道徳的見地からよく考えてみるならば、神はすべての出来事をあらかじめ知っているかどうかによって、それにどの程度の責任があるかということについては、さまざまな議論があり得ます。例えば、アドルフ・ヒトラーのような「極悪人」を産み育てた両親の責任を考えるならば、このことは明らかです。もしもヒトラーの両親が、この先自分たちに子供ができたとき、その子供が将来どんなことをしでかすか予想できていたとするならば、避妊して子供をつくらないようにする義務があったのでしょうか。とは言うものの、ヒトラーの両親に限らず、世の中のすべての両親は、子供の将来を正確に見通すことはできませんが、自分たちの子供が犯罪者になる可能性がないわけではないということは頭ではわかっていることでしょう。両親は子供が生きていくための手助けをするわけですが、完璧な形でそれをしてやれるわけではないことも承知のうえだと思います。だからといって、そのような両親には子供をもうける道徳的権利がないということはないでしょう。あとになってから、その両親は子供をどんなふうに世話をし、育てたのかが問われるとしてもです。

似たようなことが、神についてもいえるのではないでしょうか。つまり、アウシュヴィッツのような悲劇の可能性を神があらかじめ予測していたとするならば、神は世界を創造するべきではなかったという意見にもいえるかと思います。反対にいえば、もし神がこの世で起きるひどい出来事を予測できなかったとするならば、神は善であるということをもっと容易に信じることができるでしょうし、聖書が語るところの、世界の統治者である神への信仰は合理的で責任の持てるものであるとみなす限り、神がこの世界をつくったことを非難することはできないということになるでしょう。神義論の問題からすると、こうした見解の利点は、この場合、もはや未来が間違った方向へ発展することはないかどうか、神は予測できないことにあります。アリストテレスがすでに主張していることですが、未来において偶発的に起こる出来事にどんな価値があるのか、いまの時点では正しく判断することはできず、たとえ真理とは何かということを知っている存在であったとしても、それは不可能だということです。[※21] そうすると、仮に神が未来に関して、すでに起こることが決まっており、必然的に生じることしか知らなかったとしても、神の全知に限界があるということにはならないのです。つまり、完全に人間の自由意志から行われたことに関しては、全知である存在もそれをあらかじめ知っているわけではないということです。ただ、実際のところ、もしも神が世界を創造した際にアウシュヴィッツのような残虐なことがその世界で起きることを予測できず、そのようなことが起こる可能性を計算できなかったとしても、それに対する神の責任が一挙に解消へと向かうわけではありません。

そもそも、神にとって予測不可能な偶発的な出来事などあり得るのでしょうか。この問いにとって重要なのは、目下、神がどのような立ち位置にいるのか、そしてこのことを論じるにあたって、ここ一〇年間で活発な議論が行われてきたということです。哲学的神学の伝統的な路線では、長い間、神が永遠であるというのは時間にとらわれないということであり、それゆえ神は時間の向こう側にいると考えるのが当たり前のこととされてきました。この考えの基礎を据えたのは古代の神学者ボエティウス（四八〇／五頃―五二四／六）です。彼は新プラトン主義哲学の神のイメージをもとにこの考えに取り組みました。その結果、神はその超越性と唯一性により、変化せず、時間にとらわれない存在にほかならないと考えました。このような考えの伝統の結果、神は永遠の現在において、同時に完全なる命を持っているとされました。すべてのものは「いま」神にとっては完成しており、過去、現在、未来すべてのことが、神にとってはあたかも「いま」、直接目の前にあることのように見えるというのです。

ボエティウスの考えはつまりこういうことです。神は完全に時間の向こう側におり、そのことによって、歴史におけるあらゆる時点をまったく同じ時点であるかのように見ることができる。[※22] 彼はこの神の状態を、山頂からすべてを見下ろし、いままさに山腹を登っている人々を見ている観察者にたとえます。他方で、登山中の人々を間近で観察する人もいます。山の麓から山腹にいる登山者を仰ぎ見る観察者もいます。つまりこれが、人間が歴史の流れをみる体験だというのです。時間の流れは過去から未来へ連続的に通り過ぎていくもののように思えますが、山頂に立っている観察者、つまり神のように上からすべてを見渡せる存在からみれば、すべては一望のもとに認識することができるというのです。

ボエティウスによるこのような永遠についての構想は、後の時代の哲学や神学の形成に多大な影響を与え、また受容されました。特にこの構想は、トマス・アクィナスによってさらに発展し、現代に至るまで形而上学の系譜に強い印象を与えています。ボエティウスによるこの全知とは何かという見地からすると、神は世界を創造した時点で、そのあとこの世においてどのような苦しみの歴史が起きるのか、すべてあらかじめ知っていたということになります。もっと厳密に言えば、この考えによれば、全知とは、神が神独自の時間を超越した視点に立ち、そこから歴史のあらゆる時点を同時に見渡し、それを総合的にみるということである、ということになります。

このイメージに対しては真っ向から反論がなされます。まず、ここでいう時間を超越していると考えられる存在は、だからといってそのままその存在は全知であり得るのかという問題があります。なぜなら、時間を超越している存在であっても、時間に還元できない要素に関する意味まですべて知っているとは限らないように思われるからです。[※23] つまりこういうことです。時間を超越している神に、概念的に考える歴史全体のうちのある一時点について、それがそのときにどんな意味があったかということに関する知を認めることができるのか、ということです。仮に時間を超越した神が、それぞれの一時点にふさわしい意味を知っているとすると、神はその意味がいまの時点でもふさわしいものであるかどうかは知らないということになるかもしれません。コーネル大学で中世哲学を講じていたノーマン・クレッツマン教授は、歴史に関する神の知識と人間の知識の違いを次のように説明します。人間は自分で撮影した映画であったとしてもその映画のどのシーンがいま近所の映画館で上映されているかはわかりません。[※24]しかし人間と違い、神はいまどのシーンが映画館で上映されているかについては知っています。ですから、神は人間とは異なる客観的な領域におり、包括的な知識を持っているといえます。けれども、神とこの世との関係についての議論でとても重要なことなのですが、いま何が実際に行われているかは、この神は知らないということになってしまうのです。

とりわけ、全知である神が、時間を超越しているという状態で果たして人間に自由意志を与えることが可能なのか、ということが問題になります。つまり、神が時間を超越した場にいて、歴史のすべてを見通しているとするならば、神の視点からみれば、未来のある時点Bに起こることが、それ以前のある時点Aにはもう確定しているわけです。しかし、神が導いたのか、そうでないのかにかかわらず、ある時点Aがすでに過ぎていても、人間にとっては来たるべきある時点Bでは、まだ自由に振る舞う余地があるのではないでしょうか。アメリカのハンチントン大学の哲学教授を務めたウィリアム・ハスカーは、次のような例を挙げて問題提起しています。いまは時点Aです。カスバート君は近々、未来の時点Bでイグアナを購入する予定です。もし神が完璧な全知であるならば、いまの時点Aですでに未来の時点Bで何が起きるかを知っていますから、カスバート君には未来の時点Bで、もはやイグアナを買わないことにする自由はないことになります。[※25]

このように考えてみると、ボエティウスの永遠についての構想は、決定的な点で問題を抱えているように思われます。未来に起こるある事柄を、神がいますでに知っているという主張は、現にいま真実であるという主張の変形にすぎないのです。この二つは何が違うかというと、後者は、時間を超えた存在として神を考えた場合には、神の知識には時系列というものがないとすることに注意が向けられていることです。しかしながら、こうして厳密に考えても、前に挙げたイグアナの例の問題は依然として解決できません。つまり、神が未来に起こることを「前もって」知っているかどうかという時系列の概念は仮に重要でないとしても、神は未来に起こるある出来事について、いまの時点で何かを知っていることに変わりはないので、そのことはやはり人間の自由意志の問題と衝突してしまうように思えるからです。ですから、神にとって歴史の流れはすべていま同時に起きていることとして見えるがゆえに、すべてを知っているとするならば、神がすべてを知っていることにより、やはり自由は成り立たないということになります。その点では多くの神学者や哲学者が、特に分析哲学を用いた議論において、ボエティウスと彼の思想を受け継ぎ発展させたトマス・アクィナスの「永遠とは何か」という命題、とりわけ神が時間を超越しているということについて、それを人間の自由意志の問題と一致させることはできないとみなしているのは、決して不思議なことではないといえるでしょう。[※26] しかしながらそれでも、神が時間を超越している、神はこの世の時間の流れのなかにはいないということに対して、さらに言及する必要があるのです。

例えば、ボエティウスのこの考えにおいては、そもそも神の視点からすると時間というものは存在しないということになります。過去、現在、未来の違いは、神の視点からみれば、単なる幻想にすぎません。しかも神の視点だけが真に客観的なものとみなされているので、過去、現在、未来の違いというのは実際には存在しないものということになります。また、未来はどうなるかわからないなどという意見は、欺瞞に基づいているとみなされることになります。そうすると次の疑問が生じます。ではそのような時間観では、人類の歴史における苦しみというものは、充分に真摯な扱いを受けるのでしょうか。意味のない苦しみは終わりにしてほしいという至極当然の要請は、決して陳腐なものではありません。あるいは、苦しみがいつまでも続くわけではなく、永続する苦しみなどないというのであれば、それを論証することはできるのでしょうか。逆の観点から次のように問うこともできます。苦しみ、そして悲しみの涙は、神の視点からすれば常に「現在」であり続けるので、苦しみが真の意味で過ぎ去ることはなく、悲しみの涙が真の意味で乾いていくこともないとすれば、そのことは神が善であるということとどうやって一致させることができるのでしょうか。[※27]

もっと厳密に神が時間を持たないということを主張し続けると、さらなる問題が発生します。この主張は、キリスト教徒が一般的に理解している、個人的な意味での神と世界との関係にほとんどあてはまらないのです。時間を持たない神は動くこともなく変わることもないということになりますが、そうすると、この神は人間に対して応答することもないということになってしまうからです。[※28] フライブルク大学神学部で基礎神学を担当するマーグヌス・シュトリート教授は次のように述べています。

神が時間軸上の存在ではないとすると、それは実態として無感情（アパシー）な存在にならざるを得ない。なぜなら、時間のなかにいなければ、時間の枠内で経験するネガティブなことに出会うこともなければ、その当事者にもなり得ない。そうすると、この世と歴史において神が霊として介在し、存在しているということを、もはや考察することなどできはしないだろう。[※29]

時間を持たない存在として神を考えると、生き生きとした神について語ることなどおよそ不可能です。また、創造者として自分が創造した世界のなかで活動する神をイメージすることもほとんどできません。神がイエス・キリストとして肉体を持つ人間となった、いわゆる受肉（インカーネーション）は、まさにその意味で神が時間において変化を見せ、また時間のなかに完全に現れたと考えることができます。ただそうすると、時間を持たない全知の神と、時間のなかに現れた神であるイエス・キリストとの関係をどう考えればいいのかということがまったく不明確です。

しかし逆の見方をすれば、要するに時間に規定された存在としての神と、恒常的な期間としての神の永遠性のどちらも考えようとすると、結局行き詰まってしまうということなのです。無からの創造というキリスト教信仰を保持するならば、神は創造以前の過去を持つという時間の概念を採用することができず、時間も神が創造したものであると考えざるを得ません。しかし、このように神が時間の創造者であるからといって、神は時間に拘束されない存在であるとはいえないという意見もあります。スウィンバーンは、神は自分の自由な意思から敢えて時間のなかにある存在となったと強く主張します。神の全能性が人間の自由な意思決定を尊重してこれを否定しないのと同じように、神が全知だといえるのは、人間の自由を尊重して真に開かれた未来を許す場合であるとします。神が時間に拘束されているというと神に欠点があるように聞こえますが、このように考えるならば、神は自由のうちに時間に拘束されることを選んだが、時間に従属させられてしまったわけではないと考えられるというのです。[※30]

この考え方には長所もあります。神は、世界を創造する前から何もかもあらかじめ知っていたわけではないとすれば、私たち人間と交流し、私たちが自分で決め、行動することに応答することができるという意味で、人間と個人的に対話できる神について考えることができるようになるのです。ユダヤ教およびキリスト教の聖書に基づく伝統的な神のイメージ、すなわち永続的に存在しつづける神という点においても、特に問題なくあらゆる出来事について考えることができます。そうしますと、仮に人間が神と関係することは人間の自由に属すると考えるとしても、神が時間のなかにいる存在であるということは完全に成立し得ます。[※31] 神が、神のつくったものに対し、神の目から見てそれを望ましいものとして真に自律的な自由を与えたとみなすならば、神は未来をコントロールすることができないとしても、少なくともそれは神が不完全な存在であるということにはならないのです。

こうした考えでは、時間を持たないということの形而上学的構造から神の概念を切り離さなければならないわけですが、その場合でも、神は時間を持たない存在であるとした場合に生じる難点をうまく避ける説明をするだけでなく、神はやはり時間を超越したところにいるということを構想する必要があります。現代プロテスタント神学の代表的存在であるヴォルフハルト・パネンベルクが適切に指摘していることですが、そうしなければ、神は永遠の存在であるということが導き出せなくなってしまうのです。神が時間の支配者ではないとすると、「神は、そのあらゆる瞬間において、我々とまったく同じように、現在の視点から、多様な可能性の未来を展望することになり、過去にかかわることもない。未来にも過去にも神は支配を及ぼせないとするならば、神が現在においてできることにも限界があるということになろう。そして神は未来にも、過去にも何もできないということになるであろう」というのです。[※32] そうしますと、永遠というのはいまの時間がこれからも永続的に続くという意味に解釈することはできません。そうではなくて、永遠とは、繰り返し新しく自由に展開する可能性のある、時間軸上の未来を構築するという意味だとパネンベルクは言います。「神は永遠である。なぜなら神の外に未来はなく、神自身が未来であり、多様な未来の可能性のすべては神に由来するからである」。[※33]

未来というものが、神からの贈り物としての私たちの自由に常に開かれているものであり、その自由は見せかけではなく本物であるならば、神がすべてをあらかじめ知っているかどうか、あるいはいま現在について、神はすべてを見通しているのかどうかについて言及する必要はなくなるでしょう。神によって根本的に開かれている未来とは、神と人とが協力して作り上げる未来であり、そうだとするならば、未来については何も決まっていないということになるでしょう。こうして考え抜かれた神の全知のイメージを、世界の創造に関して用いるとするならば、このような神のイメージのダイナミックさに焦点が合わせられることになるのではないかと思います。

伝統的な神の全知についての観念では、神義論的な問題に取り組むのは正直なところきわめて難しい一方で、自由な愛の力に立脚した神の全能性と、根本的に開かれている未来をまったく制限することのない神の全知性という考え方を用いるならば、アウシュヴィッツ後の世界において、神義論的な問題を合理的に追及した返答を探る可能性があるといえます。

ここまで考えてきた、神の性質についての新しい解釈の可能性は、神義論の問題それ自体を解決するものとはいえないかもしれません。しかしながら、神義論に取り組む際の視野を広げてくれます。つまり、神義論の問題に答えようとする試みは、苦しみとは何か、神の性質とは何かということの新しい解釈を探すだけではなく、神と人間との関係の解釈には新しい形式があり得るということを気づかせてくれるのです。それは神義論的な問題に取り組むための革新的な視点を獲得する可能性を秘めています。

そこで、続く章では、神と世界との関係を根底から考え直すことによって神義論的な問題に取り組んでみます。もしも神と世界との関係を、自由という関係性の観点から読み解くことができるならば、悪というものは、人間の自由意志の結果あるいは前提の可能性であるという理解が可能になるでしょう。その場合、創造者に対して被造物が自由のうちに思いを向けることは、神が被造物をつくった目的にほかならないということになります。その結果、ある特定の状況において、そうした価値のある自由を放棄してまで耐え忍ぶ価値のある苦しみがあるのかどうかということを考えることになるでしょう。このことに取り組む前にしておいたほうがよいと思われるのは、次のことをできるだけ細かい点まで想像しておくことです。すなわち、人間の自由意志の観点からすると、この世界の自然秩序に属するもののうち、いったいどれだけのものが私たちにとって苦しみの原因といえるのかということ、また同じ観点から、それをどこまで意味あるものとして納得できるかということです。自然法則から発生する「自然悪」がこれほどまで多い世界に、なぜ私たちは生きているのでしょうか。善であり、全能である神は、もっと「良い」世界を創造できたのではないでしょうか、あるいは創造すべきだったのではないでしょうか。

※1　D. BLUMENTHAL, Theodizee, 86; より詳しい根拠については DERS., Facing the abusing God, Kap. 15f. 参照。

※2　DERS., Theodizee, 91.

※3　Vgl. K. BERGER, Wie kann Gott Leid und Katastrophen zulassen?, 202-204; DIETER FUNKE, Der halbierte Gott. Die Folgen der Spaltung und die Sehnsucht nach Ganzheit, München 1993.

※4　J. EBACH, „Herr, warum handelst du böse an diesem Volk?", 435f.

※5　Vgl. T. REINHUBER, „Deus absconditus", 61.

※6　THOMAS MANN, Gesammelte Werke in 13 Bänden, Frankfurt a. M. 1990, Bd. 4, 430.（トーマス・マン『ヨセフとその兄弟I』望月市恵・小塩節訳、筑摩書房、一九八五年、四一四頁）。

※7　こうした神義論の型式に対するカントの批判はそれ相応に冷徹なものである。「これらの弁護は〔……〕反駁を必要としない。

道徳に対していささかでも感情を持っているどんな人間にも安んじて嫌悪するに任せることにしたい」（I. KANT, Über das Mißlingen aller philosophischen Versuche in der Theodizee, A 201, カント「弁神論における一切の哲学的試みの失敗について」『カント全集 13 批判期論集』福谷茂訳、岩波書店、二〇〇二年、一七九頁）。

※8　A. KREINER, Das Theodizee-Problem und Formen seiner argumentativen Bewältigung, 149.

※9　E. BERKOVITS, Das Verbergen Gottes, 52: ここでは神がその顔を隠している（ヘブライ語：ヘステル・パニム）について聖書が語っていることが参照されている。ベルコヴィッツは聖書において神が顔を隠していることを、神の顔の本質であるとみている（vgl. C. MÜNZ, Der Welt ein Gedächtnis geben, 316）。

※10　Vgl. E. BERKOVITS, Das Verbergen Gottes, 65f.

※11　A. KREINER, Gott im Leid, 96: 神義論的問題を二元論的に解決する試みへのより詳しい批判は同書 79-124 頁参照。

※12　B. CLARET, Geheimnis des Bösen, 337; vgl. ebd., 380-383.

※13　こうした方向性による論証は以下のものを参照。A. PLANTINGA, God, evil, and the metaphysics of freedom, 107f.; G. BOYD, Satan and the problem of evil, 247, 293-318; L. OEING-HANHOFF, Das Böse im Weltauf, 234-238.

※14　H. JONAS, Der Gottesbegriff nach Auschwitz, 82.

※15　Vgl. K. BERGER, Wie kann Gott Leid und Katastrophen zulassen?, 193, sowie D. SÖLLE, Von der Macht, Allmacht und Ohnmacht Gottes, 55:「神の全能性へのこうした批判、そして全能性を放棄し、また放棄すると決めた神理解は、女性的思考を内に持つ。〔……〕神は『スイッチを押す者』ではない。神は我々を必要とするのだ」。

※16　Vgl. I. KANT, Über das Mißlingen aller philosophischen Versuche in der Theodizee, A 194.

※17　ホワイトヘッドとは異なる意見として、ハーツホーンの関連からいうと、例えばD・グリフィンは、こうした形而上学的原理じたいがどんな形式の神を選択するかということを前提としており、それゆえに、そうした神の選択をしない限り形而上学的原理が変化し得ないのだとしている（vgl. D. GRIFFIN, God, power, and evil, 298）。グリフィンは次のようにも言う。「純粋な悪の可能性は、世界の形而上学的な（言い換えれば必然的な）特性に由来する」（同書 276）。

※18　DAVID RAY GRIFFIN, Schöpfung aus dem Chaos und das Problem des Übels. In: A LOICHINGER/ A. KREINER, Theodizee in den Weltreligionen, 48-65, hier 53.

※19　SØREN KIERKEGAARD, Eine literarische Anzeige = DERS., Gesammelte Werke 17. Übers. v. E. Hirsch, Düsseldorf 1954, 124.

※20　神は神が持ち上げることのできないほど重い石を創造することができるかという逆説を思い出していただきたい（vgl. J. MACKIE, Evil and omnipotence, 99）。この逆説における問題は次のとおりである。すなわち、もし神がそうした石を創造できるとすると、神には持ち上げられない石があるということになり、神は全能ではないように思える。神はそうした石は創造できないとすると、神にはそれをする力が欠けているので、全能ではないということになる。こうした逆説に陥らないようにするには、前述のキルケゴールのような筋道をたどると問題がないように思われる。つまり、全能とは自由に選択され、かつ取り消すことも可能な、自己を制限するための力として考えるということである。こうして被造物の自主性のために全能は後景に下げられ、先ほどの逆説は問題ではなくなるといえよう。

※21　Vgl. ANDRÉ DE MURALT, L'enjeu de la philosophie médiévale. Études thomistes, scotistes, occamiennes et grigoriennes, Leiden u. a. 1991（STGMA 24）, 274–285; トマス・アクィナスとヨハネス・ドゥンス・スコトゥスにおけるアリストテレス哲学によるさらなる考察について、詳しくは同書 290–297 参照。

※22　Vgl. BOETHIUS, De consolatione philosophiae/ Vom Trost der Philosophie. Lat. -dt. Hrsg., übers. u. erl. v. E. Gegenschatz u. O. Gigon, Zürich ^{4}1990, 262f.

※23　Vgl. die klassische Begründung bei NELSON PIKE, God and timelessness, London 1970, 88f.

※24　Vgl. NORMAN KRETZMANN, Allwissenheit und Unveränderlichkeit. In: C. JÄGER（Hg.）, Analytische Religionsphilosophie, 146–160, 152.

※25　Vgl. W. HASKER, The foreknowledge conundrum. In: IJPR 50（2001）97–114, 98.

※26　Vgl. A. KREINER, Gott im Leid, 292f.; PETER VARDY, Das Gottesrätsel. Antworten auf die Frage nach Gott. Übers. v. C. Wilhelm, München 1998, 104.

※27　Vgl. KEITH WARD, The temporality of God. In: IJPR 50（2001）153–169, 162.

※28　Vgl. K. WARD, The temporality of God, 163, sowie CLARK PINNOCK, Systematic theology. In: DERS. u. a., The openness of God, 101–125, 121:「超時間性は神を制限する。もし神が超時間的だとしたら、歴史において救済の業を行うことなどできなかったであろうし、この世とも断絶してしまい、人間と真実の関係を結ぶこともできず、完全に静止状態に陥ってしまったであろう。〔……〕明らかなことであるが、時間と空間の創造者は同時に最も完全に時間を体験する唯一の存在なのである。神は時間を愛し、時間の体験に参与した。受肉の際だけではなく、常にである」。それゆえ神の完全性が制限されることはまったくない。逆に「神が驚きや喜びを経験できないとすると、それは深刻な神の制限であろう。この世は何のハプニングも期待

できない退屈な場所ということになってしまう」（同書123）。

※29 MAGNUS STRIET, Offenbares Geheimnis. Zur Kritik der negativen Theologie, Regensburg 2003（ratio fidei; 14）, 251.

※30 Vgl. R. SWINBURNE, Gott und Zeit. In: C. JÄGER（Hg.）, Analytische Religionsphilosophie, 196–217, 213.

※31 Vgl. K. WARD, The temporality of God, 160–165.

※32 WOLFHART PANNENBERG, Systematische Theologie I, Göttingen 1988, 438.

※33 Ebd., 443.

第三章

自然悪の問題と自然法則による擁護論

この世における自然悪とは自然法則によって生じるわけですが、その自然法則が明らかになったのは、人間による科学の進歩によるものです。この自然法則に対する見方は、いまのような科学の進歩が続く限り、ひっくり返るようなことはないでしょう。そうしますと自然悪というものは、現代の人間の生活を支えている科学法則と、コインの裏表のようなものであると理解することもできます。私たちの生きているこの世界は、実はもっとよりよいものではないのだろうかという疑問に取り組まなければ、苦しみを受け入れずに生きていくことは不可能であり、この世で生きることと、そこで感じる苦しみの意味は解決不能に陥るでしょう。

現代の神学においては繰り返し唱えられ了解されていることなのですが、神義論的な問題における最も深刻で重要な問題は道徳悪ではありません。比較的容易に理解できることですが、道徳悪というのは神に由来するのではなく、人間にその責任を求めることが可能だからです。それに対して近代のキリスト教信仰が直面した「激震」として、この世の苦しみについての最大の疑問を投げかけたのは、実はアウシュヴィッツではなく、一七五五年のリスボン大震災のような自然災害でした。自然悪が直接、神に由来するものならば、なぜ神は人間が過ちを犯すことをなすがままにさせておくのかという問いとは比較にならないほど根本的に、本当に神は善であるのかと疑うことへとつながるのです。[※1]

これに対する神学の伝統的な返答は、すでに第一章で取り上げた、充分とはいえない「無力化」と「善化」の理論を自然悪にも当てはめようとするものです。これについてはライプニッツが論証を試みています。すなわち、私たちは考えられる限りで最上の世界に生きており、私たちが考えるよりも一層よい自然法則など存在しないというものです。

一　よりよい世界など存在しないという仮説

ライプニッツは次のように論じています。神は無上に賢明で善であるのだから、可能な限り最も良い世界を創造したはずである。[※2] もし我々が神を信じているならば、我々は考えられる限り最も良い世界に生きているのだということを受け入れるべきであろう。もしそうでなければ、神が善であるということを疑うことになってしまうからである、と。この命題の基礎となっているのは、ライプニッツが追求した以下の事柄です。それは「宇宙の予定調和」、つまり、個々別々の自然法則はすべて、あらかじめ最善の形で同調するよう定められているのだというものです。ライプニッツは宇宙創造の前提として、すべてのものがバランスよく働いていると考えており、そこにおいて神は最も複雑な計算式（すなわち無限のバランス）に解答を与えているはずだとしています。つまり、神は「考えられる限りのあらゆる世界のあり方のなかで、悪の総量が善の総量に比べて最も少なくなるような世界とはどんなものなのか計算したはずであり、つまりそれが我々の生きているこの世界ということになるのだ」というのです。[※3] もしも人間が何らかの方法で神の善と知恵がどういうものであるかということをはっきり把握したいと望むならば、この世界の総合的秩序は大変きっちり構築されているがゆえに「善の総量が悪の総量をはるかに上回っている」というありさまを、見て見ぬふりをすることなど決してできないであろうとしています。[※4]

ライプニッツはこの考えをさらに次のように補強しようとしています。彼は、現実のこの世界とは「現実性（つまり現実に起こりうる可能性と多様性）と秩序とについての最高のもの（Maximum）であり、総体として調和と完全性についての最高のものを意味する」としています。[※5] もちろん、私たちのこの世界が本当にそのような最高のものであるかどうか、経験的に確かめようがありません。根本的に私たちにはこの世界を別のさまざまな世界と比較することなどできないのです。ですから、ウィリアム・ハスカーが指摘していることですが、ライプニッツのこの主張に関しては次のように評価せざるを得ません。「暗闇で鳴る笛は、それを見せてくれる光がないので、とらえどころがない」。[※6] あるいは別の言い方をしてみましょう。ライプニッツの論証は明らかに堂々巡りなのです。この論証は、神は存在するという考えと、その神への信仰を前提にしているので、別の方法で神の存在について納得できて初めてこの論証の前提も成り立ちます。ところが、ライプニッツはまさにこの論証で神の存在を証明できると思っていました。その結果、彼もまた私たちのように別の結論に到達してしまうのです。つまり、無神論からの攻撃に対して神への信仰を擁護するという文脈において、擁護しようとあれこれ考えれば考えるほど、信仰にはそうする価値がないかもしれないということです。そうライプニッツが考えたようにみえるのは、そもそも堂々巡りである彼の考え方からすればある意味正しいのです。

さらにいえば、あらゆる可能性のなかで最も良い世界について語ることはそもそも意味があることなのか、あるいは、可能な限り最大の数とは何かということについて論じるのと同じように、可能な限り最も良い世界について論じることには無理があるのではないか、という議論があります。この論理上の難点を回避するために、現代においてライプニッツの考えを擁護する人々は、もはや「可能な限り最も良い世界」について議論することはせず、「我々が考えられるよりも良い世界は存在しない」ということについて話そうとします。現在、私たちがライプニッツについて議論するとき、これをしばしば「よりよい世界など存在しないという仮説」として論じるのはこのためなのです。

とは言うものの、この命題も結局のところ同じくらい難しい問題に迷い込むことになります。つまり、大きさや数などを計測できるものについて、これ以上のものはもはや考えられないということを論じることにも、果たして意味はあるのかという問題です。もっと言いましょう。いまある現実の世界よりも良い世界、例えば、この世界には衝動的欲求によって悪を行う人がいますが、人間が自由な決断によってそのような悪を行うことがなく、つまり子供が苦しめられたり、アウシュヴィッツのようなことが起きたりしない世界があってくれればよいのに、ということは、誰もが希望することでしょう。人間が本当に「自由」ならば、もっと別の世界のあり方が可能になるはずです。すなわち、自由による決定というものを衝動的欲求によって行わないことで、もっと苦しみの少ない、世界の別のあり方をつくることができるのではないかというわけです。もっとも、もしも神が人間の自由意志を尊重しているならば、神は自分の行為に人間を自由に共同参加させ、もっと違う世界が実現している可能性もあるはずだともいえます。そういった世界のあり方を想像することができるにもかかわらず、ではそのような世界を具体的に思い描くとなると、どうも現実性に欠けるような気がします。[※7]神はあらゆる可能性のなかから最も良い世界を創造したのではないようです。そうではなくて、せいぜいのところ、現実的によいと思われる、あるいは最良の世界であるかどうかは人間の自由次第であり、そのような自由が存在するという意味で、最も適切な形の世界を創造したように思われるのです。[※8]

もっと難しいのは、神は果たして自ら介入することなしに、人間の自由意志だけでこの世界がよりよくなると考えているのかどうか、例えば、とても美しい新たなチョウチョを登場させたりせずに、すべて人間の自由にこの世界を委任しているのかどうかという問題です。トマス・アクィナスはこのことについてずばり言っています。「神はそうしようと思えば、もっと良い世界を創造することができたであろう。なぜなら人間と同じく、あらゆる有限な世界は、さらに別のものを追加して創造することで、もっとよくなったであろうから」[※9]。そう言われても、やはり疑問は残ります。つまり、本当にもっと良い世界があり得たのかどうかということです。なぜなら、もし神がさらに良い世界を創造しようとし、それを現実化しようとした際には、それは世界の自律性に介入することになる、つまり、いま私たちが生きている世界の自律性を損なうことになったはずだからです。次章で詳しく説明しますが、人間の自由意志のような世界の自律性は、固有の価値を持っています。ですから私たちがいま存在している世界よりも、もっと良い世界が実際にあり得たかどうかということは、簡単にはいえません。

また有神論の視点からすると、いま私たちが存在しているこの世界よりも良い世界などないという考え方は、必ずしも納得のいくものではありません。私たちの認識の及ぶ範囲を超えた次元で、私たちの住む世界よりももっと平和な世界を神が創造していることもあり得るからです。例えば、ノルウェー神学大学の組織神学教授であるアルテ・セヴィクのように、実際に私たちの住む世界よりも良い世界が存在することを論証することは可能です。[※10] 自然科学の成果から結論づけるならば、私たちの世界が存在しなければ、ほかの世界も存在しないということになるかもしれません。科学がそう否定するならば、もしほかの世界が確かにあるとすれば、それは私たちの認識を超えた次元においてであると言わなければならないということになるでしょう。しかし、哲学的な視点でも、そのようなよりよい世界が私たちの存在する世界に属するということがあり得ます。哲学的にいうと、「世界」というのはすべてのものを包括する総体的な定義であり、それは実際に存在し、神によってこういうものであると定められる必要のないものだからです。こうすると、この世界とはあらゆる可能性のなかで最も良い世界であるかどうかという問題に取り組もうとしても、答えが出るかどうかはまったく見通しが立たなくなります。なぜならば、私たちの存在するこの世界がどんな世界なのかということさえ、そもそも私たちは認識も理解もできないということになり、そうするとほかの世界がある可能性についてなど何も言えなくなってしまうからです。

いろいろ考えましたが、自然悪の問題に取り組むために、異なる世界が存在する可能性を比較する必要などまったくないように私には思えるのです。それよりもはっきりさせなければならないのは、私たちが馴染んでいる形式の「自由」というものの本質が、この世界に由来するものであるとするならば、いまこうして存在している私たちの世界の自然秩序が変化することなどないであろうということです。もしもまったく別の秩序の世界にまったく別の自由の本質があるとしたら、かえって神義論的な問題の観点から、この私たちの世界の方が価値あるものだと感じることになるかもしれないからです。

二　自由を可能にするものとしての自然法則

私たちが生きているこの世界の本質的な特徴は、自然法則の存在です。神義論においては、自然法則はその存在の意味を問われる立場にあります。なぜなら、自然法則は自然悪を引き起こすからです。自然災害や疫病が起こるたびにこう問われるのを聞きます。なぜ自然界にはそもそもそのような自然法則が存在するのか、そして神はなぜそのような自然法則の存在を許しているのか。それでは、この世界には自然法則など存在しないほうがよいのでしょうか。

もしそう考えるならば、自然法則など何もない世界というものを想像してみましょう。明確な法則も、はっきりとわかる自然の流れもない世界に生きるとすると、人間は信頼に足る計画を立てて行動することなどできなくなってしまいます。人間が着実に確固たる行動を起こすことができるのは、次に何が起こるのか予測できる自然法則のおかげなのであって、もしそれが不可能だとすると、先の計画を立てることも、実行することも難しくなってしまうでしょう。例えばですが、何の法則性もなく、たびたび地面に穴が出現するということになれば、私たちは常にそのことを気にし続けなければならなくなるでしょう。いつもびくびくしながら地面を歩かなければならないでしょうし、自由に動いたりすることがとても難しくなってしまいます。あるいは、もしも音の響き方、光の発し方が一人ひとりに対してまったく違うということになれば、自由にほかの人と重要なコミュニケーションを取ることなど不可能になってしまうでしょう。あるいは、もしも私がほかの人に触れたときに相手が死んでしまったり、病気が突然治ることがあるものの、それはまったく予測不可能であるとしたら、私は他人に対してどんな振る舞いをしたらいいのか完全に見当がつかなくなってしまいます。自由意志に関してもそうです。もし自由意志が道徳的に重んじられるべき形式に則って用いるよう与えられたものだとするならば、根本的には自由な決定による行動であったとしても、その結果はほかの人にも認められるものであり、予測ができるものになるはずです。言い換えれば、自然というものが規則的で基本的に予測可能でなければ、自由はあり得ないのです。アメリカのオーグスバーグ大学の哲学教授を務めたブルース・ライヒェンバッハは次のように述べています。

自然法則の妥当性から導き出される規則正しさがなければ、合理的に行動することは不可能であろう。何かしらの行動の結果に規則正しさがなければ、行動したとしてもその結果に合理的な期待をふくらませることはできないし、何が起こるか前もって予告することもできず、蓋然性を吟味することもできないし、賢明な予測を展開することもできない。※11

もちろんライヒェンバッハの意見に反対することはできます。自然法則の総合的な解釈などいまだに手付かずであるし、あるいはそもそも自然法則をそんなふうに考えなければ、自然法則に例外があるとしても人間の自由が脅かされるわけではないかもしれません。実際、伝統的なキリスト教信仰では、自然における例外というのは奇跡として示されてきました。マインツ大学の哲学教授であったノーベルト・ヘルスターは、神がヒトラーを目立たない方法で抑え、消滅させてくれても、それは自然法則の例外としてあり得るとしていますが、※12ヘルスターは話を取り違えています。なぜならば、犯罪者を適切に排除することは道徳悪を防止する行為であり、自然悪の秩序のなかで充分に説明できる事柄ではないからです。この世の歴史に対する神の行動による影響がなぜ明確にわからないのかについては、第五章で取り組むことにします。

この観点に関する決定的な疑問は、なぜ自然法則は私たちが目にしているようなあり方なのかということです。仮に、自然法則というものが人間の自由意志を可能にしているとするならば、この自然法則の体系は、人間の苦しみをより少なくしてくれるものとしてできているとはいえないのではないか、という疑問が出てくるのです。こうした反論への答えとして以下のように述べておきたいと思います。すなわち、物理学が進歩するというのは、それまで信じられていた自然法則の考え方が大きく変わることである、言い換えれば人間がより自由を発揮するということである、と。この考えの基本にあるのは、人間が人間らしくあること、別の言い方をすれば、人間の自由を発展させられるのは、厳密に自然法則と自然の持続が行われている宇宙においてであり、それはまた物理的悪（malum physicum）としても働くものであるということです。

三　自然法則をよりよくするのは物理的に不可能

この節の見出しは一見不可解に思われるかもしれません。その一方で、ほとんどの人は無神論の哲学者バートランド・ラッセル（一八七二―一九七〇）の次の言葉に即座に同意することでしょう。「考えてもみてほしい。この世界を完全たらしめるために、全知、全能、途方もなく長い時間があなたに与えられたとしよう。それでは、白人至上主義の暴力的団体クー・クラックス・クランや、ナチスのようなファシストたちを無上の良いものとしてわざわざ生み出したりするだろうか？」。[※13] ただ、仮にこの問いを道徳悪（malum morale）のことだとして観点を変えたところで、実際のところ問題は残ります。自然法則のもとにあるこの世界は、少なくともいくらかの苦しみを確かに生み出すものであるということです。オーストリアのグラーツ大学教授である無神論哲学者ゲアハルト・シュトレミンガーは次のように述べています。

重い病気が遺伝することなどない世界があるとしよう。そこでは痛みや不幸は、喜びや幸せよりもはるかにたいしたことのないものとして受容される。そこではよりよい免疫システムや、病気を持った細胞の分裂や増殖を抑える物質があり、そういう世界のほうが、いま現在私たちの生きている世界よりも、よりよいものであるといえるだろう。そしておそらくはよりよい内的満足を得られるだろうし、よりたくさんの喜び、あるいはより大きな歓喜を受け取り、生きているうえで最も良いものを得られる可能性がある。つまり、無駄なことなど何もなく、この世界とは比べものにならない素晴らしいことをして満足感を得られ

るということだ。[※14]

しかし、無神論者であるシュトレミンガーは、結局次のような結論に達します。「誰もが一層よい具体的な自然法則の体系のもとにある世界をイメージするであろうし、そういう法則がたいした結果を生み出さないことを想像するものであろう」[※15]。「しかしながら、人間のように限界のある存在がよりよいものを想像したところで、それは全知である神からみれば、どれほど限られたものにすぎないだろうか？」[※16]。

この反論は、一見なかなかの説得力を持っているように思えます。しかしこの反論が果たして妥当なものかどうか、細かく検証するのはかなり難しいといえます。つまり、いまある自然法則の体系よりも、もっとよい体系を具体的に提案するならば、その提案自体、果たして本当によりよいものなのかどうかという、さらに高次元な議論がついてまわるのです。いまより良いものを目指そうという提案には、初めからその提案の欠点が目につくようなものなどありません。こうしたよりよいものを目指す提案はたいてい、客観的かつ詳細に検討すると「いや、よりよいものとはいえない」と言われるものです。少なくとも、人間の存在そのものを改善するべきだという観点から出発して、人間のあり方を改善しようという提案は、世界はもっとよりよいものであるべきだという観点からの提案とは別物です。確かに、例えば聴覚障がいのような「病気」を根絶する、といったように、もしも自然法則を意のままに操作できるならば、それはつまり、世界をよりよいものにすることだと多くの人は理解するかもしれません。しかし、まずは聴覚障がいの当事者である方々に尋ねてみる必要があるでしょう。「聴覚障がいのみなさん、あなたがたは聞こえるようになりたいと思っていますか。自分の聴覚障がいを人間として欠損したアイデンティティだと考えていますか」と。同じことが、遺伝子工学の進歩が人間の生命の基本条件を改善してくれるはずだという確信すべてに関していえます。その倫理的な難しさに目を向けるならば、障がいの当事者ではない人々が、健常者である自分たちの日常性をもとに考えた理屈よりも、障がいの当事者における倫理的な重要性にもっと注意が払われるべきだと思うのです。

しかしもちろんこれにも疑問は寄せられます。すべての人々が同意できるような、人間をよりよいものにする事柄もあるのではないか、と。しかしこうした疑問には次のように問いかけねばなりません。新しい問題を生むことがまったくなく、物理的、肉体的に人間を改善できるような、言い換えれば深刻な欠点など何も生じさせない、そういう改善策が果たしてあるだろうか、と。なぜなら、日進月歩の自然科学を学べば学ぶほど、私たちのこの世界の法則の体系というのは実に複雑に交錯し、お互いに関係し合っているものであると理解するほかないからです。そのうちの一つに何らかの変化が起きれば、自然法則の大系全体に影響を与えるものになるのです。アルミン・クライナーは次のように述べています。「悪性腫瘍（ガン）など存在しない世界を頭のなかで想像するのは比較的簡単なことである。しかし、その想像が現実化するとどうなるか。つまりその結果、物理学的、化学的、生物学的な総合体系が根底からガラリと変わってしまうということは想像できるだろうか」[※17]。これに関して不明確なままなのは、ガンが存在せず、したがってガンが問題にならない世界というのが、物理的に可能なのかどうかということです。現代の高度な自然科学（それとおそらくは人間はどこまで物事を知ることができるのかという限界性）をみるにつけ、神は世界を創造するにあたり、もっと別の形で世界のあり方をつくることができたのではないかと考えずに、人間の生命を進化させることは不可能であるように思われます。テュービンゲン大学プロテスタント神学部のフリードリヒ・ヘアマンニ教授は次のように述べます。「有神論の立場からは以下のように批評できる。つまり、何かの法則を別の法則に置き換えることで、ある一つの悪を抑えることができるのであれば、世界はよりよいものになるかもしれないが、その結果どうなるかは人間の認識能力の限界を超えている」[※18]。

この観点からすれば、こうした議論をまとめて結論を出すのは比較的簡単そうです。つまり、自然法則を変えてしまうということは、必然的にそれに従っている人間の生命を破壊することを原理的に否定できないということです。しかしながら、仮に自然法則を変えても人生がよくなる可能性がまったくないとしても、それでも疑問は残ります。こうした単なる頭のなかの考えから導き出された結論が、物理的な自然法則はもっと良いものである可能性があるかないかについて、果たして説得力のあるものなのかということです。

そこで私は次のように考えてみたいと思います。最新の自然科学の立場からすると、人間あるいは人間的な存在を進化させることはどれくらい可能なのか、その進化は明らかに苦しみを生じさせる自然法則の働きを低減させるものなのか。この可能性に自然科学者は異議を唱えます。彼らは、すでに人間は総合的な進化を遂げた存在だと考え、それを証明するのが自分たちの仕事だと思っているので、人間というものを、この世界において到達した原理、あるいは人間学的原理に基づく存在として観察しなければならないとしています。人間学的原理、人間とはこのようなものであるという基礎理論をそのように考える結果、進化の過程で宇宙の法則に何らかの調整が加えられることもあり得ないということになります。人間の生命というものを、そもそも神のような外からの働きかけがあって生じたものではない、そんなことはあるはずがないとしているからです。

このような考えを背景にすると、次のようなクライナーの意見も出てくるわけです。「生物の発生過程および人間の成立過程というものは、決まり切った因果関係、特定の自然法則や自然の恒常性のような、厳密に決定されている物理学的価値体系である宇宙においてのみ存在することが可能である」[※19]。現在の自然科学を論じる際のお約束とは、自然の恒常性、例えば重力不変、電気素量、光速、プランク定数、あるいはそれらの状態がきわめて厳密に数値化されなければならないというものです。それは私たちが観察可能なものであり、それにより宇宙がどのような構造によって成り立っているか知ることができるとしています。銀河、星、惑星の姿、とりわけ生命の進化の姿、それが人間を生み出したわけですが、それらはもしも自然の恒常性、すなわち「自然悪」の根源でもあるものが、まったく別のあり方であったならば、存在することはできなかったでしょう。[※20]つまり議論の余地があるのは、こうしたお約束を「なかったことにした場合」に生じる結果はいったいどんなものなのかということなのです。

こうして考えると、宇宙の体系は驚くほど厳密に絶妙な調整をしなければならないために、結局のところ神の存在が必要であるという主張に行き着くようにみえます。この観点は、いわゆるインテリジェント・デザインと呼ばれる仮説を唱える人々の主張にみられます。自然の恒常性が法則上可能な限り多様性に満ちているという事実を前に、私たちの生きているこの宇宙を成り立たせている自然の恒常性は、偶然とはほど遠い出来事だというのです。そうすると、偶然ではない物事は偶然では説明できず、ある計画によるものである、あるいは神の創造によるものであると考えるべきだということになるでしょう。

しかしながら、ハレ＝ヴィッテンベルク大学神学部で組織神学を教えるディルク・エヴァース教授によれば、こうした主張は、「選択可能な数値の大きさが充分な場合は、あらゆる様式の分析を行うことによって、ある特定の条件が複合した状態が生ずる可能性は任意に低くされる」ということを無視しているといいます。[※21]もし、サイコロを一〇〇〇億回振ったとします。出た数を記録していき、もし特定の数字が連続して出るとすれば、当然誰でもそれは何らかの厳密で必然的な意味があると考えます。けれどもサイコロを何かが操ったと考えなければならない必然性はありません。目に見える結果として数字が連続しているように思えることは、ほかの任意の数字の出方よりも必然性が高いわけではまったくないのです。その点では、整然とした組み合わせに思える数字が出ることは何の証明にもならないといえるでしょう。

したがって次のように言わざるを得ません。宇宙は何者かによって絶妙に調整されているはずだという主張は、結論として神の存在に言及することになるというものではありません。人間として、私たちは宇宙をあるがままに観察することができるわけですが、アーヘン工科大学教授を務めた理論物理学者のユルゲン・シュナッケンベルクによれば、私たちは宇宙を「生命と人間とを成り立たせている諸条件」として観察しているにすぎないのです。[※22] ケルン大学の理論物理学者であったペーター・ミッテルシュテット教授も、いずれにせよ人間の認識能力は限られているという事実を前にしては、この人間中心の原理から導き出せるのは「この世界には恒常性があるから人間が存在できている」という、言ってみれば当たり前のことを言い表すにすぎないという可能性を排除していません。[※23]

このような困難のため、この人間中心の原理を切り口にするのは、とても厄介なのです。この方法では、必然的と思われる事柄から進化の計画性の存在を論証するということは重要視されていません。そうではなくて、宇宙は絶妙に調整されているということと、そのような調整の必要性に重点が置かれ、それにより人間の生命へと発展することが可能であったことこそが重要であるとされています。神学的にこれをうまく言い換えると次のようになるでしょう。すなわち、自分以外何も望むもののない存在であり、また自分が創造したすべての被造物にとっては至福の存在である神は、苦しみを引き受ける義務があります。なぜなら、苦しみが存在する可能性の前提条件とは、同時によりよい善が存在する可能性の前提条件でもあり、それは自ら創造した被造物に神が望んで贈ったものだから、というものです。[※24] この神学的な表現に基づく人間中心の原理によるアプローチは、少なくとも現在確立されている自然科学を用いて裏づけることはできませんし、反対に自然科学を論拠として否定することもできません。というのは、さまざまな進化の発展とその可能性の結果をお互いに比較することが可能になる立場に、私たちが立つことはできないからです。

このことから、次のことが理解できるでしょう。物理的悪について、これまで取り上げた何人かの神学者たちが試みた自然法則に基づく説明は、世界が絶妙に調整されているということへは向かいません。率直に言ってしまえば、むしろ自然主義者たちが解釈する、偶然の原理に基づく進化のほうへ向かうものです。物理的悪はこの場合、進化による不可避の副産物のように思えます。それは、内的条件や外的条件で決定されるわけではない宇宙の構造の結果であるということになります。このように宇宙が決定論的ではない構造であるということになると、必ずしもこうなるとは決まっていない可能性から試験的に生じたことになる進化における生命とは、必然的に生命力に乏しい形式にならざるを得ません。そうすると、進化の基本原則である変異性と選択性は、「生命ある自然が被る物理的な苦しみがいろいろあることの原因、源泉である」とエヴァースは指摘しています。[※25] フランクフルト大学の組織神学教授であったハンス・ケスラーによれば、自然悪、苦しみ、痛み、死とは、「高度に組み立てられた生命に対する避けられない代償」なのです。[※26]

こうして世界は非決定論的に構築されているとするならば、それは神学的にみれば人間的自由や被造物の自立性がほんとうに自律的であることの前提条件になるといえるでしょう。ヴァインガルテン教育大学教授を務めた組織神学者アストリート・ディンターは次のように述べています。

愛なる創造者は、創造の際、被造物がさまざまな可能性を持たないようにすることができ、ある一つだけの方法で物事を生じさせることもできる。それは偶然においてなのか、また必然においてなのかと、被造物がさまざまな可能性を持っているということを掘り下げていくと、被造物はさまざまな可能性を持っているだろうというところに行き着かざるを得ない。[※27]

この観点の大きな長所は、苦しみに具体的な意味があるかどうか、基本的に突き詰めて考えなくてもよくなるという点です。この世にはなぜ悪が存在するのかという問いに対し、それは偶然にすぎないと答えることもできますし、神の計画によるものではないとすることも可能になります。とにかく、神が進化の過程に干渉していると考えることがなぜ困難なのか、宇宙の内部は絶妙に調整されているという考え方をみることによって明らかになったかと思います。

四　自然法則をよりよくするのは論理的に不可能

さて、自然法則が引き起こす苦しみを物理的に少なくすることが不可能であることに同意していただけるものとして、次の問いに進みたいと思います。これが不可能であるというのは、神学的にみて重要なことなのでしょうか。というのは、神というものは物理的な限界が示されたからといって、その働きの可能性が制限されるような存在ではないからです。例えば、人間にとっては物理的な限界が決定的な場合があります。手をバタバタと動かしたところで、空を飛ぶための道具がなければ飛行することはできません。水中をあちこち移動する際も同じです。けれども伝統的には、神は全能なので人間に特殊な可能性を与えるかもしれないと、キリスト教徒はふつうに考えてきました。ならば、なぜ神は自然法則をもっと苦しみが生じにくいようにつくることができなかったのでしょうか。なぜもっと苦しみの少ない存在へと人間を進化させることができなかったのでしょうか。仮に、それが具体的にどういうものか私たちには想像がつかないとしても、こうした疑問は起こります。ところが、神は物理的な側面に限定される存在ではないのです。

このような疑問に答えるには、宇宙の構造をよりよいものにすべきだという提案は物理的に難しいということが、論理的な困難さに由来しているかもしれないということを、もう一度厳密に考えてみるといいでしょう。ここで論理的に矛盾している部分とは次のとおりです。つまり、全能という概念をあらゆる角度から考えると、自然のあり方をよりよく現実化するのは、全能なる存在には無理だということになってしまう点です。少なくとも、自然法則の別のあり方が論理的に不可能であるとするならば、神が自然法則を別のあり方にさせることができるかということを考えても意味がありません。そうしますと、宇宙は絶妙に調整されているという主張については、そういった調整で宇宙をよりよくすることは不可能であるということを、自然科学によって納得のいく説明をするだけではなく、論理的な根拠からも示せるかどうか、同じくらいじっくりと考える必要があるでしょう。

こうしたことからクライナーは、科学理論を統一するための現在の努力を指摘することによって、分析哲学の伝統に基づきつつ、このことを論じています。科学理論の統一というのは、つまり私たちが生きているこの宇宙のありさまを統一する数学的な理論、すなわち大統一理論の探求です。このような理論によって、自然法則に従って構造化された宇宙を記述できると仮定すると、物理的に可能な世界の数も論理的に限られていると仮定することは理にかなっています。そこでクライナーは次のように述べるわけです。「矛盾のない描写可能な物理的宇宙においては、苦しみを少なくするためのあらゆる『考えられ得る』改善提案は可能だというのは、決して当然ではない」。[※28]

こうした理論が証明可能、あるいは反論可能なのは、その理論が万物の理論（theory of everything）である場合だけです。オーストラリアの物理学者ポール・デイヴィーズによれば、今日の多くの科学者はそのような万物の理論が存在する可能性があると考えています。そして「間もなくそのような理論を我々は手にするだろう」と彼は言います。[※29]こうした主張が説得力を持って受け入れられているのは、「物理学の最終法則は『論理的に隔絶』されたものであり、矛盾の修正など必要のない、あらゆるほかの可能性から卓越したものだと考えられている」からだとしています。[※30]

私たちが空想上思い描くような世界を、神は安易に創造したりはしないだろうという意見はもっとものように思われます。[※31]他方で、最新の研究が実際に対象としている、世界の実像を探る試み、つまり、一つの事実を追求するというよりは、人間の思考が一つにまとめられることを望むことは、単なる夢想ではなくなりつつあります。ただし、量子理論と一般相対性理論の非統一性を乗り越えるために、決定的な物理理論が期待されます。仮に統一理論があるとしても、その理論が矛盾を持たず、完全であることを証明することはできないでしょう。二〇世紀を代表する数学者、論理学者の一人であるクルト・ゲーデルが発見した不完全性定理によれば、数学の体系が含む矛盾はその体系のなかでは証明不可能だからです。[※32]

こうなると、自然法則をよりよいものにすることは論理的に不可能であるという理念を、自然科学の立場が支持してくれると期待するのはやめておくべきでしょう。しかし、この仮説が科学的な知識と矛盾しておらず、何らかの説得力を持つことを主張できるとすれば、それは大きな成果だといえます。つまりこの仮説は万物の理論を持ち出さずに、自然の恒常性は気まぐれに変わることはあり得ない、という認識を一貫して提示していると思うのです。

要するに一般的な物理的悪（malum physicum）とは、自由の根本的および付随的前提条件であり、なおかつ進化の結果を避けることができず、また期待していたわけでもない副産物として理解できるというのは筋の通った結論に思えます。仮に物理的悪が存在することから目を背ける方法があるとすれば、自由意志を持った生命体が現実にいるということを否定することしかないでしょう。

ですから、物理的悪が抱えている問題は、なお解決不能なのです。というのは、こうした立場からすると、自然法則によって引き起こされる悪は、人間の進化および人間が自由意志を働かせることが可能である代償として、果たして受容できるのかという問いがあり得るのです。ともかくそれが支払うべき代償ならば、そうだと言えるでしょうし、それは自由の代償に値しないとも評価できます。この観点からすると、では、動物が苦しむということはどういうことかというのが重要な指摘となります。確かに、動物は進化あるいは自由に行動することの代償として苦しみを受けているといえるかもしれませんが、人間的自由意志という代償は受け取っていないからです。テュービンゲン大学の哲学教授であったルドガー・エインク＝ハンホフは、この点に神義論の核心があるとみました。彼は次のように問いかけています。「『私は戦争によって信仰を失いました。人間が自由を持つゆえにお互いに殺戮するのを見たからではありません。爆弾によってめちゃくちゃに体を引き裂かれ、罪もないのに苦しんで死んだ馬を見たからです』という人に、何と答えるか」[※33]。ただ、この問い、つまり馬に対する同情は、この一〇〇年あまりの間に起こった幾多の戦争で亡くなった罪もない何百万もの人々のことを思うと、私にはまったくもって不可思議な言い分にしか思えません。それでもこの問いが正しくも指摘しているのは、人間的自由意志の論証からは、動物が被る苦しみをうまく説明することはできないということです。

アメリカのフランクリン・マーシャル大学の哲学教授マイケル・マレーが、動物もまた不滅の霊魂があると考えなければ完全な神義論とはいえない、としているのは確かにそのとおりです[※34]。個々の動物の苦しみにも補償が必要であり、それによって、つまるところ、動物もまた魂のある種の成長過程にあるといえる、というマレーの提案は、しかし私には問題の解決になっているとは思えません。人間の場合と違って動物の場合、ドストエフスキーが『カラマーゾフの兄弟』のなかでイワン・カラマーゾフに言わせたような、自分から天国への入場券を返すというような意思表示はできないからです。とりわけ、動物が苦しみの補償を受け魂を成長させるというのは、キリスト教信仰からすると、どう考えても神義論とは関係がないとしか思えません。第一に、聖書において動物の「魂（ヘブライ語でネフェシュ）」が、神と契約を結ぶパートナーとして扱われているのは、旧約聖書の創世記九章の、ノアの方舟の物語においてだけです。第二に、人間の総体的なあり方と、動物のそれはまったく別のものとして考えられています。それは例えば、多くの人間が動物を家畜やペットにしているのをみれば明らかです。

その意味では、動物の苦しみというのは、神義論的な問題としてはあまり重要なテーマではないように思われます。人間の苦しみという観点からすると、では、この世界の自然悪を納得して受け止められるような人間の自由意志は、果たしてより高い価値があるものなのかどうかという問いは少しも前進していません。自然悪が進化の副産物として、あるいは、自由に行動できる存在へと進歩することを可能にする前提条件である、自然法則の総体の結果として認められるというのであれば、次のような問いが生まれます。つまり、自由とはそのような副産物があってもなお高い価値があるものなのかという問いです。しかしこの自由の価値に対する問いよりももっと根本的な問いがあります。それは、そもそも人間に自由意志はあるのかという問いです。そこで、次章ではこの問いに取り組んでみたいと思います。もし、そもそも自由など存在しないというのであれば、この世における苦しみに正当性など見出せなくなるからです。

※1　Vgl. etwa W. KASPER, Das Böse als theologisches Problem, 176f.

※2　Vgl. G.W. LEIBNIZ, Theodizee, I, 8:「しかしながら、この無上の賢明さにもとるることのない永遠なる善意との結びつきにおいて、この無上の賢明さは最も良いものを選ぶことができるのである」。Vgl. H. POSER, Von der Zulassung des Übels in der besten Welt, 121-123.

※3　LESZEK KOLAKOWSKI, Falls es keinen Gott gibt. Aus dem Engl. v. F. Griese, München-Zürich 1982, 16.

※4　Ebd.

※5　H. POSER, Von der Zulassung des Übels in der besten Welt, 123; vgl. F. HERMANNI, Das Böse und die Theodizee, 179:「したがって考えられ得る最良の世界とは、最も偉大なる秩序と最も大いなる多様性とが一致することにある」。

※6　W. HASKER, The triumph of God over evil, 136.

※7　これに相当する議論については、A. PLANTINGA, The free will defense; G. SANS, Ist Gott noch zu rechtfertigen?, 467 参照。

※8　Vgl. W. HASKER, The triumph of God over evil, 93.

※9　A. KRAUSE, Die beste mögliche Welt, 198.

※10　A. SØVIK, The problem of evil and the power of God, 257.

※11　BRUCE REICHENBACH, Das Argument aus den Naturgesetzen. In: A. LOICHINGER/ A. KREINER, Theodizee in den Weltreligionen, 108–119, hier: 110.

※12　Vgl. NORBERT HOERSTER, Zur Unlösbarkeit des Theodizeeproblems. In: A. LOICHINGER/ A. KREINER, Theodizee in den Weltreligionen, 13–27, hier 20.

※13　BERTRAND RUSSELL, Warum ich kein Christ bin. Hrsg. v. P. Edwards, München 1963, 24.

※14　G. STREMINGER, Gottes Güte und die Übel der Welt（1991）, 200.

※15　Ebd., 208.

※16　Ebd., 203.

※17　A. KREINER, Gott im Leid, 372.

※18　F. HERMANNI, Das Böse und die Theodizee, 332.

※19　A. KREINER, Gott im Leid, 373.

※20　Vgl. BERNULF KANITSCHEIDER, Die Feinabstimmung des Universums. In: EDGAR DAHL（Hg.）, Die Lehre des Unheils. Fundamentalkritik am Christentum, Hamburg 1993, 72–83, 74. ここではいくつかの例が挙げられている。重力の微調整ということを念頭に置いた例は次のとおり。「実際、重力は電磁気よりも一〇の三九乗倍も弱い。この比率が仮にわずか六桁異なるとすると、つまり一〇の三三乗の場合、星の質量は一〇の九乗倍の小ささになるが、その代わりに一〇の六乗倍の速さで燃焼することになるだろう。〔……〕宇宙がCHON（炭素、水素、酸素、窒素）による知的な生命を生成する能力を失わないならば、それは最小の許容誤差があることもまた示している」。

※21　DIRK EVERS, Raum-Materie-Zeit. Schöpfungstheologie im Dialog mit naturwissenschaftlicher Kosmologie, Tübingen 2000（HUTh 41）, 248.

※22　JÜRGEN SCHNAKENBERG, Physik: Schöpfung und Evolution. Das Votum eines Physikers. In: DERS./ SIGURD MARTIN DAECKE（Hg.）, Gottesglaube—ein Selektionsvorteil? Religion in der Evolution Natur-und Geisteswissenschaftler im Gespräch, Gütersloh 2000, 21–41, 29.

※23　PETER MITTELSTAEDT, Über die Bedeutung physikalischer Erkenntnisse für die Theologie. In: PAUL WEINGARTNER（Hg.）, Evolution als Schöpfung? Ein Streitgespräch zwischen Philosophen, Theologen und Naturwissenschaftlern, Stuttgart-Berlin-Köln 2001, 135–148, 144.

※24　Vgl. D. GRIFFIN, God, power, and evil, 310.

※25　D. EVERS, Gott, der Schöpfer, und die Übel der Evolution, 66. これに加えて続く以下の指摘がある。「人間への進化は〔……〕地球規模の大惨事なしには不可能だったであろう」（ebd., 67）。

※26　H. KESSLER, Gott und das Leid seiner Schöpfung, 91.

※27　ASTRID DINTER, Vom Glauben eines Physikers. John Polkinghornes Beitrag zum Dialog zwischen Theologie und Naturwissenschaften, Mainz 1999, 98. この立場はポーキングホーンの唱える「自由なプロセスによる擁護（free-process defence）」にまとめられる（vgl. JOHN POLKINGHORNE, Science and providence. God's interaction with the world, Boston 1989, 62f.）。

※28　A. KREINER, Gott im Leid, 370.

※29　PAUL DAVIES, Der Plan Gottes. Die Rätsel unserer Existenz und die Wissenschaft. Aus d. Engl. v. A. Ehlers, Frankfurt a.M. -Leipzig ^{2}1995, 197; vgl. S. WEINBERG, Dreams of a final theory, New York 1995; J. BARROW, Theorien für alles. Die philosophischen Ansätze der modernen Physik, Heidelberg-Berlin-New York 1992, sowie P. MITTELSTAEDT, Über die Bedeutung physikalischer Erkenntnisse für die Theologie, 145.

※30　Ebd.

※31　Vgl. A. PLANTINGA, The free will defense, 129.

※32　Vgl. P. DAVIES, Der Plan Gottes, 198f.

※33　L. OEING-HANHOFF, Das Böse im Weltlauf, 222f.

※34　Vgl. M. MURRAY, Nature, 122.

第四章

自由意志——それは幻想か、真実か

仮に、人間には自由意志があるということを証明できなくても、その存在に否定的な脳科学、分析哲学、ルター派神学に対して、自由意志があることを相当な根拠を用いて擁護することができます。その際に大切なのは、そうした根拠を対話的に発展してきた現象として理解することです。確かに人間は自律的に自己完結しているものとして存在しているわけですが、それにもかかわらず、同時に他者からの真心からの好意に支えられているのであり、それによって何をするか決定し、さらに自由に行動することができるのです。私たちが、それぞれを創造性と不可侵の尊厳を持ちつつ道徳的に振る舞う個人として、互いに受け入れ合いたいと願うならば、自由意志を認めることが必要なのです。

自由意志の問題は、神義論の教科書である本書の考察において、中心的なカテゴリーを形成するものです。自由意志の問題を扱うことで道徳悪を顧慮し、自然悪を引き起こす自然法則を厳密に考えることが可能になります。このカテゴリーが果たして悪を悪と認める根拠として正しいものと呼べるかどうかを考える前に、まずは自由意志とは何かということを厳密に決定しておく必要があります。自由意志について語るとは一体どういうことなのでしょうか、そして現在の自然科学、哲学、神学の研究状況を前にして、これをどう擁護することができるのでしょうか。

私としては、この自由意志について話すとき、常に哲学的な「自由意志論」における意味での「自由」を念頭に置いています。自由意志論における自由とは、観念的な基本および周辺的前提条件のもとで多様な振る舞いをすることができる可能性があることを意味しています。自由意志論者はまた次のように考えます。人間は自由に決定を下すことができる。この決定とは、遺伝子情報、教育、すべての外的環境という決定要因によってあらかじめ決められているものではない、と。自由意志論の観点においては、人間はしたいと思うことをできるだけでなく、何かをしたいと望むことができるということにおいて、人間とは原理的に自由な存在であるのです。

こうしたことに重点が置かれている自由意志とは、いわゆるコンパティビリズム、すなわち決定論と自由意志は両立するという考え方における自由、言い換えれば、行動の自由こそ自由であるとしている思想とは区別するべきでしょう。コンパティビリズムは、この世界における因果関係の閉鎖性によって、自由とはコンパティブル、つまり、あれもこれも両立し得る概念であるという立場を代表しています。この意味での自由とは、人間がしたいさせたいと欲することを、したりさせたりすることができるという自由です。そうすると、もしもある一人の人が何の抑圧も受けていない自由な状態であり、自分の意思に従って行動することができるならば、その人はコンパティビリズムの意味において自由であるといえます。しかしながらまた、この人の欲したことというのは、完全にあらかじめ決まっていたものです。つまり、それは少なくとも原理的には、遺伝子情報、教育、すべての外的環境という決定要因から導き出されます。

このコンパティビリズムの自由についての考え方は、実際のところ、人間の自由意志を否定する隠れた形式の一つなのであり、また最初から自由意志の価値の重要さを擁護しようとする神義論の試みに対して、そんなことは挫折するに決まっているとする宣告でもあります。神によってつくられた自由とは、すでに出来上がっている世界像と両立するように構築されているので、人間が何か間違ったことをすれば、それは直接、神へと跳ね返っていくことになるからです。ですから、神は人間がしでかす悪事の最終責任者であるだけではなく、人間に悪事をすることを望み、またそうさせたということになります。しかしこうした神の立ち位置は、アウシュヴィッツのことを考えれば、すぐに神への信仰と矛盾することになります。

神義論の問題性の枠のなかで自由意志による擁護論がうまくいく見込みがあり、神と人との関係が、互いに自由な思いやりと愛の行き交うものとして説明されるならば、自由意志論において人間は自由であるといえます。そこで本章では、自由意志論における自由というものが矛盾なく受け入れられるものかどうか検証してみたいと思います。自由意志には実に多種多様な理解がありますので、第一節では脳科学、第二節では分析哲学、第三節ではルター派神学の視点を扱います。

一　脳科学の視点からの自由意志への疑念

近現代においては、まず物理学や心理学のような分野から、自由意志の存在に対する疑問が投げかけられました。近年、ますます注目されているのは脳科学による新しい洞察です。脳に関する多くの研究によって生まれた自由意志の存在に対するあらゆる疑いの形式は、近年の科学についての読み物のなかで最も好まれるものの一つになっています。

ドイツの科学者で、特に刺激的な提案を行い喝采を浴びているのは、マックス・プランク協会脳科学研究所所長のヴォルフ・ジンガーと、ブレーメン大学の行動生理学者ゲアハルト・ロート教授です。二人とも自由意志の存在には否定的で、私たちが自分だけの知覚だと思っているものは錯覚にすぎないとみなしています。精神的あるいは意図的な欲求と、因果律における原因の古典的なものの区別を、彼らは拒絶します。ロートによれば、欲求とは、私たちが無意識のうちに表現している因果律の原因にすぎないのであって、それゆえ欲求と原因を区別するのは無意味だというのです。[※1] 因果律に由来しない、意図的な欲求のようなものは存在しないとロートは言います。すべての精神的な現象は神経細胞の働きに帰着するとします。つまり、人間の思考作業とは結局すべて脳から生じたものであり、自由意志による自己決定などというものが存在する余地はまったくない、というのがその主張なのです。

こうした決定論的世界観に驚愕した哲学者や神学者は少なくありません。彼らは自由意志が存在するか否かという問いに関して、実験的科学研究の領域に戦いを挑んでいますが、脳神経科学の研究結果と真っ向から対話を開始しているわけではありません。実際のところは、自由意志の存在について脳神経科学の研究結果が納得のいく答えを出しているわけではない、というのは以前と変わりません。確かに、脳神経科学は発達の一途をたどっており、さまざまな意識の状態に対する脳神経の相互連関作用がどういうものであるかということが次々に判明しつつあります。つまり、私たちが特定の知覚作用を行うときは、脳のなかのどこが作用しているのかということが解明されつつあるということです。しかし、だからといって、それを生じさせるものが何であるかについては何もわかっていないのです。私が何かに夢中になったり、自由に何かを選んだりしていると き、脳のなかで測定可能な現象が起こっているのは事実ですが、とはいうものの、それが根本的な意味で人間に自己決定する自由がないと断言する根拠にはならないのです。ミュンヘン大学の哲学教授であるトーマス・ブーフハイムは次のように述べています。「しかし、私が脳を使って考えるということは、脳が私の代わりに考えているということにはならない」[※2]。脳の研究が明らかにしてくれることによって、私たちの脳の働きがますます明らかになってきたことには確かに感謝しなければなりません。しかしながら、私たちの日常の活動である、自由、自己意識、意思、道徳的価値といった現象に対して、脳内の物質的なプロセスがどう関係しているのかということについては、ますますわからないままなのです。その意味では、脳の研究は、人間とは一体何なのか、自由は本当にあるのか、ということについて、ありふれた意見以上のものは何も提供してくれないのです。

とは言うものの、自由意志の存在を否定する主張に合致するような脳の研究結果も報告されています。これにまつわる多くの論争は「リベット実験」と総称されており、一九七〇年代から八〇年代にかけて大きな話題になりました。カリフォルニア大学サンフランシスコ校で生理学を研究していた医師ベンジャミン・リベットは、自由にみえる人間の行動が脳神経的にどのように現出しているのかを調べようと実験を行いました。[※3] 結果的にそれは自由意志の存在にかかわるものになり、少なくとも一見するとこの実験結果は、自由意志の存在を支持する人々には不愉快に思えるものであり、その後長くこの分野に関して印象深いものになりました。

リベット実験とは次のようなものです。被験者たちに思いつきで、どれでもいいので指または腕全体を動かしてもらいます。一方で、被験者がどの指や腕を動かすかを決めた時点を厳密に記録します。[※4] 意識において動かすと決めたと思われる時点を記録し、また実際に動かした時点と共に、脳において運動を引き起こす脳神経の電気信号が生じた時点も測定して記録します。すると驚くべきことに、実際に運動をするよりも脳神経の電気信号が生じたのは〇・五秒ほど早かったのですが、他方でどんな運動をするか決定するのは、実際の運動の〇・二秒前だったのです。つまり少なくとも、意識よりも脳のほうが〇・三秒早く始動して運動が行われているということになり、言い換えるならば、大脳皮質における運動部位が意識よりも先に活動を開始していたということなのです。脳がいち早く活動しているとするならば、運動の動因は意識だと言っていいのでしょうか。あるいは、自由意志の存在に批判的な多くの人々が言うように、この実験は、私たちはしたいと思ったことをしているのではなく、することをしたいと思っているだけなのだということを示しているのでしょうか。

リベット自身、この実験について別の解釈を示しています。意思とは決定を下す主導者ではないのは確かだが、それでも選択を下すものなのだと彼は考えました。彼は次のように言っています。「手を動かすという意思決定と、実際に手を動かすことの間には〇・二秒の差がある。この間に、本当に運動をするかどうか、意識が働いて決定を下す余地がある。意識は確かに脳神経を主導する力は持っていない。しかし脳から手に信号が伝達される道筋で、それを止める余地を保持している」。[※5] 自由意志についてのこの解釈は、神学的文脈から興味を惹かれるものであるといえます。

仮にリベットの解釈に同意するのが難しいとしても、これまで述べてきた、人間を自動的な機械のように考える強硬な決定論が、自由意志論に真っ向から対立するものとして本当にふさわしいものなのかどうか、疑問が残ります。

さらに、何かを決定することは秒単位で正確に測定可能な瞬間に行われるのだという前提自体がそもそも疑問です。意識がいつ生じるのか、一〇〇〇分の一秒単位では測定できないような意志決定のプロセスについては話す必要などないとでもいうのでしょうか。

これまでの脳研究の結果は、リベット実験に近い見方を示しています。他方で、アーヘン工科大学で神学、哲学、生物学を教えるウルリヒ・リュケ教授は次のように言います。自由意志の存在についての意見というのは、それについてのわずかな科学的研究結果はあるものの、いまだに「いずれ支払い能力を証明しなければならない、まだ裏書きされていない小切手」[※6]にすぎないものであり、カントに代表されるような哲学の視点が重要な根拠を提供している領域に委ねるべきものであって、実証的な研究は自由意志の存在について何か重要なことは何一つ言うことはできないのである、と。

二　分析哲学の視点からの自由意志への疑念

自由意志論者が主張する「自由」の概念の中心となる要素は、哲学的討論においては、ほかの可能性がある瞬間および、それと関連して根本的に自己決定をすることに凝縮されます。ミュンスター大学で教義学を教えたカトリック神学者であるトーマス・プレッパーは、この点を要約して次のように定義しています。

自由とは、真に根源的であり、かつ人間と分かちがたく結びついている、何かを決定できるという可能性として、あらゆる所与のものに対して、必然性の、また一つひとつの現存在に見出されるさまざまな体系に対して、距離を取り、熟考し、肯定し、あるいは否定することができるということである。[※7]

人間が自分自身について距離を取り、熟考することができるというのは、人間が自己決定できる可能性の前提条件であり、一つだけではない、何かほかのことを欲することができるという、人間が失うことのない可能性を示しています。

この立場が示している、人間にはさまざまな選択の可能性があるのだということは、近年の分析哲学における論争で盛んに論じられてきました。特に有名なものでは、プリンストン大学の哲学教授であったハリー・フランクファートの意見が挙げられます。[※8] 彼は、人間にはさまざまな選択の可能性があるという想定を抜きにして、自由と責任というものについて考えました。フランクファートは自身の考えを「神経外科医のブラック医師とその患者ジョーンズ氏の関係」というたとえ話で説明しています。ブラック医師はいつでもジョーンズ氏の意思を操ることができ、その行動をあらかじめ見通すことができます。ですからジョーンズ氏はこの場合、ブラック医師に完全にコントロールされているといえます。さてブラック医師は、ジョーンズ氏にある行動をさせたいと思いました。ブラック医師がさせようと思った行動をジョーンズ氏が一人でしている間、ブラック医師がジョーンズ氏に直接介入することはありません。もしブラック医師が望む以外のことをしようとジョーンズ氏が決断したとしても、最後にはブラック医師の意思によってジョーンズ氏は操られてしまいます。つまりジョーンズ氏には、ブラック医師が望むこと以外の行動を取ることも、思うことも現実的には不可能なのです。ジョーンズ氏には選択の余地もありません。それにもかかわらず、ジョーンズ氏がブラック医師の意思にだけ沿って行動するのか、あるいはそうせざるを得なくてそうしたのかというのは、同じことではありません。ジョーンズ氏にはほかの行動を取る選択の余地はなく、ほかのことを望む余地もないにもかかわらず、ブラック医師に何から何まで四六時中操られていたわけではなかったとしたら、ジョーンズ氏には自分の行動に責任があります。このたとえ話から、フランクファートは次のように結論づけます。選択の余地のある可能性があるというのは、責任と自由の不可欠な前提条件にはならない、と。

もしもフランクファートの分析が正しいとすると、神義論的な問題に対する影響は重大です。例えば、ある俳優の動きをそのように操ることができるとしても、彼は常に自分の思うように動いているということになり、その俳優は常に自由を謳歌しているということになります。だとすると、なぜ神はブラック医師のようにすべての人間に善だけを行わせようとしないのでしょうか。あるいは、フランクファートに同意するならば、そう問わざるを得なくなるのですが、なぜ神はこの世界を、フランクファートのたとえ話のように、すべての自由な決定が善になるようにアレンジしなかったのでしょうか。

この問いに対する答えは、フランクファートのたとえ話とは別に、いままで繰り返し言われてきたものです。すなわち、仮に人間がいつも善に向かうよう操作されているとしたら、結局は神から与えられた自由が帳消しにされてしまうだろうというものです。ジョーンズ氏が常にある特定の行動を強制されていたら、その行動に対して賛成や反対を決定することはもはやまったくできないということになります。もっと長い目でみてみましょう。絶え間なく彼の自由を操作すれば、彼の人格や世界観も変化してしまいます。そうなったらもはや彼自身が自分で何かを決定しているかどうかなどといっても無意味です。自分の意志に反して自由な決定がいつも誰かに操作されていたりしたら、自己アイデンティティを確立することなどどう考えても不可能でしょう。確かにフランクファートの意見についていえば、人間がいつも選択の余地を持っているわけではなく、主体的に自由を発揮し、責任を持つことが常時できるわけではないということは認めなければなりません。しかし長い目でみれば、自由には選択の余地というものがどうしても必要なのです。

この解釈が持ち出されるとき、自由意志の能力として、選択の余地が人間の能力としてあることを否定している別の重要な事例として、お決まりのように持ち出されるものがあります。一五二一年、現在のドイツ中西部にあるヴォルムスで開かれた、神聖ローマ帝国の帝国議会において、宗教改革者マルティン・ルターが討論中に語ったとされているもので、さまざまな研究者が繰り返し引用しています。当時のローマ・カトリック教会のあり方に疑問を投げかけたことを批判され、自説の撤回を求められたルターは、自分の弁論を締めくくるにあたり、次のように言ったといわれています。「私はここに立っています。ほかに何もできません」。ルターがこう言ったからといって、彼が自由ではない、あるいは自分の行動を撤回する責任を持っていないなどと考える人はいません。それにもかかわらず、少なくともルターには、別の考えを持つこともできるという自意識はみられません。ですからこの発言には、行動に際してほかの選択の可能性もあるという要素がありません。

こうしたケースをよりよく理解するために重要なのは、なぜルターがこのとき、ほかの行動を取る可能性を持っていなかったといえるのか、よく考えることです。ルターの行動に選択の余地はありませんでした。自由意志論者が言う自由によれば、ルターの行動はそれまでの彼の思想が成熟されてきた長いプロセスに基づいています。それはルターのそれまでの人生においては選択の余地のあるものでした。テキサス大学オースティン校の哲学教授を務めたロバート・ケインはルターのこのケースを「自己形成的意思決定（self-forming willing もしくは self-forming actions）」と呼んでいます。※9 こうした意思決定によって、個人は自分自身がどのような人間であるのか自分で決めることができます。意思決定しなければならない状況が多ければ多いほど、将来においで同じような状況で自分の意思をしっかり決定する傾向はますます強くなります。この理解に従えば、ルターはそれまでの人生において自由に意思決定をすることができた状況を通じて、彼の個性（キャラクター）を形成してきました。そしてヴォルムス帝国議会という状況においては、これまで自由に選択し、行動してきたプロフィールに基づくという意味で、ほかに選択の余地はないということになったのです。繰り返しますが、自由とは根本的に、また長い目でみれば、ほかのことを選択できるという要素が必ず含まれていますが、いまここで、自由ではあるけれども行動の選択の余地はないということもあり得るとみなされるのです。

例えば、長い人生のプロセスにおいて、イエス・キリストの教えの一つである「自分の命のことで何を食べようか何を飲もうかと、また自分の体のことで何を着ようかと思い悩むな」という、いわゆる「山上の説教」の一節を学び、自分の人生観の一部にしている年輩の人がいるとします。その人は、ある日、保険の勧誘の電話を受けたとしても、多くの人のように老後の不安を覚えたりせず、保険に入ろうなどと少しも思わないかもしれません。その人の考えでは、保険に入るという選択肢はありません。だからといってこの人の自由度がほかの人より低いというわけではありません。この人に迷いがないのは「自己形成的意思決定」の結果であって、その意味では選択の可能性からある特定の行動を選び取った結果だからです。同じようなことが、小説『ハリー・ポッター』の登場人物の一人であるリーマス・ルーピンにもいえるでしょう。満月の夜に人狼になってしまうルーピンは、毎月、満月が近づくと、ほかの人々の目につかないところへ閉じ込もります。人狼に変身している間、確かに彼には選択の余地はなく、監禁状態です。しかしながら、それに関しては、長い目でみると、ルーピンには行動を選択する余地が現実的に存在します。人狼になったら閉じ込もるべきかどうかというのは、彼にとっては自由な選択における可能性として決定できることだからです。

この例から明らかなのは、それ以前の時点での自己形成的意思決定によって、そのときとは違って、いま、よいとはいえない形で行動の選択の余地がない状態にあるとしても、その人は道徳的意味で決して悪しき状況に置かれているとはいえず、むしろ積極的な状態であるとさえいえるということです。では、例えば仮に、ルターやルーピンが、タイムマシンで過去へ戻り、彼らのその後の人生で選択の余地がないようにした個性を決定づけるような人生の分かれ道の際に別の選択をしたとするならば、一体どうなるだろうという疑問はあり得ます。[※10] もしも人間の自由というものを一回きりの出来事としてではなく、長期にわたる視点におけるものとしてとらえるならば、自由とは何かということにとって、選択の可能性があるというのもその要素であることは不可欠になってきます。行動に選択肢があるかないかということではありません。そうではなくて、ここで強調したいのは、あれかこれか、ある特定のあり方に決めようというとき、そういう選択の余地のあるときに重要なのは、人間の自由意志がその要素の一つであり、それはまた行動の自由が著しく制限されている場合であったとしても例外ではない、ということが明らかだということです。ですから、ナチス・ドイツがユダヤ人を絶滅させるためにつくり、収容者が人間らしい扱いなどほとんど受けなかった強制収容所においてでさえも、この自由には意味があったということが証明されています。強制収容所から奇跡的に生還したユダヤ人の精神科医であるヴィクトール・フランクルは次のように述べています。「強制収容所に入れられた人々は何もかも取り上げられていたが、ナチスはたった一つだけは取り上げることができなかった。それは最終的な人間の自由、すなわち置かれた状況に対してどのような自分であり得るか、自分で決めることのできる自由である」[※11]。

ルターの例が哲学者たちによく引き合いに出されるのも、このような問いの核心に対して、彼の神学的な基盤を決定づけているものだからです。つまり、このヴォルムス帝国議会での行動が、マルティン・ルターの人格と神学を確立させたのです。

三　ルターの神学の視点からの自由意志への疑念

ルターの最重要著作の一つに数えられる『奴隷意思論』において、彼は自由意志と選択の余地の可能性に関して、いままで私が述べてきたこととはまったく異なる見方を展開しています。この本は、同時代を代表する人文主義の哲学者にして自由意志論者であった、ロッテルダムのエラスムス（一四六六／六九—一五三六）の著作『自由意志論』に対抗して書かれたものです。

エラスムスは、当時、人間の自由を訴えていた人々や、人間の完全な自律性を唱えていた人々ともまったく違う意見を持っていました。むしろ、人間のよい行いが生じたり実行されたりするのは、すべて神の恵みによるものであるということ、人間はただそれに協力することが許されているにすぎないと主張しています。エラスムスの結論は次のとおりです。「私は以下のことを認める。個人には自由意志に責任がある。しかし神の恵みこそが最大のものである」。[※12] つまりエラスムスは、これによって人間の自由意志の相対性を言い表しているといえます。エラスムスによれば、自由意志は、神との関係においては意味を失い、人間は自由意志による働きによって自分で自分を救済することは決してできません。エラスムスにとって意思の自由とは、「人間の意思の力であって、それによって人間は永遠の救済へと導くものに目を向け、あるいはそこから外れてしまうものから引き返すようなもの」なのです。[※13] エラスムスの主張で最も重要な点は、現在の自由意志論争においても決定的なポイントであり続けています。しかし、このように自由意志を極力相対化してしまうと、エラスムスにおいてもそうなのですが、正義にして愛である神が人間の行いを罰するとしても、人間にはその行いに対する責任がないかもしれないのです。つまり、エラスムス自身が言っている言葉を借りるならば、もしも自由意志がなければ「神の正義と憐れみとは何かという問いに対して、どのように回答したらいいのか見当がつかなくなってしまう」のです。[※14]

ルターは、エラスムスが答えられなかったこの問題に対し、すぐに応答しました。エラスムスはこの問題が信仰上きわめて困難な事柄であると考えたのですが、ルターは信仰そのものに高い価値を設定しているように思えます。ルターの意見は次のとおりです。

あまりに多くの怒りと不正義をあらわにする神が、どうして憐れみと正義の存在であり得るだろうかということを、もしも私が何らかの理屈を用いて理解できてしまったとしたら、そのときはもはや信仰は必要のないものになってしまうだろう。[※15]

人間と神との関係に自由はないという命題をルターは強く主張します。しかし、この命題によって生じる疑問を理性的に解決しようとする取り組みまでも、ルターは拒否しています。[※16] エラスムスの主張に刺激されるまでもなく、ルターは人間が何らかの形で自発的に神の働きかけのもとでよい行いに参与し、それによって神による人間のあるべき姿へと近づく可能性を真っ向から否定しています。その結果、ルターは人間に自由意志が存在することを、総じてほとんど否定することになります。ルターにとって問題だったのは、自由というものが神と世界との関係にきちんと裏打ちされているものかどうか、そしてその相互における特定の関係として、居場所が与えられているものと考えられるかどうか、ということだけでした。ですからルターが出した答えは、通常考えられるもの以外の何ものでもないのです。「エラスムス、君は確かにある程度、人間には自由にものを決めることが許されているとしたが、神の事柄において神が自由に決められることのほうが、はるかに広大なのだ」。[※17] ルターによれば、神との交わりとは、神からの贈り物あるいは提供品であるだけではなく、神と私がもう一度関係を結ぶことができるということなのです。ルターのこの徹底的に突き詰められた意見は、有名な以下の言葉で語られています。

だから、人間の意思というのは、神とサタンの間にある乗り物のようなものである。神ご自身が私たちのなかにおられるなら、私たちは神の望むままに、神の望むようにしかしない。もしサタンが私たちのなかにいるなら、私たちはサタンの望むままに、サタンの望むようにしかしない。私たちが自由に何かを決める余地など、そこにはない。ただ、神かサタンの乗り物として走るか、神かサタンにその乗り物として使われようとされているか、そうでなければ、神とサタンのどちらが私たちを手に入れるか、両者が争うにすぎない。※18

いったいなぜルターはこのような境地に至ったのでしょうか。この境地はルターがそれまでの人生で経験したことに基づいています。すなわち、自分の力では神の恵みを引き出すことなどできないというものです。神によって人間が救われ、神に受け入れられるという事柄は、まったくもって人間の自助努力の範囲を超えたあちら側の世界に属しているとルターは考えました。

神は謙遜な者たち、つまり、絶望し諦念にとらわれた人々に、恵みを確かに与えると約束された。しかし、それはその人が自覚できる謙遜によるものではあり得ない。人が神の恵みを受けることの至福は、完全にその人の意思や行動の力や意図、努力以外のもの、つまり、外からくる愛、決断、行為、すなわち、ただひたすら神お一人に依拠しているのである。※19

ルターによれば、人間があらゆる努力によって神に認められる働きをしようとしても、それはすべて罪に行き着くといいます。ルターは、パウロの教えにかなり狭い意味で依拠しています。パウロは確かに、人間がべストを尽くして神に近づこうとしても、悪を行うことになると言っています。[※20]パウロによれば、旧約聖書に書かれた律法は、悪の行為とは何であるかを示しているにすぎません。人間は、自助努力によっては神の前で決して義と認められることはなく、ただ神だけが人間を義と認めることができるのです。罪ある人を義と認めることだけが神による義認ならば、人間は神の救いの力に希望を見出すしかありません。人間に恵みが与えられ、義と認められるのは、ただひたすら「功績なしに」しかあり得ないのです。[※21]

こうした神学的意見が根ざしている経験とは、私には自分がかかわる善行に対して、選択の自由も決定の自由もないというものです。この地平から、ヴォルムス帝国議会でのルターの発言、「私はここに立っています。ほかに何もできません」について、別の見方をしてみましょう。キリストとその霊が人間をとらえ、人間を罪の奴隷状態から解放したならば、人間はもはや行動においても決定的に自由ではなく、その人を満たしているキリストとその霊が望むこと以外には何もできません。しかし反対に、人間が偶像やこの世の力にとらわれているならば、その人自身に力があるわけではなく、意図せずして罪に取り込まれてしまっているということになります。ミュンスター大学のカトリック神学者ユルゲン・ヴァービック教授は、こう分析しています。「それこそが人間の隷属状態の特徴である。この特徴は、明確に意図された悪や、作為的に行われる悪に対して何の力もないのである」。[※22]神の救いの恵みによって、人間は自由へと解放されます。自由とはこの場合、選択の自由としてではなく、神によって呼び覚まされた状態、人間の可能性が与えられた状態としての自由です。「冷静にみれば、この必然的な成り行きは、神の霊が人間に『喜んで望む意思』を呼び覚ますことによって、人間は喜んで望む意思を持つようになる。それが人間の自由を呼び覚ますということなのだ」。[※23]

ルターのこの根本直観の説明として、ルター研究者が好んで用いる類比説明があります。私が自由に誰かほかの人を愛そうと決断することがあまりにも少ないとしたら、それだけ神を信じようと決断する可能性も少なくなる、というものです。他者のために何かしようとする気持ちが少なければ、それだけ他者を愛そうと決断することも少ないでしょうから、意思を持って神を信じようとすることも、それと同じくらい少ないだろうというのです。ベルリン大学のプロテスタント神学者クリストフ・マークシース教授はこう言っています。「人間は、自分の内面的傾向を意思の力で制御することはあまりできない。したがって、例えば好意や反感といった突発的な感情の動きを、意思の力でなんとかすることも難しい。私はさしあたりこの女性は愛するが、あの女性は愛さないということも、意思の決断でするものではないだろう」[※24]。あるいはヴァービック教授はこう言います。「人間は、自分を動かしている存在に対して、『自由に』何かをすることはできない」[※25]。「そして同時に、個々のさまざまな行動、それぞれの傾向に対して、あるいは旧約聖書の創世記において、人類最初の人アダムが神に息を吹き入れられていのちを与えられたと書かれているように、神の息を最も深いところに吹き入れられている存在として、二度とそんなことなどできない、あるいはしようとしてもうまくできないままなのである」[※26]。

ルターが到達したこの直観は、確かにとても正しいことを含んでいるとは思うのですが、肝心な点で完璧さに欠けているように感じられます。もちろん信仰というものは、人間が任意に決断すれば生じるものではありません。二〇世紀を代表する言語哲学、分析哲学の大家であるルートヴィヒ・ヴィトゲンシュタインは、信仰とは「何かにとらえられ、ひっくり返される」ことだと言わざるを得ないとしています。しかしこの決定的な点についてヴィトゲンシュタインは、ルターよりも一層鮮やかに見通しているように思われます。「ひっくり返された人は、ひっくり返されたままでいるはずである」[※27]。この「ひっくり返されたままでいる」こととは、つまり自由に何かを行うようになることではないかと思うのです。そこで、これまで述べてきた愛の類比説明を手がかりに、説明を続けていきたいと思います。

先ほど取り上げた愛の類比説明は、「愛すること」と「惚れ込むこと」を区別するには役に立つと思われます。私もある特定の女性あるいは特定の男性に「惚れ込む」ことを意思の決断によってすることはできません。誰かに「惚れ込む」感情は、その人が望もうが望むまいが、人の心をとらえ、人生を変えてしまいます。この感情を抑えつけ、暴れないようにすることは確かになんとかしてできるかもしれませんが、この感情を意思によって自由に呼び出したり、あるいはしまい込んだりすることはできません。少なくとも性愛の形式においては、こうした「惚れ込む」ことの側面は不可欠なものです。しかしながら、「愛すること」は「惚れ込むこと」とは異なり、より高次で真摯なものです。「愛すること」も、やはり意思によって自由に作り出せるものではありませんが、「惚れ込む」感情よりもはるかに自由な行動です。一人の人を愛するというのは、その人に特別な価値を見出したいという意思の表れであり、自由さを保ちながらその人とつながりを持ち、その人に積極的な感情を持ちたいという望みをも意味します。つまり、被造物の愛には選択も自己決定の余地もないという意見に対し、いや、そんなことはないのではないかと思うわけです。「惚れ込む」感情は圧倒的に襲いかかる力を持っていますが、「愛すること」には決定することと自由な決断による他者との関係が不可欠です。たとえ「愛すること」が自分の力次第のものではないとしても、意思による同意という観点なしには考えられないものであるといえるでしょう。

似たようなことが信仰にもいえるのではないでしょうか。すでにトマス・アクィナスはこのことに気づき、『神学大全』のなかで触れているのですが、信仰には意思による同意と関連する側面があり、それによって自由という観点とどうしても関係があると言わざるを得ないのです。[※28] まずもって信仰は「惚れ込む」ような力であり、あるいは人を感動させ、惹きつけてやまない習慣のようなところがあります。聖霊にとらえられ、そのときに神に直接触れたように感じたならば、信仰を持つようになるでしょう。何よりもというか、とにもかくにも、信仰とは贈り物なのです。しかしそれでも、信仰における私の自由というのは抹消されるのではなく、かえって呼び覚まされるように思うのです。神に呼びかけられ、とらえられることに対して、私はどのような対応をするか自分で考え、決めることができます。神に出会うような体験をしたとしても、それを客観的に考え、信仰を持つべきか、持たないでいるべきか、決めることができます。おそらくこうした可能性は、回心体験を強調する熱狂主義では否定されることでしょう。しかし長期的な視野に立てば、神にとらえられ、そしてひっくり返されたままでいるためには、信仰に対する私の意思というものが必要なのです。この場合の私の意思とは、確かに信仰そのものをもたらすものではないでしょう。しかしこの意思がなければ、信仰と、それによって神と人間との間に呼び覚まされた愛の絆は存続できないのです。

　そうすると、次に論じるのは、いよいよ自由に関する最後のポイントということになります。すなわち、自由という概念が対話によってどう発展していくのか、その概要をお話しします。私の考えですが、自由の内実を分別すると三つの重要な方向性が見出され、それを突き詰めて学ぶことができるのではないかと思っています。

四　神義論と自由意志

まず明らかに二つのことが必要です。第一に、神から刺激されることです。それは私をとらえ、解放し、神からのさらなる刺激を受け止められる可能性を与えます。自由とは、自分自身から生じる事柄や、選択の余地があるということをも意味します。しかしそういったことが自由の前提条件として不可欠であるとしても、自由とはそれ以上のものです。自由とは何か、というときに必ず含まれることとして、包まれること、とらえられることが挙げられる一方、とらえられたものはその状態をどうするか決める余地があると私は考えています。自由とは超越的に定められるものだということが、あらゆる局面に当てはまるはずであるというと、ヴァービックのように「自由というものが、複数の選択肢から悪の性質が最も少ない事柄を選んで決めることができる場合には、それはもはや自由とはいえない。そうではなくて、あらゆる観点から、それをすることが認められるところに見出されるもの、それが自由なのだ」と言いたくなるのは当然でしょう。[※29] ここで重要なのは、間違っている選択肢はどれかということを考えることでもなく、人間の自由意志が神の行為と衝突するかどうかということを取り沙汰することでもありません。私には善とは何かを感知する力があらかじめ備わっており、そのことに気づき、それを経験することは、神の善なる意志に心を開かせることであり、そのような自由を可能にします。そういう生き方をすることには価値があるということなのです。そしてもし私が、私に働くこの神からの刺激にどのような姿勢を取るか決める可能性をわずかでも持っているとしたら、それは、善とは何かを感知する力に自由に同調することであると思うのです。

この点については、すでに紹介したベンジャミン・リベットの自由に関する実験が、わずかながら説明を提供してくれています。リベットの実験が、脳内の電気刺激の発生に対して態度を決めることのできる人間の意思が存在する可能性を示唆しているように、長い目でみた場合、信仰を持つ者にとっても、神の恵みから発する刺激に対して自由に振る舞うことができる可能性があると思うのです。[※30] もし神の恵みによって初めて人間は自由になるのであり、それはすべての人にとって真実であるとまじめに思うならば、その恵みにおいて人間は自由な同調をするようになり、こうした自由な行動には選択の余地や本当の意味での自己決定が含まれると考えるはずです。このことは詳細に分析しなければなりません。

神の善なる意志に対し、自由に同調するというのは、私にはことによるとユダヤ教的な視点にさえ思われます。旧約聖書の律法に従った行為というのは、神の恵みによってもたらされた事柄の一部分にほかなりません。また、律法に逆らって考えることは許されません。それでもなおエラスムスに対するルターの批判は、まさにこの観点から出発して、本質的な点を取り扱っているのです。エラスムスの意見表明を読むと繰り返し感じることなのですが、彼においては自由と神の恵みとがある種の競合関係にあるかのように思われます。もしも自由と神の恵みとがそのような関係にあるとすれば、実際には自由が存在する余地について考えることなどできないはずです。というのは、エラスムスの自由についての概念を取り扱う際には、それがルターと同じように神学的な根拠のうえに立っており、ただ神だけが持つ主導権に立脚していることを考慮しなければならないからです。

そうなると、ルターの考えを簡単に否定するわけにはいかないでしょう。神はその善なる意思を人間に実行させる価値があるとし、そうであるならば神は、被造物と協同作業をしなければ善を現実化できないという考えを、ルターは顧慮しなかったかもしれませんが、それでもルターを否定するわけにはいかないようです。確かにルターは、「神が新たな創造をし、また神が私たちのうちに働き、私たちが神と共に働くこと」については、神は私たちを必要としないという考えに固執しています。[※31] しかしここで細心の注意を払わなければならないのですが、エラスムスはルターのこの考えを正しいと認めているのです。ですから真っ当な神学であれば、ルターのこの観点を簡単に否定することはできないでしょう。それでもやはり疑問を抱かざるを得ないのは、ルターはこの点をどこまで考慮に入れていたかということです。要するに、キリストにおいて神がキリストと共に自由に自己決定をしていたのは明らかなのですが、それは、神が決定される側の人間になったということでもありますす。つまりそれは神の善なる意志を行うことを自由に自己決定できる余地に関して、人間の自由を認めていたということになるのです。しかし、このことまでルターは否定していたのか。いや、ルターはそこまで考えていなかったのではないかという疑問が出てくるわけです。神の行動とは人間の行動を対話的に呼び起こす関係にあるという仮定から、神の憐れみと正義について神学的にこれ以上突き詰めるのは無理なのでしょうか。

　ここで、ルターの考えはそこまで深くなかったとか、彼の考えはもう古いなどという言い方をするのは高慢にすぎます。私は、抽象的にあれこれ考えるだけで、自由とはどのような範囲でどれほどの大きな解釈の幅があるものなのかということを、あらゆる事柄に関して問うことにそれほど価値はないのではないか、つまり、ルターの考えにそれほど重点を置く必要はないのではないかと思うのです。むしろ私には以下の事柄が重要に思われます。すなわち、ほかの学問における議論と並行して、こうした議論において語られた自由の範囲を常に新たに検討し続けること、自由とは、神と世界との関係の範囲を解釈するために、それを問う価値があり、またその急所として必要なものだということです。この場合、神と世界との関係を問う急所としての自由とは、すなわち神義論にも適用できる根拠だといえるでしょう。

五　まとめ

それならば、一人の人の自由とはいったいどこまで可能性があるかという基準は、果たしてどういうものであるか、言い換えれば、さまざまな状況において自分で決定することができる可能性としての自由の基準とは、どのようなものなのか、という問いは、やはりすでに述べた「自己形成的意思決定」に強く依拠しているといえます。例えば、薬物、アルコールなどの依存症患者は、自分の意思とは無関係に脳や体が依存対象をほしがってしまい、意思の力ではそれを止められないので、自分で自分をコントロールしているとはもはやいえません。例反対に、健康な人であっても、過去のさまざまな経験が、自由に何かを決定することに影響を及ぼします。例えば、何らかの文章を「創作」したとしても、それが「純粋に」創作といえるのかどうか、確かめようがありません。ですから決定論に対し、人間には選択の余地があると主張するということは、人間は自分自身を何もかも純粋にコントロールできるという意味ではなく、確かに、人間に完全な自由意志があるということは証明できないが、しかし、決定論的でもなく予見もできない人間の意思の働きとしか言いようがなく、それ以上分析も反論もできない事柄、すなわちそこに至る経緯にそれ自体の意味と選択が存在する事柄がある、ということを示すことなのです。

このように自由意志という主題について学問的な議論をみてきたわけですが、だからといって、自由意志論者が主張するような意味での自由というものが存在するかどうかは証明できません。脳科学、分析哲学、ルターの神学という三つの地平から議論を深めようとしたわけですが、結局、決定的な結論にはたどりつけませんでしたし、おそらくそういうものなのでしょう。ですから自由とは、実験などによって証明できるものではないといえます。ここで試みた議論では、前提となる統一的な枠組みをつくることもできなかったからです。例えば、大学の講義中にある学生が、教授から「きみ、椅子の上に立って叫んでくれないか」と言われたにもかかわらず、そのときは敢えて言われたとおりにしなかったとしても、別の日の講義で同じ教授に同じように言われたときに同じ振る舞いをするかどうかはわかりません。私たちの自由は、実に多様で複雑な影響を外部から受けていますから、人生において、何もかもまったく同じ状況に出くわすことなど二度とありません。ですから、その意味では私たちは、自由というものを厳密に同じ条件下で実験することなどできないのです。しかしながら、理論的にも実際上もそういった実験ができないとしても、自由というものがあるのかどうか、すでに述べたカントの哲学のようなやり方であれば、いくらかのことが言えます。つまり、カントに言わせれば、私たちはすでにお互いに自由なのです。例えば、もし私がある人に愛を告白したとします。ところがほかの人が私に向かって、「きみはきみの持って生まれた性格と、これまで受けてきた教育とによって、必然的にあの人に夢中になったにすぎないよ。きみの愛とはそういうものにすぎないよ」と言ったら、間違いなく私は傷つくでしょう。もちろんこの人は、私に選択の余地がなかった、つまり自由意志がないことを証明したわけではありません。仮に私がこの人のこうした横やりに怒ってこれを無視する場合、この人はそのことも含めてあらかじめ予見できていたということを示せなければ、つじつまが合わないからです。つまり、こうした振る舞いからだけでは、自由意志の有無について証明することなどできないのです。しかしながら、もし私たちがお互いに敬意と愛にあふれているならば、別の見方ができます。

カントは次のように述べています。もしも我々が道徳的に行動することが可能であるとみなしているならば、それはすなわち自由を求めている、あるいは必然的に自由を前提条件としているということなのだ、と。カントにとっては、私たちが道徳的に行動することと、自由を見出すような概念の道徳的形式（カテゴリー）へと思いを至らせることとが同じであるというのは明らかな事実であり、[※32]それは自由意志の意識と不可分な道徳法則の事柄なのです。[※33]プロテスタンティズムにとって最も中心的な主張である人間の自律性は、人間には自由意志があるということが認められて初めて、道徳法則として価値あるものになります。[※34]人間の自由意志を認めないとすると、総合的にみて、道徳的な要求というのは中身のないものになり、道徳に関する定言命法を守っても意味がないということになってしまうのです。したがってカントにおいては、自由とは道徳法則が絶対的な価値を有するということを可能にする前提として、どうしても必要なのです。[※35]

だからといって、私たちはどんな行為も自由であると主張することはできないということを、どう言えばいいのでしょうか。非決定論、つまり、私たちの行動は部分的に予測不可能なところがあるという観点を認めればよいのです。この非決定論的な観点に疑問を持つということは、人間の行動はすべてあらかじめ決定しているので、予測可能であるとみなすことを意味します。非決定論は、科学的実験の見地からは受け入れがたいかもしれません。しかしより注意深く考えてみれば、非決定論とは、感情的とはほど遠い合理的なものです。二〇世紀を代表する科学哲学者の一人であるカール・ポパーは、次のように述べています。「物理学者が、モーツァルトの肉体、特に脳や彼の物理的環境を徹底検証したところで、モーツァルトの交響曲第四〇番のような新作品が創作されることを予見などできないし、未来を予測することなど不可能である」[※36]。人間の創造性やファンタジー能力を、決定論ではない観点から認めたいと思うならば、自由意志論者の言う自由を認容する立場を取るほかないでしょう。

仮に、理屈ではなく本能的な直感を根拠として、あるいは日常的な生活感から納得のいく方法で、自由意志の存在を論証できるとすると、この本能的な直感は、私たちを誤った方向へ導くことになるでしょう。このことに関していうと、結局のところ、自由意志の存在を認めることのできる、信頼できる根拠というのは、カントが見事に行った実践道徳の地平での擁護に尽きます。それによって、必然的に求められる自由がもともと持っている特徴とは、総合的にみて神義論にたどりつくのです。ここで取り上げた意味で、納得できる神義論を自由意志の存在に根拠づけ、最終的に自由意志の存在がどうしても必要になるというのであれば、それは神義論がカント哲学でいう「要請」される地平のものであるということを意味することになります。[※37] そこで、実践的かつ自証的（authentisch）な神義論を取り扱うことにしたいと思います。まずは神義論の枠組みのなかでできる範囲で、自由意志についての論証に目を向けてこれをじっくり考えたいと思います。

※1　Vgl. GERHARD ROTH, Fühlen, Denken, Handeln. Wie das Gehirn unser Verhalten steuert, Frankfurt a. M. 2001, 445.
※2　T. BUCHHEIM, Der Zorn des Gehirns. Was denkt da statt meiner? In: FAZ 19. 1. 2004, 27.
※3　Vgl. BENJAMIN LIBET, Do we have free will? In: DERS./ A. FREEMAN/ K. SUTHERLAND（Hg.）, The volitional brain. Towards a neuroscience of free will, Thorverton 1999, 49-57.
※4　この記録時点は計測のための時計を見た瞬間である。それは間違いなく過小評価すべきではない誤差の原因であり、この実験の経験上の妥当性に疑問を抱かせる（vgl. H. WALTER, Neurophilosophy of free will. From libertarian illusions to a concept of natural autonomy, Cambridge/Mass. -London 2001, 248）。
※5　HANS GOLLER, Fiktive Freiheit? Die Willensfreiheit aus der Sicht der Hirnforschung. In: HerKorr 55（2001）418-422, 420f.
※6　U. LÜKE, Zur Freiheit determiniert—zur Determination befreit?, 620.

※7　T. PRÖPPER, Erlösungsglaube und Freiheitsgeschichte, 184.

※8　Vgl. H. FRANKFURT, Alternate possibilities and moral responsibility, 829-839.

※9　Vgl. ROBERT KANE, The significance of free will, New York-Oxford 1996, 124f.

※10　Vgl. R. KANE, The significance of free will, 39; LAURA W. EKSTROM, Free will. A philosophical study, Boulder-Oxford 2000, 211.

※11　V. FRANKL, ... trotzdem Ja zum Leben sagen, 108.

※12　ERASMUS VON ROTTERDAM, De libero arbitrio DIATRIBE sive collatio, IV, 16.

※13　Ebd., I b 10.

※14　Ebd., IV, 7.

※15　M. LUTHER, Vom unfreien Willen, 194.

※16　Vgl. ebd. 280:「しかしなぜ神は神ならば如何ともできる悪しき意思を一度に変えてしまおうとなさらないのか。それは神的威厳の神秘に属し、神が決められることは計り知れない。それをなんとかして知ろうとすることは我々が課題とすべきことではなく、むしろこの神秘を讃えるべきなのである」。

※17　Ebd., 226f.

※18　Ebd., 196.

※19　Vgl. ebd., 193.

※20　Vgl. ebd., 305.

※21　Vgl. ebd., 313.

※22　JÜRGEN WERBICK, „Zur Freiheit hat uns Christus befreit"（Gal 5, 1）. Martin Luthers Einspruch gegen Erasmus' „Diatribe de libero arbitrio" – und was er einer theologischen Theorie der Freiheit heute zu denken gibt. In: MICHAEL BÖHNKE u. a.（Hg.）, Freiheit Gottes und der Menschen. FS Th. Pröpper, Regensburg 2006, 41-69, 51.

※23　Ebd., 53.

※24　CHRISTOPH MARKSCHIES, Wie frei ist der Mensch? Einige vorläufige Thesen zu einem großen Thema. Martin Luther nachgedacht. In: Cardo 3（2005）15-18, 16.

※25　J. WERBICK, „Zur Freiheit hat uns Christus befreit", 46.

※26 Ebd. 47f.

※27 LUDWIG WITTGENSTEIN, Vermischte Bemerkungen. In: DERS., Werkausgabe Bd. 8, Frankfurt a. M. ^{5}1992, 445-573, 525.

※28 Vgl. nur die Bestimmung des Glaubens als *cum assensione cogitare* bei THOMAS VON AQUIN, Summa Theologiae II-II, 2, 1.

※29 J. WERBICK, „Zur Freiheit hat uns Christus befreit", 67.

※30 この類比は、恵みとは脳内の電流であると言いたいのではもちろんない。そうではなくて、ここに示した関係性が類似しているということである。

※31 M. LUTHER, Vom unfreien Willen, 298.

※32 Vgl. I. KANT, Kritik der praktischen Vernunft, A 53.

※33 Vgl. ebd. A 72.

※34 Vgl. IMMANUEL KANT, Grundlegung zur Metaphysik der Sitten. Hrsg. v. K. Vorländer, Hamburg ^{7}1994 (PhB 41), A 447f.

※35 Vgl. DERS., Kritik der praktischen Vernunft. Hrsg. v. K. Vorländer, Hamburg ^{10}1990 (PhB 38), A 55ff.

※36 KARL POPPER, Das offene Universum. Ein Argument für den Indeterminismus. Aus der Postskript zur Logik der Forschung hrsg. v. W.W. Bartley III. Übers. v. E. Schiffer, Tübingen 2001, 45. ポパーはこの考察を最も重要であり、また非決定論と自由意志の存在にとって直観的かつ即座に納得のいく論証であるとしている。

※37 Vgl. L. BLACKMAN, Brachtendorf on the conditions of a successful philosophical theodicy, 273:「神と永遠性の要請と同じく、自由は実践理性を通じてアプリオリに措定される」。

第五章

自由意志による擁護論

あらゆる個々人とその内面の生には、神によって、価値ある自由と愛が与えられているとする思想を弁護するのが、神学的な自由意志による擁護論です。単なる理屈としてではなく、個々の具体的な人生を見つめたとしても、苦しみとは自由と愛に付随する価値あるものとして認めることができるよう、神は人間に促していると信じざるを得ません。このような考えによって擁護された希望という足がかりは、キリスト教の視点からいえば、イエス・キリストのおかげで無条件に神から愛されていることが明白である人間が、人間の努力や修行の末にではなく、内面世界において神と出会う経験をするということなのです。

自由意志についての論証は、すでに長い間、神義論における最も重要な論証の一つとなっています。古代教父を代表するアウグスティヌスは、晩年にこの論証とは相容れない自由に関する解釈へ傾きましたが、それでもなお、彼にこの論証の根源を見出さざるを得ません。[※1] この論証は、英語圏では「自由意志による擁護論（free will defense）」と呼ばれて議論されてきました。すでに取り上げたプランティンガに戻りますと、彼は「擁護（Defense）」ということが手がかりになると気づき、それを強調します。つまり、悪とは神に根拠があるかどうかを調査するのではなく、神への信仰に矛盾するような自由の概念を検証することが重要だというのです。[※2]
しかしながら、信仰を擁護するということが問題を定めるために何よりも大事であるという彼の意見に、神義論の観点から一も二もなく同意してしまうと、神への信仰に矛盾するような自由の概念を検証する作業に限定するということに関しては、いささか物足りないように感じるのです。ですから、私がここで行う自由意志による擁護論の再構築の目的は、神を信じることの内実に、論理的な矛盾がないようにするということだけではなく、この世に悪があるにもかかわらず神が存在するということが、説得力のある考えによって受け入れられる可能性を提示することにあります。この観点から、私は引き続き神義論そのものをこの本で論じていきます。それは決して「擁護」だけを意味するのではありません。
現代の神学においても、自由意志による擁護論は、神義論的な問題の論証で、しばしば取り扱われる要素の一つです。ドイツ語圏の神学と宗教哲学における「自由意志による擁護論」の議論を橋渡しする役割を果たしている代表的な存在であるクライナー教授には、特に謝意を表したいと思います。

一　基本理念と構造

自由意志による擁護論は、第二章で扱った、神の全能をどのように考えるかということから出発します。そして全能とは、被造物に自主性と被造物的な自由とが与えられていると考えられるというところに行き着きます。神が自由であるということを被造物としての自由を持っているというように考えてしまうと、神を自由な存在として絶対的に尊敬する余地はなくなってしまいます。というのは、被造物に与えられた自由には、それを乱用する可能性が含まれているからです。エインク＝ハンホフは言います。「この自由と対をなす認識は、一見、神は人間に無制限な自由を与えているはずだと思われる、その自由には原則があるということである」[※3]。もしも、神が被造物である人間との間に本当に自由な関係を結びたいと考えており、なおかつそれによって相互に愛し合うことができると思っているとするならば、神は人間がその自由を誤って用いることを許容しなければなりませんし、そうすると人間の自由によって引き起こされる苦しみ（つまり道徳悪、malum morale）は、この自由の代償とみなされなければなりません。明らかに神は、――この相対立する事柄をそう定式化できるとするならば――あらゆるケースに当てはまることですが、愛を達成するためにはただ愛だけを手段としており、それはただ被造物が、本当の意味で神との協同作業をすることであると決定したとしか言いようがありません。この世には悪としか言いようのない災害があるという事実に対して、神に「罪（責任）」があるとすれば、それはこの視点が端緒になります。つまり、神は無条件に人間を愛しているということと、愛だけが唯一無二の真実な手段であるということへの信頼においてです。[※4]

そもそも神が、愛を可能にするために人間に自由を与えたい、自由であるようにしようと決断したとするならば、そういう意味では、それはこの世における苦しみを意味づける最終的な回答になるかもしれません。これについて議論できるようにするために、以下のような五つの仮説を立ててみます。[※5]

（一）一人ひとりの人間には自由意志があるということを認める、あるいはそれが要請されるというのは、道徳的に行動する際の不可欠な必要条件となります。それは理論理性と経験的科学によって論証することはできません。

（二）一人ひとりの人間が、道徳的に正しいことを選択できる自由を持っているということは、一人ひとりの人間はその行動が一貫して初めから決められている存在であるというよりも、その存在の価値という意味において、よりよいものといえます。

（三）道徳的に間違ったことを選ぶことができる可能性を認めないと、人はみな自由であるということは論理的に成り立ちません。その場合、道徳的に間違ったことを選ぶことができる可能性には、それを人間が自由な決定によって、実際に道徳的に間違ったことを行うということが含まれています。

（四）苦しみに直面した人はみな、自分の人生の歴史に関する自由意志の肯定的価値が、そうしたこととつながりのある、誤ったり苦しんだ末の決定のリスクを上回ることもある、という結論に至る可能性があります。

（五）それと同時に、キリストと出会うというキリスト教信仰は、すべての人は人生の最期に、それまで経験したあらゆる苦しみにもかかわらず、人生を意味あるものであったと認めることが、人生への合理的な回答であり得るという希望へと展開するのです。

これらの仮説にもしも同意していただけるならば、苦しみは自由意志の代償として受容できるという自由意志に関する論証の基本的な命題は、充分納得できるものであるように私には思えるのです。すでにここまでの章で、一つ目の仮説については議論を尽くしました。またそこで用いた定式はある程度簡潔に要約しましたので、この章では残る四つの仮説に集中することにします。これらの仮説を論じる特別な意味とは、つまるところ道徳悪を焦点としていることにあります。第三章で自然法則による擁護論について考えた際、自然悪についての疑問に取り組んだときの論証を、ここでも展開することが不可欠になります。

二　自由意志の価値性の擁護

とりあえず、自由意志論者が言うところの自由というものが存在するとします。ただしそれだけでは、果たしてそういう自由のある世界にそれほどの価値があるのかどうかはみえてきません。無神論の側から繰り返し非難されていることですが、彼らは自由意志というものがなければ、この世界にとって人間が行うほとんどの働きかけは意味がないと言います。つまり、自由意志の代償としてこの世界には残酷なことがあるということを、受け入れるべきであるとします。そういったひどいことが人生には繰り返し起き、過去何百年もその極限ともいえる悲惨なことが確かにありました。それを脇において、「善にして全能の神が、よりよい幸福に満ちた存在として人間を創造したはずであり、人間とはお互いに善を施し合う存在である」などとどうして言えるのか、というわけです。

興味深いことですが、世界の諸宗教の多くにおいては、天国（パラダイス）というイメージがみられます。そこに描かれる天国では、人間はお互いに善を施し合い、神に顔と顔を合わせたときに至福を見出すであろうとしている例は、決して珍しくありません。仮にこうした天国のイメージと、人間が自由意志を持つということとが両立するとしましょう。ではなぜ、神は人間をすぐにでも天国に入る存在として創造しなかったのか、あるいは神はなぜ人間に面倒とも思える回り道をさせるのか、ということはほとんど理解不能に思えます。すでに第三章で、自由意志の可能性を放棄しない限り、いまのこの現実とはまったく違う世界のあり方というものを想像するのは簡単ではないということをみました。特に、神に対する認識の隔たりの可能性と、神が関係する事柄と結びついている経験的な自由の可能性を考えるときに、どうしても向き合わなければならないもの（第一章第三節参照）を、自由というものを推し進めることによって展開していこうとするならば、その議論の前提を変えること、つまり、いま挙げた難点を乗り越えることは容易ではないでしょう。私自身は、こうした一種の天国のような場所のほうがよいに決まっているとは思いません。というのは、私がそうした天国のような世界に存在するためには、私という存在は、もはや私自身とはいえないものになってしまうであろうと思われるからです。研究者のなかには次のように考える人もいます。「もっと何か違った良い世界に生まれることができたらよかったのに、などと不平を言うことはやめたほうがいい。そんな別の世界では、あなたの人物像はいまのあなたとはまったく違うものになるだろう」[※6]。

先ほど挙げた五つの仮説の第二番目を議論してきました。この議論、すなわち、一人ひとりの人間は、道徳的に正しいことを選択できる自由を持っている存在であるのか、ということに関して言うならば、重要なのは、私が不自由な天国と自由なこの世のどちらが好きか考えるということではなく、この世において不自由な存在であることよりも、自由な人間としての存在であることを優先して選びたがっているのではないだろうかということです。もしそのような選択が可能であるとするならば、この世の人生はもっと良いものであるといえるようになり、あるいは私は自分自身のことがもっと好きになり、それによって自由を謳歌しようと自己決定したくなるのでしょうか。

もうおわかりかと思いますが、私は、ここでみなさんにも思考実験に参加していただきたいと思っています。こう想像してみてください。あなたがある美しい、知的で、魅力的な人を愛してしまったとします。しかしあなた自身には、相手と釣り合うほどの美点がなく、相手の愛を得られそうにありません。そこであなたの友だちが、相手の愛を勝ち取ることのできる新開発の惚れ薬をご親切にも提供してくれました。あなたがその惚れ薬をこっそりと相手の食事か水に混ぜさえすれば、相手は人格がガラリと変わって、永遠にあなたを愛してくれるでしょう。あなたは惚れ薬をくれた友だちの申し出を受け入れますか？　それともそんな策略は用いずに愛を勝ち取るべきだと思いますか？

あなたがどんな決断をするか、私にはわかりません。しかし、次のような私の提案には賛成してくれると思います。あなたが相手の愛を勝ち取る場合、それは相手の自由な意思の側面からそうなった場合のほうが価値あることであり、なおかつ美しいことであろうということ、そしてあなたが自由のもとに愛を勝ち取ることと、薬を使う策略によって相手を支配することの間には重大な相違があるということです。またおそらく多くの方々は、薬を使ってコントロールすることによって相手を自分の意のままにすることは、愛の名に値しない、なぜなら、愛とは本質的に自由と密接に結びついているからである、という私の意見にも同意してくれることと思います。

これらの私の意見に同意していただけるなら、おそらくあなたは二つ目の仮説、すなわち一人ひとりの人間は、道徳的に正しいことを選択することができる自由を持っている存在であるということを、受け入れられるのではないでしょうか。つまり、自由の代償として苦しみを受け入れられるかどうかという問いを初めから拒絶せず、より価値があるという意味で、道徳的に正しいことを自由に選択できる存在としての人間が何事かをなすということを、全般的によりよいものとして認められるのです。いやいや、人を愛するということに関して、策略を用いるよりも自由において愛することのほうがよいという一つの例に同意しただけだ、と言う人もいるかもしれません。しかしこの一つの例を通して、ある問題がはっきりします。それは、私たちはみな、価値ある良いものに対する自由意志というものを持っているということです。結局は同じ行為だとしても、初めからこうしなければならないと決められていることをするよりも、道徳的によいことを自由に選択して行うことのほうがよりすばらしいということは、ほとんどの人が認めるところだからです。まったくの自由から好意を持ってくれた人が寄せる愛よりも、ロボットが寄せる愛のほうが魅力的だなどと言う人を、私は想像することすらできません。そもそもの前提として、私が自由を持っているならば、やはり人間を愛したいと思うでしょう。

私がこれまで学んできたことをもとにいいますと、先ほどの例のようなものを持ち出さないと、つまり策略を用いて他人を自分のほうへ向くよう操るのは、ロボットを操るようなものだということを敢えて言わないと、そのことに気がつかない場合は別の判断が出てきます。例えば、私が好きになった人に、私の友人が私の知らないところで惚れ薬を投与したとします。その結果、私が好きになった人が私のことを愛してくれた場合、私も相手もそれが薬のなせる技なのか、自由な決断によるものなのかなどということは考えもしません。ですから、操られてそうするのか、もしくは自由に決断してそうするのか、そんなことは大した違いではないという意見の人もいるかと思います。まさにこれが当てはまるのが、世界は神によってすべてが決定されているという想像ではないでしょうか。つまり、この世界では私は神に操られているにすぎないということ、仮に自由に動き回っているつもりでも、自分自身のことが操り人形のようにしか思えない世界のことです。

正直なところ、私もこの考えについてはまだ完全には理解しきれていません。というのは、自由とは幻想にすぎない、という主張はまあなんとか頭ではわかるのですが、そうすると真実の幸福も愛もなく、そんなものは見せかけにすぎなくなるということになってしまうからです。本物の自由とは、嘘で塗り固められたものよりも、どんな場合であろうと幸福のほうを求めるように私には思えます。人間は、この世で自由を謳歌できなかった埋め合わせとして、この世の生が終わったあとで初めて、自由を享受することが許されるであろうという意見に対して、アメリカの哲学者R・ショウニグは次のように反論します。「死後の世界（post mortem）で永遠に自由になれる可能性があるというのであれば、この世で二、三年まったく自由がなくても、それはたいしたことではなくなってしまうだろうと。[※7]」しかしここでショウニグは、キリスト教的なあの世のイメージのポイントを、この世での自由の形式に当てはまる形で、あの世でも人間が自由を享受することだと思いこんでしまっています。そもそもの意味での自由意志というものと、自由に神を愛するということとは、宗教的にアンビヴァレント（どっちつかず）の状況や、選択が可能な状況、つまり、神に逆らうのも神を愛さないのもまったくの自由だという状況を基本にしているわけではないのですが、同時に少なくともキリスト教でいうあの世のことを前面に出していっているわけでもありません。その点では、ショウニグがこの世にいる間の二、三年間が無力化すると言っていることは、キリスト教というのは、所詮あの世での慰めというものを期待しているものだろう、という痛烈な指摘です。しかしそう指摘されても、一人ひとりの人間は、道徳的に正しいことを選択することができる自由を持っている存在であるという前提が崩されるようには私には思えません。私たちは自由であり、この自由とは高貴な善であるという主張には、善に高い価値を置く信仰という前提条件がなくても賛成することができるからです。そこで、まだ手をつけていなかった問い、すなわち、自由というものは悪のほうを取ることが少ない、もしくはまったくないという性質のものなのかどうかということに取り組んでみましょう。

三　自由意志を保った場合に苦しみが量的に減少する可能性

それでは、最初に挙げた仮説の三つ目である、人間には道徳的に正しくないことを選択し、行う自由があるということに戻ってみましょう。つまり、それは神によってつくられた自由意志が次のように定義できるかどうかということです。自由意志とは、結局のところ善を行うものなのでしょうか。あるいはなるべく苦しいことは避けようとするものなのでしょうか。それは本当に自由な性質からそのようにするのでしょうか。そして善を行う際に、自由という性質が骨抜きにされていることはないのでしょうか。いずれにしても人類の歴史が膨大な苦しみの積み重ねであるというのは、神義論の問題にとって実際のところつまずきの石であるといえます。ですから無神論の側からいつも繰り返しいわれることなのですが、苦しみの量を減らすことによって、果たして神への信仰をよりはっきりと納得のいくものにすることができるのでしょうか。
この問いの背景には、なぜ神は人間を常に（あるいは少なくともたいていの場合に）自由のうちに善を選択するように創造しなかったのかという問いがあります。「常に自由のうちに善を行い、決して悪業をしない」人間を創造することは、神ならば論理的にも可能だったかもしれません。※8 だとしたら、なぜ神はしぶしぶ人間を、そんなに頻繁ではないにしろ、わざわざ悪いことをしようと決断するものとして創造しなければならなかったのでしょうか。

この疑問では、そういった意味での自由な決定と、本来の自由の本質との矛盾が見落とされています。知的に理解可能な根拠に基づいてさまざまな可能性から何かを選択するというのは、外からの関与を受けずに、つまり当事者が自律的に何かを決定することによってのみそういうものだといえます。この事実は、外からの操作による介入が行われるということとはまったく相容れません。ですから、私たちが自由である可能性に対し、私たちが悪よりも善を選ぶことが多いように神が操作を加えるというのであれば、厳密にいえば、その神は私たちの自由を尊重しているとはいえません。あるいはまた、神というのは、私たちが自由を乱用しないように、自由そのものに原理的な限界を設けているのだという想定は、自由および可能性という概念の本質に矛盾しています。人間は自由であるということには、本質的に限界などありません。同じように神の存在ということについても、その自由に限界などないので、そもそも自由や可能性には本質的に限界などないのです。神というものが私たちの自由に限界を設けているはずだと考えるならば、人間の持つ自由によって、天に向かって不正義を叫ぶ場合、一方では神が人間の自由に限界を設けているはずなのでは、という基本的な根拠から、もう一方では神と被造物との間には物事を認識することにおいて差をつけたのだから、人間は神との自由な関係において不正義に気がつくようなことはないはずなのでは、ということになってしまいます。人間の自由の本性的な前提条件に、人間が苦しむ可能性に対して原理的な限界が埋め込まれているとすれば、そもそも人生の長さには限界があるということです。しかし、それはもともと当然のことなのです。[※9]

そうなると、自由のうちに善だけを選択するということもまた完全には不可能になります。というのは、そもそもそれは自由の本質に矛盾するだけではなく、善も悪も行えなくなるからです。常に自由のうちに善だけを決断する人間というのは想定可能です（キリスト教の範囲内であれば、ナザレのイエスがそういう人間だったというでしょう）。しかしここでいう自由のうちに善を決断するということの基礎は、自由が具体的に実行されることであって、自由の本質にあるわけではないでしょう。自由の本質とは、その字義（per definitionem）ほど明確に、自己決定の結果まで保証するわけではないのです。

万が一このことが認められるとしても、ではなぜ、自由の副次的条件として、人間はいとも簡単に善を行えるようになっていないのかという問題が出てきます。神はしようと思えばそうできたにもかかわらず、なぜまたそのように自由の副次的条件を変更して、私たちがまったく、あるいはほとんど自由を乱用しないように、私たちの生きる環境をつくってしまわなかったのでしょうか。神はこの世界を、人間が悪の誘惑にかられても、たとえそれがどんなに強く、また頻繁なものであったとしても、それが滅多に現実化しないようなものにしなかったのはどうしてなのでしょうか。[※10] 例えばですが、正しい道徳的原理を、文法規則の正しさがはっきりしているのと同じような確かさでわかるようにし、それによって、正しいかどうかわからないことが行われないようにすることはできなかったのでしょうか。[※11] つまり、善を行うこと以外、誰もほかのことをしようと思わないようにはできなかったのでしょうか。あるいは、この世では確かに自由意志はあるものの、苦しみを生み出す道徳悪は存在しないように自然法則を整えたり、または自然法における自由を制限するか、自由がきかないようにするわけにはいかなかったのでしょうか。[※12]

この考えは、明らかに堂々巡りです。これはすでに本書で論じた、有神論の観点から導き出された二つの重要な答えの延長にすぎません。一つ目は第一章第三節で述べた、この世の宗教的両義性の意味に関するジョン・ヒックの指摘がそれです。この世界がはっきりと神の存在を証明していなくても、世界がただ宗教的であり、また自然のありさまから神の存在を解釈することができるものとして形づくられているのであれば、人間は創造者に対する距離を認識せざるを得ないであろうというものです。この世における神の存在証明が、神が善であり全能であることだけではないとするならば、宗教的信仰とは知的な問いにとどまらず、信頼を寄せる行動であってもよいということです。あるいは、ヒックは次のように述べています。「神のことなど計り知ることができない有限な存在として人間が創造されたのは神の計画であり、それぞれの道徳的また霊的な歩みによって神の子どもになれるのだという仮説が行き着く先は、苦しみもストレスもない楽園ではなく、むしろいま我々が実際に生きているこの世界のようなところである」[※13]。

こうした考えには、いわゆる悪の「善化」の危険性が隠れていることに気がつきます。認識的な隔たりや宗教的な両義性を価値あるものとするならば、悪に直面して道徳的な決断をすることの意味はあまりなくなってしまいそうです。それと同時に、自由意志による擁護論の変形の一つといえますが、悪を行うことを決断したときに、それもまた意味があるかもしれないという危険性をはらんでいます。例えば、こんな問いが立てられたらどう答えればよいのでしょうか。「なぜ我々は、悪を行う者たちの自由がその意義を失わないように、またこの世の宗教的な二律背反性を保つために神のように行動し、犠牲者をその運命に翻弄されるがままにしておいてはいけないのか」[14]。

ですから私には、こうした問いとは別の系統の問いのほうが重要であるように思うのです。それは第三章ですでに述べたとおりです。自然界の因果律がすべてそうであるように、自由と関係のあるさまざまな条件は複雑に絡まっており、そうしたつながりの一つひとつの要素を、人間の生を成り立たせている条件を脅かすことなく変更するのは無理ではないだろうか、というのが第三章での結論でした。道徳律についても同じレベルの厳密な議論をすべきだとすると、もしかすると神は道徳律に関しては矛盾のない厳密な法則に基づくことなく、気の向くままにしているのかもしれないなどと考えても意味がありません。むしろここでは論理的な根拠こそが重要です。つまりケースバイケースで変わるのではなく、どんなケースに対しても一貫した言及ができる論理性が必要ということになるでしょう。神の全能の本質を気の向くままなどと理解することはできないというのは、本書ですでに論じたとおりです。また、自由というものの性質がほかにもあるのではないかという問いは、「物理的悪」についての議論ですでに退けられたことになっていますので、またここで同じことを繰り返す必要はないでしょう。その代わりに、いよいよここで自由意志に関する議論の核心に迫りたいと思います。つまり、人間は苦しみというものを自由の代価だと現実的に言い張れるのかということです。前に挙げた第四の仮説、すなわち、自由意志とそれに伴って過ちや苦しみが引き起こされるリスクを秤にかけて、自由意志に積極的な価値を見出すことができるのかという問いです。

四　自由と愛の代償として苦しみがあるのか

これまでの議論をはっきりさせておきましょう。自由意志による擁護論の手がかりになるのは次の事柄です。すなわち道徳悪とは人間が自律的に物事を決定することができる結果であり、また物理的悪とは自然法則の結果であると認識すること、そしてそれは同時に、人間が意味のある人生を生きていく前提でもある、というものでした。この両方の立場において、苦しみを正当なものと認める根拠となる人間の自由意志というのは、一方ではその原因であり、他方ではまた目的でもあります。

だからといって、苦しみに対する神の責任がなくなるわけではまったくありません。有神論的な観点から、人間の自由と自律性とは神によって与えられ、また確立されていると認める限り、道徳悪の最終責任は神にあります。その点では、首尾一貫して自由意志の存在を主張しても、神は少なくとも苦しみの連続全体に対して責任がなければなりません。自由意志の存在を主張する、このような矛盾をはらんだ問題について神義論の立場から返答するならば、やはり人が苦しむことの最終責任は神にあるということになります。それによって新たな問いが立てられます。すなわち、神はそんな世界を創造するべきだったのか、そして人間に包括的な自由を与えるべきであったのかということです。ここまで論じてきた自然法則による擁護論と自由意志による擁護論を認めたとしても、現にあるこうした世界が創造されるべきだったのか、とりわけ自由意志が与えられてよかったのかという問いは依然としてよくわからないままです。

この問いかけは先に挙げた第四の仮説、すなわち、「苦しむ当事者としてのすべての人は、そうした自分自身が苦しんだ過程に、自由意志によって積極的な価値を見出し、間違いや苦しみを生み出す決定のリスクと秤にかけて評価するようになる可能性がある」に関係します。この基本的な直観は、自由には大きな価値があり、この世の苦しみというものを望ましくない副産物にすぎないと定式化することになります。つまりこの観点においては、人間が正真正銘の自由意志というものを望むならば、苦しみとは、人間が支払うべきである非常に高尚ですが納得のできる代償ということになります。その場合、愛については次のように考えることになります。自由とは愛の前提条件である。そしてもちろん創造者と被造物の愛の関係の前提条件でもある、と。そうすると、苦しみが自由の代償だとするならば、同じように愛の代償としても苦しみがあることに同意しなければならないということになります。

そこでここからは、この代償が本当にそれに値するものなのか、そしてそういうものとして同意できるものなのか、ということを考えてみたいと思います。すでに何度か紹介したクライナー、あるいは自由意志による擁護論を主張するほかの人々が想定するように、実際に自由意志の積極的な価値を、自由があるために誤った決断をしたり、想定外の結果を招いたりするリスクと釣り合うものだとすることはできるのでしょうか。現実に、自由や愛は、世界の歴史において生じた数え切れない過ちを正当化できるほどの高尚な価値を持っているのでしょうか。

アウシュヴィッツは自由の代償なのか

この問いになんとか答えなければと慌てる前に、明らかにしておかなければならない重要なことがあります。それは、この問題に取り組むことはきわめて危ういということです。というのは、人間の自由意志を論じる際に問題になるのは、その気になれば変えることができるような人間の特性ではありません。もっと根源的で、まったくもって乗り越えることなど無理な人間の特徴そのものだからです。すると、自由や愛にたいした価値などないという結論がもしあるとするならば、初めから人間など存在しないほうがよかったということにもなりかねません。このことをクライナーはこう表現します。「神に道徳悪が存在する責任を負わせる人というのは、神を非難することで間接的に人間が創造されたこと自体を非難している。なぜなら、道徳悪の可能性というのは、人間存在の本質に属するものだからである」[※15]。そうするとこのことは、自由を持つ存在、つまり人間を創造したことは苦しみの代償に値するものだったかどうか、さらにはこの世界や現にこうした人間が存在しているのは、果たしてよかったのかどうかという問いを呼び起こすのです。

第三章で道徳悪のことをあれこれ考えたわけですが、今回ふたたびこの問題を突き詰めて考えることになります。進んでいくに従って、苦しみに満ちているだけのように思える人生の旅路、あるいはあらゆる苦しみを生み出す原因であるかのような自然法則に対して、それが正当な意味を持つと理解でき、人が生きることに意味を与えること、そしてそれによって人間に自由意志があることを認められることが正しいとするならば、ここでいう自由意志の正当な意味には価値があるのかどうかと問うことになるでしょう。その価値は、実際に生じている苦しみと釣り合うものなのかとも考えることになります。そうすると、物理的悪は正当化できるかという問いも、道徳悪への問いと同時に生じることになります。つまり、物理的悪があるにもかかわらず、それでも人間が存在する意味はあるのかという問いです。もしも物理的悪に対するこうした論証に説得力があるとするならば、もっと苦しみの少ない世界を神は創造することができたのではないかと問う必要はなくなります。むしろ結局のところ、神が人間という生命体と共にあらゆる被造物を創造し、人間を自由に振る舞うものとしたということを受け入れられるかが問題となるのです。

このことが重要であり、また適切であると認められるならば、そうであればあるほど、苦しみの存在の正当性のために人間の自由意志は充分な価値があるのか、という問いに答えることは、この問題にとってそれほど役に立つものではなくなるでしょう。神に向かって、なぜこの世を創造したのかと非難することが宗教の基本的態度に馴染まないものである限り、こうした非難は無神論の立場から独占的に行われることによって説得力があるというのは確かに適切です。[※16] しかし少なくとも無神論の観点からは、この世は創造されなかったほうがよかったのかということについては何も言うことはないはずです。まさに、神義論に取り組む場合、無神論との議論はこの意味で重要なのです。その限りでは、苦しみを人間の自由意志に帰した場合、無神論の視点からしても、次の問いが未解決なままなのです。「もしも全能の制限ということが、悪に邪魔されない善の世界を神が創造するのを妨げたというのであれば、なぜ神はそんな世界を創造するのをやめておこうと思わなかったのだろうか」[※17]。

多くの場合、無神論的哲学者たちはこの立場を当然のこととして発言します。もしそのほうがよいとわかっていたならば、なぜ神は「やめておかなかった」のか、と。現代の議論では、一八世紀のイギリスの哲学者デイヴィッド・ヒューム[※18]、およびドイツの哲学者イマヌエル・カントの意見がこれに近いものです。[※19] また特に一九世紀に活躍したドイツの哲学者アルトゥール・ショーペンハウアーは、この立場の代表的人物とされています。ショーペンハウアーは、この世界を代表するものは悲しみ、惨めさ、苦しみ、死であるとし、すべての人生とは苦しみの連続であると考えました。彼はこう言っています。「なぜならば、あらゆる人生とは、通常、大きなあるいは小さなアクシデントが連続していることそのものだからである」[※20]。ショーペンハウアーはシェイクスピア劇の主人公ハムレットの独白をこう要約します。「われわれの状態はかくも悲惨であるから、この状態よりも、まったくなにもないほう（訳注：死）が決定的によいことになる」[※21]。また、紀元前五世紀の歴史家ヘロドトスからも引用しています。「あすという日まで生きながらえたくはないと一度ならず願わなかったような人間は、かつて生存したためしがない」[※22]。

彼自身があちこちで示唆していることなのですが、ショーペンハウアーは、自分の言う厭世主義が議論を惹起するものであることを意識していました。少なくとも、近代の哲学的神義論の祖であるライプニッツは、これとは正反対に楽観主義（最善観）であることを、ショーペンハウアーは知っていました[※23]。そこで、ヒューム、カント、ショーペンハウアーらのような厭世主義の側の結論については充分考えましたので、これとは正反対の意見を紹介したいと思います。

リチャード・スウィンバーンは、たいていの人々は自分の人生を、たとえ苦しみが加えられたとしてもそれを正当化するだけの価値がある高貴なものとみなしていると主張します。この仮定を裏づけるために、スウィンバーンは次のような思考実験を提案します。ボタンを押すことで、好きな時間だけ意識を失い、痛みを感じなくなる機械があるとします。ただ、その無意識の時間も意識があるかのように行動できますし、その時間のことも意識があったかのように記憶することができます。それならば痛みや苦しみを避けようと、いつでも頻繁にこの機械のボタンを押すようになるのでしょうか。スウィンバーンは、ボタンを長く押す人はそれほどいないだろうと想定します。というのは、私たちは意識のある人生の時間こそ価値があると考えているからです。※24 この思考実験から、スウィンバーンがショーペンハウアーよりもはるかに楽観的な思考の持ち主であることは明らかです。ただ、スウィンバーンはこの主張によって哲学的な論証をしてみせたとはいえません。

この思考実験には、充分な経験的証拠が欠如していることをスウィンバーンは承知しています。そこで彼は、できる限り幅広い経験的証拠を見つけようと努めています。そのため彼はずいぶん大胆な考えを思いついています。それは、自ら命を絶つ人はごく少数なのは自明なことであり、ショーペンハウアーの厭世主義は、彼が思ったほど広く受け入れられていないのははっきりしているというものです。むしろほとんどの人々は、これまで議論してきた問いを楽観的かつ積極的にとらえていると言います。そうでなければ自ら命を絶つことなく長く生き続けることなどできないはずだというわけです。※25 こうした論証は到底我慢がならない皮肉めいたものであるという見方は別として、スウィンバーンのこの論証はそれほどしっかりしたものではありません。というのは、スウィンバーン自身も認めていることですが、自死率は比較的低いものであるという事実は、人々がたとえ絶望的に思える状況であっても、それでもよりよい未来へ向かって希望を見出しているからなのかもしれません。その希望が、あとから振り返ってみて、実は適切なものではなくショーペンハウアーの厭世主義のほうが正しかったとしてもです。一般的に、自死を思いとどまるのはほかの人との絆があるからであり、そうした絆、例えば自分の子供などに対して特別な義務感を持つからだともいわれています。

スウィンバーンやライプニッツが頑固なまでに楽観主義である反面、他方では、すでにご紹介したオーストリアの無神論哲学者シュトレミンガーやショーペンハウアーの陰気な厭世主義の存在は、見たところ、人生というものを基本的に良いものとして受け止めるのか、あるいはひどいものとして受け取ったほうがいいのか、ということと、この世界というものに対して、一般的な意味で哲学的に取り組むことはこれ以上無理であるといっているように思われます。ショーペンハウアーの立場はまさにこれに近いことに注目したといえます。なぜならライプニッツの楽観的な観点に対して、ある重要な論証をしているからです。私たちは今まで、この世界の苦しみが驚くほど多いことを議論してきましたが、まさにこのことについてショーペンハウアーは、自身の立場についての決定的な論拠を次のように述べています。

一般病院や野戦病院での闘病や苦痛に満ちた外科手術、あるいは投獄や拷問や奴隷状態、さらには戦場体験や苛酷な裁判の経験が、人間を楽観主義にするようなことがあるだろうか。冷徹な視点からすれば、そんなことはまずありえない。結局のところ、ダンテの『神曲』に登場する、飢えのために子や孫を食べたとされるウゴリーノに目を向けることになるであろう。それが果たしてライプニッツの言う「最善の可能世界（Meilleur des mondes possibles）」と言えるのだろうか。[※26]

こうした悲劇の列挙や、さらに二〇世紀に起こった数々の大虐殺をみるにつけ、このことは根本的に確かであるように思えてきます。またこうした事実は、ショーペンハウアーのこの充分に考え抜かれた決定的な主張を現実化しているようにも思えます。神学的な側面からいうと、突き詰めてしまえば、この世において現に存在することと世界の歴史とからみる限り、楽観主義をあっさりと肯定できるような出来事はほとんど見つけられません。

一九世紀後半に、キリスト教に対して否定的な立場の哲学者であったフリードリヒ・ニーチェが現れると、キリスト教を急進的に批判する人々はきっぱりと例外なく、人間とはただそこに存在するもの（現存在：Dasein）であるということを支持しました。ニーチェは人間が「ただひたすら肯定する存在である」※27ことを望みます。また人生は無条件に受け止めるものであって、あらゆる瞬間を人は新たなものとして体験していると、その際にキリスト教的な動機づけのある人生観はきっぱりと拒絶され、現存在が持つ積極的な潜在能力と人間的自由とが意味のあるものとされました。同時に、ニーチェによって理想的な形式として要求されたのは、いまここで経験している苦しみを作為的に正当化したりしないことでした。ニーチェが目指した苦しみの正当化とは、人間はその義務を放棄することなく負い続け、そうすることで苦しみを正しいものなどと認めないようにすることでした。その一方でニーチェの観点では、苦しみは人生を肯定する決定的な論拠としての価値はありません。なぜならニーチェにとって人生を肯定することとは、人間の意思の力の限界に到達することだからです。飾り立てることなどできない現実の苦しみとの対決をめぐってあらゆる考えをめぐらすわけですが、ときにニーチェは悪の無力化への方向を示すことがあります。それはショーペンハウアーが人間を現存在として認め、そのように描くことのためには消極的かつ否定的な方法であるとしたものであり、少なくとも時折、スウィンバーンの主張においてもそのようにされています。※28普遍的な意味でのこの世と、個人個人の人間の自由意志とが積極的に評価されるべきであるならば、この世が存在していることは、この世が存在しないことよりも価値が上であるということになるのでは、という問いと関係するさまざまな直観は、結局のところ無神論でも有神論でも存在するのです。

それでもなお、この問いに対して肯定的に答えようとすると、一人ひとりそれぞれの人生の独自性にはあまり目を向けず、むしろ何と言っていいかわからない漠然とした苦しみや、過去に起こった大事故や大災害におけるこの世の苦しみについて、冷笑的かつ冷血的に応答してしまうようにみえます。同時に、こうした悲劇との関連ではっきりするのは、ニーチェのようにこの世界のことを何でも肯定することは、現実的には私たちの感覚からはあまりにもかけ離れているということ、こうした試みは、私たちにとってはやろうとしてもとてもできるものではないということです。ですから、たいていの人はショーペンハウアーに従って、こうしたあらゆる楽観主義的な現存在の肯定的分析を現実離れしていると思うでしょうし、むしろショーペンハウアーの言葉を借りれば「まことに邪道な考え方」と呼ぶでしょう。[※29]そして言いようのない人間的な苦しみが降りかかるとき、それでも人間には自由などあるのかと抗議するものです。世界史におけるあまりにも多くの苦しみに私たちは心の痛みを感じるので、そんな苦しみはとんでもないことであり、自由意志に関する主張や、総体的にみれば人生はいいものだなどという意見に、ほとんど納得できないのです。だいたい、いつまで続くかわからないような苦しみを正当化する価値などあり得るのでしょうか。クライナーは次のように述べます。「すべてのことが際限なく肯定されるというわけではないのではないか。計り知れない苦しみを抱えている数え切れないほどの犠牲者に、それには価値があるといって受け入れてもらえるものだろうか。ほとんどのそういった犠牲者はそんなことでは納得しないのではないだろうか」。[※30]自由に高尚な価値があるというのは本当でしょうか。一九九四年に起きたルワンダの民族虐殺で、生きたまま埋め殺された数え切れないほどの大勢の赤ん坊のこともそうやって正当化できるのでしょうか。神学的議論では繰り返し言われることですが、遅くともナチスによるユダヤ人虐殺によって、そうした正当化はもはや終わってしまったのではないでしょうか。[※31]

テュービンゲン大学で宗教間対話を研究しているカール＝ヨーゼフ・クシェル教授は次のように主張します。

人間の「自由」を尊重する、ただそれだけのためにアウシュヴィッツを「愛」からのものだとみる神は、果たして信じるに値するだろうか。アウシュヴィッツは「愛の代償」なのだろうか。そんな神は倫理的基準に照らし合わせてみるならば、つまりいわゆるふつうの父親や母親の倫理、すなわち確かにその子供の自由は尊重するが、悪事に手を染めたり、あるいはそういう状況を作り出したりすることは許されないような、父親や母親の倫理は関係ないのだろうか。※32

実際のところ、自由と愛の価値はアウシュヴィッツを正当化する根拠として納得できるものでしょうか。あるいは続いてご紹介するアウシュヴィッツから生還したユダヤ人作家エリ・ヴィーゼルの言葉に従って、むしろ否定的に考えたほうがいいのでしょうか。

なにものをもってしてもアウシュヴィッツは正当化されない。もし、〈主〉ご自身がそれを正当化する根拠を私に提供なさっても、私はそれを押しのけるであろうと思う。トレブリンカはあらゆる正当化を、そしてあらゆる答えを消し去った。※33

確かにそうです。死体が積まれ、なお炎が燃えさかっている墓穴へ、ユダヤ人の子供たちを生きたまま放り込んだナチスの所業をまざまざと思い描くならば、※34 そこから人間らしさをどう評価するかなどと考えることはもはや破綻していると言えるでしょうし、このような残虐行為を正当化することなど許されません。※35

その一方で、ナチスによるユダヤ人虐殺を生き延びた人々の証言に対して、否定的な答えしかあり得ないと最初から決めてかかるのは慎重にしたほうがよいでしょう。というのは、確かにアウシュヴィッツは決定的ともいえる絶望の源ではありますが、同時にアウシュヴィッツは愛を肯定する出来事でもあるからです。この点に関しての証言では、ユダヤ人でアウシュヴィッツから生還した精神科医ヴィクトール・フランクルが、常に死と隣り合わせであったアウシュヴィッツにおいて、彼の妻について書き記したものがあります。

第一に、私たちは毎日、毎時間、彼女について話していた。第二に、私は彼女以上に愛した人などいなかった。第三に、ほんの短い時間でも彼女と結婚していたということ、その幸せが、ここで経験しなければならないすべての苦しみを補ってあまりあるほどにまさっていた。[※36]

読んでみて明らかなことですが、類を見ないほどの悲劇と、人間の思想として通常の考えをはるかに超えている野蛮さを前にして、自分にとって唯一かけがえのない人を愛することにより、愛に意味があることを信じ、アウシュヴィッツという地獄のなかで、愛に対して無条件の肯定を宣言しているのです。まさにその正反対として言えることですが、拷問のような苦しみの末に殺された一人のかけがえのない子供の苦しみこそが、この世界に肯定的な意味などないと断定するのに充分な理由になり得るのです。私が思うに、かけがえのない一人の人を愛するという幸せは、自由とは愛の代償かどうかということなど、どうでもよくなるような崇高なものに思えます。そして一人の人が苦しむことの痛ましさは、それがこの世においてどんな価値があり、正当化できるのかということとは、まったく別に受け止める価値のあることのように思えるのです。

人生は肯定に値する至高の価値があると思えるか、また人生がほぼ全否定されていると思うか、すべての人にはどちらの瞬間もあるものです。根本的にどちらを選ぶかということについては、現実的にも知的にもその理由を徹底的に考える必要があります。すでにみてきたように、いずれかの視点を選んだところで、すべてをうまく説明しきれるわけではありません。しかし、人生を肯定できそうもなく、かといって理屈で全否定するのもしっくりこないとしても、時と場合によってはどちらかの視点を選ばなければならないことがあります。一七世紀の思想家ブレーズ・パスカルの表現によれば「あなたは船に乗っている」ので、決断を下さなければならないのです。[※37] 神を信じる、もしくは信じないという決断自体が神義論的な問題を左右する重要な決断そのものなのであり、そうした意味を含めて決断を下すことが大切なのです。

それにしても、いまここに存在しているということが本当にそれだけで価値のあることなのか、という問いにはどうやって答えればいいのでしょうか。いったい誰がこの問いに答える権利があるでしょうか。あるいは何を基準に応答できるというのでしょうか。これはキリスト教信仰を擁護することになるのでしょうか。つまり、深い問いに対して、充分に根拠のある積極的な応答となり、さらに積極的な決定を下す道を開き、キリスト教信仰を弱体化させるような意見に対抗する主張になるのでしょうか。

こうした考察は、少なくとも事柄がはっきりするまでなされるべきですが、純粋かつ定量的・経験的考察、例えば、先に挙げたスウィンバーンの考察が示唆するようなことは、簡潔に把握すれば充分です。同じように、いま現在の状況において生じている嘆きや悲しみに対し、客観的な状況から根拠を提供するのも同程度で事が足ります。ここで問題になっているのは、客観的・定量的に慎重に考え抜かれた状況に対して決定を下すことではありません。というのは、ここでとにかく大事なのは、定量化できない相互関係において生じたことだからです。ですから、ここで中心となるのは何よりも人間そのものであるということです。この人間こそが、かけがえのない現存在とその価値に同意しつつ、何を基準に応答するかを決めるべきなのです。したがって、四番目の仮説でとても重要なのは、かけがえのない人生の途上で苦しんでいる当事者がその苦しみを自分自身でどのように評価するかということなのです。

主体的に決定するとは

これにより、ここで論じていることの形式が、神義論にとって決定的な柱になることがはっきりします。この深い問いかけ、つまり人生とは苦しみがあるにもかかわらず、総体的にみれば生きること自体を受け入れることができるし、価値あるものと認められるだろうか、という問いは、苦しんでいる当事者でしか答えることができないものだということです。私がいまここに存在していることに価値が認められるか、認められないかというのは、最終的には私しか決められないということです。さらにウィリアム・ハスカーは、私が私をかけがえのない存在として認めるということは、全体的にみて、世界の歴史を認めることも含むことを強調しようとします。というのは、もしも世界の歴史が、ほんの少しでもいまとは異なるものだったとするならば、それはこの私がいま存在しなかったかもしれないという可能性があるからです。※38

仮に、ハスカーの主張に賛成できない部分があったとしても、彼の意見はある意味正しいところがあります。つまり、苦しんでいる当事者の人生ということに関していえば、苦しみとは何か、自由とは何かと問うことができるのはその当事者だけであり、「その意味で個別の人に依拠する相対的なものなのであって、この問いへ

のあらゆる取り組みはそのように行われるべきである」のです。[※39]
世界の歴史は確かに神義論にとって決定的な問いを突きつけるものなのですが、仮にすべての人々が自分の苦しみと自由の問題に当事者として積極的に取り組むことが正しいとするならば、世界の歴史に対しても積極的な見方ができるようになるでしょう。すべての人々がその苦しみにもかかわらず自分の人生は生きる意味があると認めるならば、神義論的な問題はこれまで議論してきた自由意志に関する論証の枠組みにおいて解決可能となるでしょう。
さらに、ミュンスター大学名誉教授でカトリック神学者のヨハン・バプティスト・メッツのように、すでにこの問題について考えてきた神学者が指摘していることですが、恐るべき密約が神と結ばれることによって「罪のない人に言いようのない苦しみが突然襲いかかる」などということも考えなくてよくなるでしょう（訳注：旧約聖書のヨブ記において、神がサタンに義人ヨブを苦しめる許可をヨブの知らないところで与えたことを指すと思われる）。[※40]もう一つのよいところは、先ほどは苦しみをよいことだとしてしまうこと、つまり「善化」の解釈の立場など存在しないと言いましたが、それだけでなく神義論的に重要な意味のある苦しみを分類したときに「あるべきではない」苦しみがあるということを主張できるということです。というのは、ここで重要なのは、単に苦しみを認めるということではなく、苦しみにもかかわらず、この世で起こる苦しみを通してこその自由というものがあるということを認めることだからです。
ただ、この解決方法にも問題はあります。すなわち、この解決に理解を示す人々は、自分の人生に拒絶の姿勢を示した多くの人々を、完全に、また明らかに、拒絶することになってしまうということです。つまり、さきに挙げたエリ・ヴィーゼルやイワン・カラマーゾフのような意見に耳を傾けることができないのです。それでもすべての人が実際にこの意見に賛同するようになってほしいと願うならば、これから申し上げる三つの仮説が必要になります。この三つの仮説は、本章の第一節で挙げた五つの仮説の五番め、つまり、この世でのさまざまな苦しみにもかかわらず、人生は意味のあるものであったと最終的には思える希望があるということをさらに展開したものになります。まず一つめは次のようにしておくべきでしょう。すなわち、いまここにいる存在は、ここに存在している価値などないと主張したとしても、根本的にはあとでその意見を軌道修正できる特質を持っているということです。その結果なのですが、第二に、この議論の行き着く先は次のような範囲に限定されます。すなわち問題となるのは、ただこの議論が積極的に立証されないようであっても、賛同できる可能性は留保されるということです。これと関連して、必然的に三番めの仮説となるのは希望、すなわち結局すべての人は、自分の存在に価値があると認めることになるだろうということが、合理的に考えた結果、何よりも希望になるということです。

ということで、ここからあとはこれらの点について次のように論証していきたいと思います。

まず証明しなければならないのは次のことです。

〔第四仮説のさらなる説明〕すべての人々が、その存在、いまここに生きているということを総体的に見渡して、生きていることには価値があると認め、それと密接にかかわる人間の自由意志の意味を認めることが、合理的に説明のつく希望というものであり得るというのは、論理的である。そうすると事実上、人生における苦しみというのは自由と愛の代償であるとして受容することになる。

その場合、次のことも指摘しておいたほうがいいでしょう。

〔第四仮説への反対命題〕善に基づく理由から、いまここに存在することを肯定せず、最終的に死に至るまでこの拒絶を続ける人もいる。

この二つの命題は次のように統合できそうです。

〔第四仮説への付加的仮定命題〕決定的に主張されるものとして、また善に基づいて、人生の価値を拒否したとしても、原理的にはそのような考えを途中で軌道修正することはできる。また、死んだあとでもそのような軌道修正、あるいは軌道修正を表明することは考えられる。

〔第五仮説の簡略化〕キリスト教徒にとっての終末的希望とはそう簡単にすべてがわかるようなものではないので、人生の価値を肯定しなかった人も、終末においてはその考えを軌道修正し、あるいはそれを表明することを期待するのは合理的であると判断できる。

さて、第四仮説の付加的仮定命題の前半部分をみると明らかなのは、私たちが繰り返し体験していることに限っても、ともかくも決定的に決断したことや善に基づいた決断を、軌道修正することはあるということです（例えば誰かと結婚するという決断一つとっても、実にさまざまな実態があります）。さらに、私たちは日常の経験を通じて知っていることですが、何らかのサインやシンボル、メッセージといったものは、それが置かれた文脈が変われば意味も変わってしまいます。したがって、そういったものが文脈抜きに固定した意味を持つ可能性などあり得ません。そうしますと、どんなに痛みを伴う経験であっても、それを新しい枠組みで解釈することで、新しい価値を見出すことがあり得るのです。万が一、私にとって完全に無意味であり、受け入れることなど到底できない出来事があったとしても、別の経験やあとから得る知識によって、その出来事の私にとっての価値が、変化する可能性は否定できません。人生というものは、自分で意識しているよりもはるかに複雑で変化に富んでいるものであり、自分の人生のあり方が変われば、そのときは動かしようもないことだと思った出来事にも、あとから新しい評価をすることが何度もあり得るのです。

第四仮説への付加的仮定命題の後半を補強するために、たとえとして、死んだあとの魂がどのようなプロセスをたどるのだろうかと考えることができるでしょう。それはすでに述べた、エイレナイオスの「魂の教育のプロセス」に含まれており、また一九世紀に活躍したイギリスの詩人ジョン・キーツの言葉を用いて「ソウル・メイキング神義論（魂の形成過程の神義論）」と呼ばれているものです。ここで自由というものの進歩は死を乗り越えることはできないとみなしてしまうならば、死に際してキリストに出会うことが果たしてできるでしょうか。このことについてもう少し詳細にみていきます。

先に述べた、第五仮説の簡略化を合理的だと受け入れることとは、第五仮説そのものを受け入れることと同じです。つまり、死に際してキリストと出会うというのは、ある一人の人物において完全な姿で現れた真理、自由、愛と出会うということです。そもそも、このキリストとの出会いは、私たちに次のような可能性をもたらします。すなわち、自由意志の無限の価値と、前提条件もなければ成果も必要とされない、神から贈られた愛が真実であることが、最終的に実存的にも知的にも理解されるということです。ですから、こうした認識がない状態で、自由と愛には目先の価値しかないだろうと考えている人が、あとでその考えを修正してくれることを期待するのは合理的だといえるでしょう。自由の価値というものは、私たちがいまここに存在しているということと同じように、終末論的な観点では、総合的に、完全に新しい光に照らされるということになります。すると、少なくとも次のような問いが残ります。死に際しては、苦しみというものが何から何まで、生きる価値を受け入れることに積極的な意味を持つようになるということが果たして可能なのか、という問いです。少なくともこの問いは合理的な意味で適切であるといえます。[※41] その意味では次にご紹介する、ミュンスター大学の神学教授であったトーマス・プレッパーの問いは適切なものといえます。

我々は神の愛に関して、それを正当なものとみなしたり、すべての人に信じてもらえる可能性を信じたりするし、あるいはこの可能性を、計り知れない量の苦しみや、到底許しがたい罪を引き合いに出すことによって、どちらを選択しても、現実に対して責任ある回答をしなければならないことに変わりはない。無神論者からの宗教批判にさらされた信仰者はこう問い返す。「それでは、どう考えても不当としか思えないことや、もうおしまいだと感じることに見舞われたとき、それを忘れようとしたり目を背けたりしないというのであれば、どうやって生きていけるというのですか」[※42]。

このプレッパーの意見は、神義論的問題に関してキリスト教側が答えに窮している現実に対し、神を信じることを正当化する可能性を後押ししています。それまでの彼の意見をみてみると、完全な自由と愛に出会うことを想定していた様子は見受けられないように思えるのですが、それでもこれは合理的に一貫した応答であり、キリスト教側からの最終弁論とでもいえるものです。しかし、それでもまだ二つの問題が残っています。一つは、不当なことに対してではない場合も、こうした神学的前提は通用するのかということ、もう一つは、イワン・カラマーゾフの抗議、すなわち、罪もない子供が殺されるような現実も、あとで天国では清算されるというのは納得できないという問題提起には、この終末論的な和解の観点では追いつかないのではないかということです。つまりこういうことです。イワン・カラマーゾフはこの問題にいま、ここで答えてくれとあくまでも迫っています。そしていまだ実現していないキリストとの出会いで慰めを受け、至福に至るであろうということに、少しも納得していないのです。

イワン・カラマーゾフの抗議

終末にイエス・キリストと出会うというのは、言い換えれば完璧な愛に出会うということです。しかしこれは明らかに神学的な前提です。ではそうした前提は、無神論者と話し合うときの枠組みにおいても通用するのだろうかという疑問が起こります。例えば、ミュンヘンのイエズス会神学大学名誉教授である哲学者のフリード・リッケンは、そんなことを考えても堂々巡りになるだけだと言います。神義論的問題については神の存在自体も疑問の対象とされているのですから、何よりも終末論という領域から神学的論証を持ち出して解決を図ろうなどというのがお門違いなのかもしれません。当たり前ですが、こうした神学的論証というのは、神の存在が前提とされているところでしか効力を発揮できないものだからです。こうした理由からリッケンは、神の存在を確かなものとして認められていない議論の場では、こうした論証は行うべきではないと言います。※43

ただ、リッケンは大切なポイントを見落としているように思われます。神義論的問題とは、そもそも神が存在することが前提なのです。つまり神義論的問題とは、善にして全能なる神がいるならば、この世に悪があるのはなぜなのかというものであるはずです。つまりこの問いは、神が存在することが前提でなければ成り立たないのです。ということは、無神論者にとっては、議論に終わるだけの議論方法（reductio ad absurdum、帰謬法、背理法）に取り組まなければならないことになります。無神論者にとっては、神が存在しているという前提自体が、彼らの信念と矛盾するからです。有神論者の場合は、この矛盾とは折り合いをつけられるでしょう。しかしそれでも次のことは明らかにする必要があります。善にして全能である神について語るならば、その神とはいったいどういう性質なのかということです。神義論的問題にとって、神とはいったいどういう性質の存在なのかということを内容的に充分に明らかにすることは決定的に重要です。それは第二章ですでに議論したとおりです。さらにそこから、終末論的な観点から神が善であるとどのように想定できるのか、それが無神論の立場からは矛盾であるといわれることがあるのはどうしてなのか、有神論の立場からきっちりと説明する必要が出てくるわけです。

これに対してはもちろん次のように問うこともできます。終末論的な説明自体が、少なくともイワン・カラマーゾフの抗議、つまり、終末を待つのではなく、いまここで神の存在と悪の意味について納得のいく説明をしてほしいという抗議に、少しも耳を傾けていないのではないか、と。しかし、本章第一節で示した五つの仮説の五つ目は、自由意志に関して、第一章で紹介したような悪の神学的無力化を短絡的に示したわけではなかったはずです。死に際して誰もが終末論的希望を持つようになるのではないかという希望は、神義論が抱える問題性を解決する重要な方法に役立つものとして、本当にその字義どおり（per definitionem）、時間的に遅すぎる出来事なので、そうした希望にはならないのでしょうか。

神学的にきちんと考えるならば、この問題提起は単なる言いがかりではなく、真正面から取り組むべきものであるといえます。ここまで行ってきた自由意志に関する議論は、人間は死後にもなお自由な決定によって考えを修正する可能性があるということから出発しています。つまりそれは次のようにもいえるでしょう。神によるイエス・キリストとの出会いがあっても、自由の行使としてそれを受け入れない人は、イエス・キリストとの終末的な出会いにおける真実の愛を拒絶していることになるのですが、「拒絶」する自由があるということはそれが「受け入れる」自由に変わるということでもあるということです。こうした修正の可能性は次のことを前提とします。すなわち、死後、世界を審判する存在と向かい合うときに、人は何かを決定できる自由があるということです。これは少なくともカトリックの伝統とは少しも矛盾しません。カトリックの伝統では、終末においても十全な自由があるとしています。なお、これはキリスト教の神のいる世界とは別の世界へ移ることができるというような意味ではありません。終末においても十全な自由があるというのは、神義論にとって、とてもやっかいなことの一つです。というのは、イエス・キリストに出会うことで神の存在を肯定するようになる自由の可能性があるというのであれば、なぜ神は、イエス・キリストという存在など経由せずに、終末のときに直接、私たちが神に出会うようにしていないのかという疑問が必ず出てくるからです。もっと言えば、なぜ神は私たちに対して自由の真実の価値を明らかにすることと、このうえない愛の事実に出会うことをそれほどまで遅らせるのかということです。そこで、先ほど立てた第四仮説への付加的仮定命題、つまり死後の軌道修正の可能性を考えるにあたっては、あの世で慰めを受けることと人間の自由意志との関係を、議論がおかしな方向に行ってしまうほど強調しすぎないように注意しなければなりません。

そうすると問題なのは、この世の人生が終わってからでないと、このうえなき神の愛に出会えない、つまり、死後にすべてのことが正当化されるのでは遅すぎるとか、そういう仕方で自由意志について論じることなのではなさそうです。そうではなくて、果たして人間はこの世で生きている間に、神の愛に出会えるかということなのです。実際、このことはキリスト教信仰の一つのポイントです。すなわち、死んでからでないと、誰も神と決定的な出会いはできないというわけではなく、いまここでイエス・キリストにおいて神と出会っているというのがキリスト教の信仰です。その意味では、第四仮説への付加的仮定命題は、神を徹頭徹尾拒否していた人が、死後に軌道修正する可能性が開かれていることだけを定式化したものにすぎません。この立場では、トマス主義（トミズム）的な伝統ある義認と聖化の区別を取り上げることが役に立ちます。アメリカの哲学者エレオノーレ・スタンプはこのことを、救済論に関する著書のなかで詳細に展開しました。※44 スタンプはそこで、ルターやトマス・アクィナス同様、義認は神によってのみ与えられるものであって、人間の積極的な同意は必要がないと定義しています。人間は義認に対して拒否権しかありません。この立場において義認が生じるありさまを、スタンプは車の運転にたとえています。つまり、神の善き霊が働いて、車を前進させてくれます。ドライバーはただギアをニュートラルにしておくだけです。ブレーキを踏まなければいいのです。

この説明は重要です。人間が神の愛に同意したいと思っても、実存的には同意できないような現象もあるからです。終末論的な和解が望ましいということを頭では受け入れたとしても、その和解に同意するにはあまりにも難しいという結論に達することもあり得ます。たとえ終末論的な和解を自ら望んだとしても、神の愛に満ちた和解の力を本物であると認め、それが自分自身に及ぶことを許せないかもしれないのです。ケルン大学カトリック神学研究所の研究員ベネディクト・レディカーはこの文脈からメランコリックな不可知論について語ります。すなわち、イワン・カラマーゾフのようにはっきりと和解の可能性に楯突く抗議的有神論ではなく、神の愛の全能性を充分に信頼することもうまくできずに、ただ自分が悲しいことに気づくだけというものです。レディカーの巧みな分析によれば、それゆえイワン・カラマーゾフの抗議とは、自分は神と和解できないという悲しい体験談だということになります。※45 ですから、もし人間が神の愛の意志へ積極的に参与することが義認が生じる前提条件とするならば、メランコリックな不可知論者は、あらかじめ救いと和解から排除されてしまうでしょう。

そうであるならば、義認は神によってのみなされるものであり、人間はこの義認および義認と結びついている和解の可能性をきっぱりと拒否することは難しいというスタンプの主張にはうなずくものがあります。同時にスタンプはトマス・アクィナスに従って、聖化とは人間が積極的に神へと一致し、神の愛に一層共鳴し、それによって自身を変容させるできごとであると理解します。またこのできごとは死後も継続します。これは新しい自由な決断を前提とするものではありません。そうではなく、義認によって決定的に切り開かれ、死後に至って完成するであろう変容のできごとなのです。

すでに立てた仮説と関連させて考えてみましょう。死ぬ間際まで神の愛というものに同意できなかったとしても、死ぬ間際に神への抗議を放棄するということはあり得ますし、珍しいことではありません。しかし、こうした同意こそが神の愛への態度を修正したことを明らかに示しています。この同意は死後にもあり得る聖化の過程での終わりに起り得るものです。本当に態度の修正があったかどうか死後にしかわかりません。これは第四仮説の付加的仮定命題で定式化したとおりです。そのため第五仮説では、人間が自分の人生と神の愛を肯定したかどうかは、終末論的な聖化の過程の終わりにおいてのみ明らかになり得ると定式化したわけです。

このように厳密に考えることには利点があります。すなわち、この世の人生における決定的な問題を、生きている間に解決できる可能性があること、また、生きている間に経験した信仰的なこともそれと関係するようになることです。キリスト教徒のなかにはこんなことを言う人がいるものです。「私は今まで繰り返し、人生のどん底にいるような時間を過ごしました。しかしそのときに、キリストにおいて神が私と共にいること、神が私を背負ってくださっているということを実感しました。何のためらいもなく自分で自分の人生の価値を肯定し、神が私を創造されたことをそのとおりだと思うことができ、またそう希望し、信じているので、もしあなたが神に向かって心を開くなら、きっとあなたはあなた自身の価値を肯定することになるでしょう。この世の人生において経験することのできる、このうえない神の愛というのは、この世界でみられるどんな悲惨な出来事や、私たちが忍耐を強いられるすべてのことよりも力強く素晴らしいものだからです」。

もちろんこれはあくまで個人の発言であって、主観的にしか認められないものです。しかしながら、すべての人がどんなに遅くても死後、早い人は生きているうちに、神の救いの約束の言葉であるナザレのイエスに対面するはずであるならば、キリスト教の信仰を経験することによって、こうした発言は、すべての人にとって、合理的で説得力のある信仰のあり方を示すことになります。

これが真理としてすべての人に受け入れてもらえるかどうか、もちろんわかりません。自由意志の積極的な価値というものが、誤りや苦しみを引き起こす決断をしてしまうリスクと釣り合うものなのかどうか、ということを、普遍的に確認できるような基準などありません。世界が存在しているということは果たしてよいことなのかどうか、客観的に決めることなどほとんどできないのと同じです。愛、自由、真理といった次元の高い事柄同士は量的に比較することなどできないのは当然ですが、次のように深く問うことはできるのではないかと思います。私は苦しみなど味わいたくないあまり、本当の愛に対して自由でいられなかったり、何もできなかったりしたとしても、それでいいのだろうか、と。繰り返しますが、苦しみと相関関係にある愛や自由といった事柄は数量化などできません。一般的な基準で計測することもできません。誰にでも通用するように議論しようとすれば、説得力のある哲学的な根拠に基づいて議論するほかありません。

そうすると、私にはこうしたことを心配しすぎる必要はないように思われるのです。というのは、すべての人が自分の存在を肯定することは、そしてそれぞれが一つではなくさまざまな基準を使えばそれはきっとできるだろうという希望を持つことは論理的には可能ですし、第五仮説の簡略化、つまり人間は自分の考えを死後まで軌道修正できるという命題に基づけば、それは理性的ですらあるわけです。唯一の普遍的基準に基づくことなく、すべての人がこの世で生きることの価値を肯定することができる、などということに説得力があるのかともいわれそうですが、むしろ逆です。この世の人生に価値があるのかということについては、一つひとつの個別の例を明らかにすることが必要なのであり、普遍的な前提だけにこだわりすぎる主張をする人たちに対しては、そうした個別の具体的な事柄を用いて論争をすることによって、生きることの価値は守られるべきなのです。※46

キリスト教の文脈でいうと、結局、それはキリスト教会がその信仰について証言し、人生を肯定することにかかっているでしょう。ただしそれができるのは、教会がどんなときでも自由を擁護し、キリストによって私たちにその愛を現した神は信じるに値する存在であることを提示できる場合に限ります。教会とは、このような私たちと共におられる愛なる神にただひたすら仕えることによって初めて、どんな苦しみにおいても神が共におられることを示し、そしてそこから新たに出発することが実際にできるようになるのです。苦しみに直面したときに神と出会い、心を揺さぶられる経験というのはたった一通りしかないとするわけにはいかないでしょう。そうすると、次のことは合理的に認められるということになるかもしれません。つまり、この世界を肯定することが果たして正しいかどうかという問いは、あらゆる悪に見舞われてばかりいる人生であったほうが、むしろ正しいと受け止めるかもしれないということです。※47

こうして考えた末のこの結論は、この世における苦しみに直面しても、キリスト教の信仰を根本的かつ明らかに擁護するものとして、揺るぎない結論といえるのではないでしょうか。しかしながら、神義論の問題性の文脈からすると、さらなる行き先へと進んだほうがよいように思われます。[※48]苦しみや愛や自由などについての普遍的な基準を追求することはせずに、神義論という言葉をもう一度考え直すことで、神についてこれまで論じてきたことは、苦しみや人生そのものに対して、歴史上、人間が具体的にどう行動したかということと関係していることがわかるのです。決してそれは驚くようなことではなく、先験的（ア・プリオリ）に初めからそうだと決まっていたわけでもありません。神学は、キリスト教が教える未来への希望と、それぞれの時代における喫緊の課題との緊張ばかりに取り組み、神について問い直す作業に没頭し、自由意志による擁護と自然法則による擁護を理解しようとするあまり、かえってリスクを抱えてしまっている状態ですので、この世における神の愛についての具体的な体験や証言は、それほど重要ではないとしてしまっています。[※49]

同じことが、終末論的視点を再考することと、それに関連させて神義論的問題を解決することだけが解決策だという考えにもいえるでしょう。というのは、ほかにも答えとしてあり得る事柄があるにもかかわらず、それについて何のイメージも持っていない問いは、問いとして無意味だからです。前項で取り上げた、襲いかかる苦しみからほかの人をどう助ければよいのかというメッツの問題提起は、次章で詳しくみていきたいと思います。まずは理性に基づく理論的背景を深く考察することで、合理的で一貫した応答ができるのではないかと思います。

そのために、次章で詳しくみていく議論について、実はすでに少しばかり触れています。すなわち神学とは、信仰を選択するときに決定的な役割を持っているわけではなく、それによって自由と愛がかけがえのない価値を持つことを実存的に肯定することについて、神学のみで満足させることもできず、また、なるほどと思わせることもできないということです。しかし神学にも明らかに役割があります。善にして創造者である神を信じたら何を得られるのか、あるいは反対に信じなかったら代わりに手に入れられるものは何なのかを説明することです。また神学は、この世での苦しみに直面することについて、完全に包括的な意味で、それでもこの世で生きることを肯定することは、知的に、また道徳的に受け入れることができる立場があるのかどうか、という問いを考察することができます。

この点が追求可能であるとすると、さらに論じておく段階として、実践理性に関する考察へと歩みを進めなければならないでしょう。

※1　Vgl. J. COUENHOVEN, Augustine's rejection of the free-will defence, 279-298. 英語圏の哲学において、この論証と結びついている神義論の試みは、それでもなおアウグスティヌス型神義論と銘打っている。
※2　Vgl. A. PLANTINGA, The free will defense, 105f.
※3　L. OEING-HANHOFF, Metaphysik und Freiheit, 87.
※4　Vgl. T. PRÖPPER, Warum gerade ich?, 272:「それならば、神は最終的なもの（訳注：人間）を創造し、自由へと解き放ったという負い目はないのか？　だがそうなると、愛こそがその負い目ということになろう」。
※5　Vgl. die vergleichbare Grundstruktur bei A. KREINER, Gott im Leid, 213f.; 第二、第三の定式はほとんどそのままクライナーから引き継いでいる。
※6　A. SØVIK, The problem of evil and the power of God, 217（eig. Übers.）.
※7　Vgl. R. SCHOENIG, The free will theodicy, 466.
※8　J. MACKIE, Das Wunder des Theismus, 274; vgl. ebd., 261f.
※9　死とはいわば神が設けた安全柵である。それは我々が際限のない苦しみに陥ることを防いでくれている（vgl. A. KREINER, Gott im Leid, 267, mit Verweis auf R. SWINBURNE, Das Problem des Übels, 117f.）。まさにアウシュヴィッツに関して次の

ように問わねばならない。その安全柵は充分に機能しているのか、と。なぜなら「アウシュヴィッツ以来、死よりも恐ろしいものが、死を脅かすようになったからである」（THEODOR W. ADORNO, Negative Dialektik, Frankfurt a. M. ⁸1994, 364）。

※10 N. HOERSTER, Zur Unlösbarkeit des Theodizee-Problems, 404.

※11 Vgl. R. SCHOENIG, The free will theodicy, 458f. ショウニグのこの問いかけに対し、定言命法あるいは実践理性の第一原理（primum principium practicum）の枠において道徳律がその地位を占めているではないか、と強く思うかもしれない。しかしショウニグがこれらの原理を問いとして言い換え、その不確かさを言い表しているのは根拠が薄いとはいえないだろう。そうではなくて道徳的原理を具体的行動に移す際の問題、つまり原理的な理論を実践に移す際の問題、すなわち論理的根拠というものが抜きがたく持つ問題に立脚しているのである。

※12 Vgl. ebd., 462.

※13 JOHN HICK, Eine irenäische Theodizee. In: A. LOICHINGER/ A. KREINER, Theodizee in den Weltreligionen, 87–103, hier: 98.

※14 D. LEWIS, Übel um der Freiheit willen?, 281.

※15 A. KREINER, Gott im Leid, 263.

※16 Vgl. A. KREINER, Gott im Leid, 262f.:「人となった神を信じるのと同時に人間存在など無価値だなどと主張することはあり得ないように、神を信じるのと同時にその創造を拒絶することなどあり得ない」。同様の視点からユダヤ教神学者のE・ベルコヴィッツは次のように述べる。「なぜあなたはこの世界を創造したのですか、と神と言い争うことはそれほど有意義なことではない」（E. BERKOVITS, Das Verbergen Gottes, 64）。

※17 O. MARQUARD, Bemerkungen zur Theodizee, 216; vgl. G. STREMINGER, Gottes Güte und die Übel der Welt（1992）, 337.

※18 例えばシュトレミンガーはその論証過程でヒュームの下した評価を参照している。すなわち「子供時代をもう一度過ごさせてあげようと言われても、感謝のうちに拒絶するであろう」（G. STREMINGER, Gottes Güte und die Übel der Welt [1991], 202.）。

※19 Vgl. I. KANT, Über das Mißlingen aller philosophischen Versuche in der Theodizee, in: Walter Sparn（Hg.）, Leiden-Erfahrung und Denken. Materialien zum Theodizeeproblem, München 1980, 54. カントにおいては次の文言は至極当然のこととして語られている。すなわち、この世におけるその人自身の人生、あるいはある他人の人生をもう一度生きることを欲する

人などいるはずがない、ということである。

※20　A. SCHOPENHAUER, Die Welt als Wille und Vorstellung, 422.（ショーペンハウアー「意志と表象としての世界 正編（Ⅱ）」『ショーペンハウアー全集 3』斎藤忍随ほか訳、白水社、新装復刊一九九六年、二六三頁）。

※21　Ebd.（前掲書）。

※22　Ebd.（前掲書）。

※23　Vgl. G. W. LEIBNIZ, Theodizee, I, 13.

※24　Vgl. R. SWINBURNE, Providence and the problem of evil, 240.

※25　Vgl. ebd., 241.

※26　A. SCHOPENHAUER, Die Welt als Wille und Vorstellung, 423.（原語の）引用はフランス語で、ライプニッツの語りからそのまま採られている。

※27　Vgl. F. NIETZSCHE, Die fröhliche Wissenschaft, IV, Nr. 276:「私がますます学びたいのは、何ごとにつけ必然的なものを、美しいものとして見てとることである。――かくして私は、何ごとも美しくする人たちの一人となる。運命愛〔amor fati〕、それがこれからは私の愛であれ。〔……〕総括して言えば、いつの日か私は、然りを言う者にひたすらなりたいのだ」（ニーチェ『愉しい学問』森一郎訳、講談社学術文庫、二〇一七年、二七七頁）。

※28　Vgl. z. B. F. NIETZSCHE, Die fröhliche Wissenschaft, IV, Nr. 326:「私にはどうもそう思われるのだが、苦痛や不幸の話はいつも誇張されていて、あたかも、ここでは誇張することこそがよい生き方の要件なのだ、と言わんばかりである。それなのに、苦痛に効く鎮静剤なら数え切れないほどあることについては、わざと沈黙する。例えば、麻酔とか、思想の急性熱中症とか、呑気な境遇とか、悲喜こもごもの思い出や意図や希望とか、麻酔薬と似たような効能をもつさまざまな種類の誇りや共感とか。じっさい、苦痛が最高度に昂じると、それだけでもう気絶したりするものである」（前掲書、三二五頁）。

※29　Vgl. A. SCHOPENHAUER, Die Welt als Wille und Vorstellung, 424:「それはそうとして、ここで説明をさし控えるわけにはいかないことがある。私にとり楽天主義というものは、平べったい額のかげに言葉のほかにはなにも宿っていない連中の無思慮な言いぐさのようなものでないとすれば、たんに不合理な考え方であるだけでなく、まことに邪道な考え方であり、人類の名状しがたい苦しみに対するはげしい嘲笑であるように思われる」（ショーペンハウアー「意志と表象としての世界 正編（Ⅱ）」『ショーペンハウアー全集 3』斉藤忍随ほか訳、白水社、一九八〇年、二六五頁）。

※30　A. KREINER, Gott im Leid, 261.

※31 Vgl. R. ADAMS, Theodicy and divine intervention, 34, sowie H.-J. HÖHN, zustimmen, 151, Fn. 119:「ナチスが行ったユダヤ人虐殺の異様さにおいては、（行為者としての）人間の自由と（犠牲者に対する）神の愛との『不釣り合い』が明晰にならざるを得ず、苦しみは自由と愛の『代償（Preis）』とみなすあらゆる試みは異様に映らざるを得ない」。

※32 K.-J. KUSCHEL, Ist Gott verantwortlich für das Übel?, 244. クシェルの抗議の形式は、関係的有神論の観点において神は人間を（未成年の）子供としてのみならず、友人やパートナーとしての関係も望むことを見落としている。

※33 E. WIESEL, Alle Flüsse fließen ins Meer, 142（エリ・ヴィーゼル『そしてすべての川は海へ 上』村上光彦訳、朝日新聞社、一九九五年、二一四頁）; vgl. DERS., Die Nacht, 56:「子供たちの身体が、押し黙った蒼穹のもとで、渦巻きに転形して立ちのぼってゆくのを私は見たのであったが、その子供たちの幾つもの小さな顔のことを、けっして私は忘れないであろう。〔……〕私の神と私の魂とを殺害したこれらの瞬間のことを、また砂漠の相貌を帯びた夜ごとの私の夢のことを、けっして私は忘れないであろう。たとえ私が神自身と同じく永遠に生き長らえるべき刑に処せられようとも、そのことを、けっして私は忘れないであろう。けっして」（エリ・ヴィーゼル『夜』村上光彦訳、みすず書房、一九九五年、六三―六四頁）。

※34「彼らの姿がいままた目に浮かぶ。殺し屋どもを、共犯者どもを、また、知っていてしかも黙っていた冷淡な見物人どもを、そして〈創造界〉を、あの〈創造界〉を、またこれを堕落させ、変質させた連中を、どうして呪わずにいられようか。私は狂人のように叫びたい、どなりたい。世界に、あの世界に、殺人者どもの世界に、赦されることなど決してないぞと知らせるために。」（E. WIESEL, Alle Flüsse fließen ins Meer, 109 エリ・ヴィーゼル『そしてすべての川は海へ 上』、一六〇頁）。

※35 Vgl. ebd., 119:「私はこう主張する。――六百万人の人間の死が提示した問いにたいしては、いかなる答えもけっしてもたらされはしないであろう、と」（前掲書、一七五頁）。

※36 V. FRANKL, ... trotzdem Ja zum Leben sagen, 92.

※37 BLAISE PASCAL, Über die Religion und über einige andere Gegenstände. Aus dem Franz. v. E. Wasmuth, Frankfurt a. M. 1987, 122; vgl. M. WYSCHOGROD, Gott-ein Gott der Erlösung, 182:「究極の生命体として我々は決定を迫られており、また我々はその必然性の選択を免れることはできないし、対立状態の均衡を保つことや、それぞれ心理学的な破滅に至った個人を同床に伏させるために、ヘーゲル的思考を羽ばたかせることも、最高度の緊張を持続状態にさせることもできない」。これが自ずと意味するところは、すべてを理解し、意味あるものとして宣言するところにあるのではない。Vgl. ebd., 185:「（神はイスラエルとこの世を救われるであろうということ）はどのようにして可能かと、私は理解できようか？ 否。まずもって私は適切に理解などできないことがある。神はホロコーストで命を落とした人々のことを再度どうやってうまくやってのけるとい

うのだろうか。しかし私はアブラハムによって、神がそれをなされるであろうと信じている」。

※38　適切にもハスカーは直接的にすべての人に対して「私が存在していることは私にとって喜びなのか？」という問いを投げかけている（W. HASKER, On regretting the evils of this world, 154）。この問いに「はい」と答える人は、ハスカーに従えば、これまでの歴史の流れに対しても「はい」と答えるべきだということになる。なぜなら歴史の流れのあらゆる最も小さい変化でさえも、この私をまったく別の人間にしてしまった、あるいは私の存在そのものを不可能にしてしまったかもしれないからである（vgl. ebd. 156-160）。つまりこういうことである。「もしも私が私の存在そのもの、および私に近しい人物たちをすべて喜ばしいものとするならば、神をその普遍的特性に関して、あるいは過去の世界史の主な出来事に関して非難することはできない（ebd., 164）。

※39　Vgl. ebd. 155 (eig. Übers.).

※40　Vgl. J. B. METZ, Theologie als Theodizee?, 110.

※41　Vgl. J. HICK, Evil and the God of love, 363f.「すべてのものは、終末の導き手の光のもとで新たな意味を受け取るであろう。最終的に悪の意志として、いま我々を脅かしているものは、さしあたっても最後にもたらされる良き意志の外にある悪しき意志であることが証明される」。

※42　T. PRÖPPER, Fragende und Gefragte zugleich, 71; vgl. DERS., Warum gerade ich?, 271「神みずから涙をぬぐってくださる場合、被る苦しみにとってそれが何を意味するのか、私にはわからない。しかし少なくともこの問いが留保されることに私は賛成する」。

※43　Vgl. F. RICKEN, Philosophische oder theologische Theodizee?, 164.

※44　Vgl. E. Stump, Atonement.

※45　Vgl. zum ganzen Abschnitt B. Rediker, Die Fragilität religiöser Hoffnung.

※46　Vgl. zu dieser Vergehensweise K. v. STOSCH, Glaubensverantwortung in doppelter Kontingenz. Untersuchungen zur Verortung fundamentaler Theologie nach Wittgenstein, Regensburg 2001（ratio fidei; 7）, 318f.

※47　Vgl. DAVID RAY GRIFFIN, Schöpfung aus dem Chaos und das Problem des Übels. Ir: A. LCICHINGER/ A. KREINER, Theodizee in den Weltreligionen, 48-65, hier 60f.「実際、神は創造によって生まれたあらゆる個々の苦しみを共に経験することができる唯一の存在である。したがって神はまた、成し遂げられた善がそれに値するかどうか見極める唯一の存在でもある」。

※48　たとえば、ベネディクト・レディカーが、永続的なもろさを持つキリスト教的な希望の全体像を率直に述べていることは、

このうえなく適切である。苦しみに敏感でなければ神学は遂行できないからである。終末論的な和解のできごとについては積極的に同意できなくても、そのこと自体が善であると認められればそれで充分であるというレディカーの美的な考えもこれに一致する（vgl. B. Rediker, Zwischen Auflehnung und trauriger Skepsis, 74-82）。つまり、たとえ聖化の過程において他者との和解を積極的に肯定できなくても、和解したくないという願望を手放すことは可能であり、それによって神の愛に同意し、生を総体的に肯定することが望めるのである。

※49 Vgl. die entsprechende Problemanzeige bei W. HASKER, The triumph of God over evil, 165:「やはり、自由意志による神義論は自然秩序による神義論に相似している。つまり個々人に充分な分量の神の愛を分与するわけではないという点においてである」。

第六章
実践的神義論

神義論的問題に対して論証的に取り組むことは、悪というものをある一つの全体感覚に吸収統合し、それによって相対化してしまう危険を伴います。そうするとこの作業は、道徳的にみると問題のあるおかしな状況に進んでしまいます。なぜならその場合、悪にはカテゴリーとしてあってはならないものがあるということを顧慮しないからです。ですから、仮に神を信じることをやめてしまうと、何よりも神が救ってくださるという呼びかけによって最終的に人々とつながるということさえも拒絶してしまう危険が生じます。さらに、無神論者の観点から、なぜ人は他人の苦しみを心にとどめる必要があるのかということも説明できなくなってしまいます。したがって、実践的な事柄によって証拠を挙げながら神義論を補完していく場合、神への信仰を確保することは道徳的にも適切なのです。

これまでの私たちの模索では、神義論的問題を、まず理論理性に相反する問題にみえるものとしてとらえてきました。ここからは実践的な神義論の観点から考えていくわけですが、その前に、これから重要となる概念を短くおさらいしていきます。つまり、哲学者カントが説いた理論理性と実践理性の説明についてです。理論理性とは、人は何を知ることができるかと問う理性のことです。神義論の観点でいいますと、矛盾するようにみえる問題に取り組むこと、すなわち神の特性とこの世に悪が存在することが、どうやって両立するかに取り組むことです。これまで本書で行ってきた考察では、ある意味では理論理性の範囲内で収まる部分もありました。これに対して実践理性の課題とは、実際の行動に指針を与えるものです。神義論に関していえば、神義論あるいは神義論への批判におけるさまざまな理論的立場が持っている、道徳的な位置を調べることです。この神学的問いの重要な観点について、本章で取り組んでみたいと思います。しばしば実践的神義論は、神義論的問題においては議論してもしなくてもいいものとして扱われることがあります。そういった意見に対して申し上げたいのですが、神義論的問題を理論的に議論するならば、ある特定の問題が必要としていることに対し、実践理性の立場から何ができるかと考えることで、議論がさらに前進すると思うのです。そうすると実践的神義論とは、決して、筋道を立てて議論してもしなくてもどちらでもよいといったものではありません。むしろ神義論を補完するために必要なものに思えるのです。逆にいえば、筋道立った議論がなく、実践的神義論だけで神義論的問題を論じようとしても、それは単純すぎるものになってしまうでしょう。本章で重要なのは、これまで考察してきた神義論の課題について、実践的神義論がいかに重要であるか、またこうした実践的神義論をどうやって展開できるかを示すことにあります。

一　道徳的に考えを進めることの問題

これまでの章では、自由意志および自然法則による擁護論を用いてきました。それは一方では、神義論における論理矛盾の問題を解決しようとする試みであり、他方では、少なくとも有神論的立場から説得力のある重要ないくつかの要素を用いることでもありました。つまり、道徳悪が人間の自由の乱用の結果であるとみなすと同時に、自然悪に関しては自然法則のなせる結果であると理解する道を模索しました。それはまた、人間の人生には価値があるという可能性の前提条件であり、また人間には自由があるという可能性の前提条件でもあります。このようにして、すべての苦しみは自由と愛の代償であるとの証明を試みました。これと関連して、実存的に神と出会うことにおいて――それは、人間にとっては人間的な意味での決定的な愛よりも、もっと決定的に自由なものとしてですが――すべての人々がそれぞれの人生を肯定し、また自由と愛の価値を認めるようになる可能性を確認しました。

ことわっておきますが、この観点は万人救済説に直結するものではありません。[※1]ナチスでさえ、愛と自由の価値を実存的に保持していましたし、他者の自由は否定しておきながら、彼らは彼らの人生を肯定し、自分たちの自由は肯定され得るとしていたのです。それと同時に、ナチスの犠牲者たちのなかには、決定的な愛によって自分たちの人生を肯定する神と出会うことができた者もいたわけですが、彼らが自分の人生を肯定するときには、必ずしも彼らを苦しめ、死へと追いやったナチスとの和解が必要だったわけではありません。万人救済説にこだわらないことにすると、皮肉めいた結論を提案しなくて済むようになります。つまり、神に救われた犠牲者たちは、初めから彼らを苦しめたものたちを赦さなければならない運命だったという結論を、提案する必要がなくなるのです。

それでもなお道徳的な視点から、またそれと共に実践理性の観点からすると、こうした高い次元での解決に対して、もっと考える必要があります。というのは、自らの人生と、神が自分と世界を創造したことを肯定することは、言いようのない苦しみに直面した場合、道徳的に許容できるのか、という問いが生じるからです。神義論的問題に際して無神論者が示す抵抗は、しばしば道徳的な領域におけるものですが、これは決して無駄なことではないといえます。けれども、どう考えてもあってはならない類のもので、この物質世界の、あるいはあの世を含めた精神世界の、どんなものを用いても正当化などできない不当なものがこの世にあるとしたら、それでも自分の人生とこの世界を肯定してもよいものなのでしょうか。あるいは身の毛もよだつようなことを引き起こすにもかかわらず、現にいまここに存在するもの、例えばイワン・カラマーゾフが語った、子供を犬に喰い殺させた将軍のような人や、アウシュヴィッツで連日行われていた、想像するだけでも恐ろしい大量虐殺の出来事を、とにかく現に存在するものだとして肯定してもよいのでしょうか。

すでに検討してきたイワン・カラマーゾフの問題は、そもそも終末論に基づいた新しい方向性で考察しました。イワンは、あの世で神と対面したら、神の創造を賛美して自分の人生を肯定することを避けることはできないだろうと言っています。しかし、苦しみもがきながら死んでいった子供についての神への抗議を取り下げようとはしませんでした。この抗議の根拠は、イワンに反対する人々の論理矛盾を突くことでもなければ、彼らの言っていることの説得力のなさを指摘することでもなく、そこに道徳的に不快としか感じられないものがあるということです。[※2] イワンは、希望というものについての根本的な答えの可能性、つまり、すべての人々がイエス・キリストとの出会いにおいて、苦しみの代償として自由と愛を受け取り、その人生を肯定することが認められるのであれば、いまここでその答えを見せてくれということにこだわったということになるでしょう。なぜならば、もしそのような希望を信じるとなると、苦しみもがいた末に死んだ子供のことが取り上げられた場合、その皮肉で倒錯的な思考の側面が明らかになり、したがって道徳的な根拠から、神への信仰を放棄することのみが人間の徳という意味でもっともな選択肢になるのではないか、ということにイワンはこだわっているといえるからです。

この道徳面からの抗議に応答することは、理論理性の領域ではいくら厳密に追求しても達成できません。結局最後には、自分ではその痛みがわからない他者の苦しみも正当化される、あるいは少なくともこの世界は、そうした苦しみが存在するにもかかわらず誰もが同意できる価値があるものとして証明される、という理論を追求しても、道徳的な抗議をより鋭いものにしてしまうだけなのです。というのは、こうした抗議というのは、すでに取り上げたように、レヴィナスが言う「他者の苦しみの正当化」は「あらゆる非道徳の源泉」である、という観点に立脚しているからです。[※3] こうした立場は、すでに論じてきた他者の痛みを正当化することと、この世界における私というかけがえのない存在には価値があるということの正当化は識別できるか、という試みを、限定的ながら助けてくれるものです。なぜなら、ここで価値があると認められるのは、この世における私という存在であり、少なくともそこには私と同じように他者もまた痛みを感じるのだという可能性を含んでいるという、まさにそのことが焦点だからです。そうしますと、苦しみを正当化するあらゆる方策に関していうと、こうした立場を道徳的に統合できるのかということが、依然として問題なのです。

神義論的問題を扱う際、道徳的に吟味することを基本として神への信仰を問うことは、理論的な考察の陰に隠れがちです。だからといってそれがまったく不要かというとそうではないでしょう。これまで進めてきた議論によって、イワンの抗議へ反論できる決定的な材料は、すべての人々は自分自身の苦しみに関して、自由や愛との釣り合いを自己決定することができるという、この一点に尽きます。しかしながら、この立場は同時に、他者もまた最終的には自身の人生を肯定し、あってはならないものに分類されるような苦しみが相対化されるであろうという希望に頼っている以上、道徳的にはすっきりしないままです。他方で実践理性という手段を用いる場合も、ここで投げかけられたこの問いに対して理論的に深く考えることをやめるわけにはいきません。しかしそれでも道徳的な思考を含んでいる抗議的無神論の立場には、実践理性を用いることができるのです。

もしもイワンが持ち出したような、罪もない子供が殺される出来事を前にしたとき、その子供のかけがえのない存在意義を守るためだとして神を信じることを放棄し、そうすることで現存在の意義にあくまでもこだわるとするならば、その子供の存在意義だけでなく、その子供の希望までも手放すことになるのです。なぜなら、神を拒絶することで、現存在の包括的な文脈、あるいは現存在の普遍的な価値の承認を拒絶することになってしまうだけでなく、死において他者を救う真実の希望があるかもしれないという期待まで拒絶してしまうことになるからです。[※4] カール・ヨーゼフ・クシェルのような抗議的無神論者は、「苦しみはいずれ克服される、あるいは、ふたたび良いものとされるだろうという可能性は排除される。希望という観点のような感覚は完全に潰えた」と言います。[※5] この考えに従うと、苦しんでいる当事者というのは、苦しみの無意味さの真ん中にひとりぼっちで取り残されているということになります。彼らは完全にあきらめの境地に投げ込まれ、いつか救われるかもしれないという希望は、ただの幻想だと説明されることになるわけです。ハンスユルゲン・フェアヴァイエンはこれを次のように定式化します。「こうした抗議的無神論者は、苦しむことは間違っており、絶対的な意味などないという判断をしている。そこには、死ぬ者は一人で死んでくれれば結構、という視点がある。……無神論者にとって、他人などまるで意味がないということなのだ」[※6]。

その結果なんと、罪もないのに苦しみの末に殺された人を思いやることはほとんど不可能である、ということになってしまいます。「罪もない他人が苦しんだ末に殺されるなんて、見るに堪えない」と思うのは、善にして全能の愛なる神と関係させて考えるからであって、神との関係を断ち切ってしまえば、他人の苦しみが見るに堪えないかどうかなど、どうでもよくなってしまうからです。虐殺の犠牲者に思いを向けるにしても、死後に救われる希望などないというのであれば、それはいとも簡単に絶望や冷笑主義、あるいはそういった犠牲者を思い出すこともしないということになってしまってもおかしくありません。つまりこういう疑問が起こらざるを得ないのです。死んだらすべてが滅びておしまい、というのであれば、苦しみ、あるいは苦しんでいる人を忘却せずに、どうやってこの世の人生を生きていけばいいのだろうか、と。アウシュヴィッツなど忘れてしまえばいいと言う人はどう考えても間違っています。そんなことを言う人は、アウシュヴィッツで殺されたユダヤ人やさまざまな人々を、組織的に根絶しようとした者たちと同じ側の人です。

それとは反対に、ヨハン・バプティスト・メッツが繰り返し強調しているように、苦しみに直面しつつも神について語るというのは、その原点は決してただ苦しみを理論的に説明することではなく、「ほかの人、不当に苦しんだ人、歴史のなかで犠牲になった人や敗者とされた人を救ってくださいという叫び」なのです[※7]。神の存在を認めなければ、そもそもこの叫びを向ける相手がいなくなってしまいます。そして無神論者による抗議も、結局は意味がなくなってしまうはずです。ですから、カトリック司祭でありミュンヘンのイエズス会神学大学名誉教授であるヨーゼフ・シュミットは、「この世界の根源的な力の存在が絶対的な善ではないとするならば、悪を告発する抗議はいったい誰に向けてすればよいのだろうか」と問いかけています。[※8] こうした叫びや告発が、誰にも受け止められることなく宇宙に空しくこだまして消えていくのだとしたら、いったい何の意味があってこうしたことをするのでしょうか。つまり、神を信じることだけが、苦しみに対する抗議に究極的な意味を与えるのです。言い換えれば、信仰こそが神義論的問題を突き上げる抗議行動を決定的に可能にするのです。反対に、無神論は苦しみの意味を説明できませんし、人生における痛みの重さも明らかにすることはできません。[※9]

こうした論証の結果、神について語ることは道徳的な根拠から考えても不可欠なものです。というのは、苦しみに対して抗議するということは、結局は神とかかわりを持つということだからです。トーマス・プレッパーは次のように述べています。

神に対して、苦しみの意味を問うときのみ苦しむ他者へ思いを寄せることが、それにふさわしい価値を持つものとしてあり続けることになる。なぜなら、神だけが滅亡からの救済を行い、忘れ去られた人々に正義をもたらすことができるからである。[※10]

神と関係を持つことは、ただ単に苦しんでいる人々の尊厳を守り、支えるためだけではありません。罪もないのに苦しむ、不条理の極みといえるような事柄にも助けになり得ます。[※11] ほかならぬ神学的な立場から繰り返しいわれることなのですが、苦しみに対して抗議をしたり、苦しみを相対化することを拒否したりしても、必然的に神と関係を持つようになれるというわけではありません。しかし、神と関係を持つことでこの問題は解決しやすくなり、そうした抗議や拒否は初めてその究極的な意味を持つことになるのです。反対に、神の存在を受け入れることをやめてしまうならば、こうした抗議そのものの意味がなくなってしまうだけではなく、すべてを押しつぶすような巨大な苦しみに対して、いつかはそこによい意味を見出せるのではないかという希望を持つことがまったく許されずに、苦しみを背負っていかなければならないことになります。その意味では、カール・ラーナーは、徹底して苦しみが存在する意味を知ることはできないという立場の神学者でした。

一つだけ確かなのは、もしあなたが、この世にはどうして悪があるのかという抗議をもっともだと考え、自分自身の人生と神とは何の関係もないということにしようとすれば、歴史はもっと悪いものになる。なぜなら、あなたがいま手にしているのは、底知れぬ悪と、不条理な世界だけになってしまい、それ以外は何もないということになるからだ。もしあなたが悪の問題に対して、隣人愛のみに基づいて現実的に応答できるというのであれば、なるほどそれはすばらしい。しかしそんなことができる人がいるとは、私には信じられない。[※12]

ラーナーはこの発言において、この世における悪と不条理に焦点を当てています。けれどもそれは、彼がこの世を悪であり不条理なものとして提示したということを意味するのではありません。敢えて無神論的な抗議の側に立ち、彼らが繰り返し唱えるこの世の特徴とは何かということを説明しているのです。言い換えれば、それは次のようになります。「もしあなたがこの世を悪であり不条理であると感じ、それを理由に神を信じることをやめるならば、あなたが手に入れるものは悪であり不条理であるこの世以外に何もないし、未来はよくなるかもしれないという希望を捨ててしまうことになるのである」。そう考えますと、無神論者が抗議のなかで問いかけているような、この世は悪と不条理ではないかという世界像は、現実のこの世から導き出されたものではないといえるでしょう。そうすると同じように、神の存在について、あるいは神義論的問題に応答することについて、理論理性の立場に耐えられるようなしっかりとした論証をしたところで、得るものはあまりないのです。それでもなおこうした理解が、善にして全能の神への信仰は道徳的価値があるだけにとどまらないことを、はっきり表しているといえるでしょう。むしろ、こうした実践理性の領域から導き出されるあらゆることによって、その反対のこと、つまり理論理性に関する問いの最低限の価値を示しているように思えるのです。

しかしながら、神への信仰だけでなく、神への信仰を拒否することもまた道徳的な意味で何かを問いかける価値を含んでいるとするならば、こうした問いをオープンにし、不可知論を代表するような立場についても模索の対象にしたほうがいいのでしょうか。ただそうしてしまうと、事態はよくない方向にいってしまいます。というのは、道徳的な観点からすると、どちらかを選択することを強く推し進めることができない、二つの問題を抱え込むことになってしまうからです。第一に、不可知論者というのは、要するに無神論者と同じように、歴史上の犠牲者がそれでも救われるかもしれないという希望があるという可能性を放棄し、場合によっては無実の罪を着せられている人に何の関心も払いません。死後の世界があるのかないのか、複雑な事件において赤の他人である犯人が有罪か無罪かなど、真実の一切は誰にもわからない、というのが彼らの前提条件だからです。第二に、その一方で不可知論者は、有神論者と同じように、苦しみに意味がある可能性は排除できないという問題を抱えています。これも結局、真実は誰にもわからないという前提からきています。ということは、無神論の視点から拒絶すべきものであるとされる、いまここに存在していることに価値があるという選択肢も排除できないということになるのです。

これに関しては、神を信じようと決断しても、信じないと決断してもいろいろなことがいえますし、一つの意見にむりやりまとめることもないわけです。そこで問われているのは、そうした状況でいかに合理的な決定が下せるかということなのです。

二　実践理性と神義論

慎重を要するこうした問題がある状況で、認められるべき重要なことがあります。それは、実践理性の領域では、神義論的問題が抱える矛盾をなくし、神義論を解決することが課題なのではないということです。さまざまな異なる選択肢のどれを選んでも、そこには道徳的な側面が含まれていて、それについてしっかりと考えることが重要なのです。ですから、実践理性の領域で神義論的問題をあまりに狭く取り扱おうとすると、結局、神義論的問題は思想の古典的形式においては、まったくもって解決不能とみなされてしまうと考えた思想家がこれまでにみられたのはもっともなことです。彼らはこの判断をカントに依拠しています。カントは、理論理性の領域から神義論的問題のあらゆる領域にわたる矛盾を解決しようとしても、結局は挫折することを証明しようと試みました。

カントはこの証明を包括的に可能にするために、神義論の柱であり、また神義論が矛盾を抱えないよう守ることができる可能性のある、あらゆる方策にかかわっている三つの方法を区別しました。この場合カントは、悪の善化あるいは神が善であることの解釈をし直し、そのほか本書の第一章と第二章で私たちが考えてきたような方法論のすべてを却下していますが、これは適切であるといえます。

奇妙に思えるかもしれませんが、カントは自由意志の根拠をめぐる論証に関して、はっきりしたことを言っていません。彼の考えの立場では、そんなことは最初から自明なのです。人間の罪は事実上、人間自身にその責任が帰せられるとすると、この世界の唯一の根源的存在、つまり人間をもつくった存在である神は、この世に悪をはびこらせている責任があるということになる、というカントの批判は適切であるといえます。[※13]しかしながら、すでに本書でみてきたように、自由意志に関する代表的な論証において認めざるを得ないことですが、そうした考え方は神義論においてはあまり説得力を持ちません。カントは次のように補足します。悪を「有限的存在としての人類の必然的限界に求めざるを得ない」ものであるとするのは、[※14]それはリベラルな自由の観念が、道徳悪は決して人間の限界の結果などではなく、結局のところ、人間の自由な決断の結果であると評価すべきであるとしているのを見誤っている、と。オーストラリア出身の哲学者ジョン・L・マッキーが強調していることですが、[※15]そうすると、この人間の本質としての自由というのは常に善を選択するはずだと信じるべきである、というところに行き着くことになるのです。反対に、自由がそれ以上のものへ、つまり善を選択することへと止揚されるべきではないというのであれば、善の選択に神の保証を求める必要はなくなってしまうでしょう。こうしたカントの試み、すなわち、有限で制限された人間の本質を道徳悪の根拠であるとみなすことにおいては、要するに、理論的に問題を取り扱う際に守られるべき方策の要点が見過ごされてしまっているのです。

物理的悪の取り扱いをめぐるさまざまな伝統的な方策に対してカントが投げかけた批判は、説得力のあるものとされていますが、それに比べると、カントにおいてはライプニッツの神義論の核心部分、つまりこの世界の自然法則による擁護論（と、それによって「自由意志による擁護論」にまで及ぶ道徳悪との統合の試み）についての議論はあまりありません。そうすると、カントは実際のところ、この世に苦しみがあるにもかかわらず、善にして全能の神への信仰を擁護するために、理論理性を用いて重要なあるいは完全な論証をすることはできない、と喝破したとはいえなくなるのです。

ただ、カントはそうした反論を受けることも予想していました。そこで自分の意見を締めくくるにあたり、カントがいう教理的神義論、すなわち伝統的な神義論についての考察を述べています。そこでは、神義論を信仰によって正当化しようとする、可能な限りのあらゆる試みにみられる矛盾についての論証がなされています。[※16] カントの主張の出発点は、自然的存在としての人間と道徳的主体としての人間とを区別することです。自然的存在としての人間は物質的に体験できる世界の一部であり、理論理性を用いることによって、矛盾を抱えていない、すっきりした関係性で結ばれている世界像を模索しようとします。道徳的主体としては、道徳律の要請のもとに立たされている存在として、道徳律に反する状況においては、道徳律に従いこれを果たすことによって、自然的存在としての人間の側面を、自助努力で至福のものへと高めるよう生きていくことになります。道徳律に反する事柄がどうやって解決できるのか、自然の、そして道徳の秩序にどう調和できるのか、つまり、芸術あるいは技術的な知と道徳的な知を、どう調和させて考えるべきなのかという課題は、人間の限界ある理性では壁に突き当たってしまいます。というのは、カントによれば、ここで物事を理解あるいは洞察することの基本というのは、知性的に認識可能な世界を理解あるいは洞察するということであり、それはつまり、物質世界それ自体を理解あるいは洞察するということです。しかしこの世界は、やり直しもきかなければ代わりもないものであり、そうした独特の特性と真実の形式を前にしては、人間の限界ある理性は基本的には何もできないのです。確かに世界は最高善という理想を持ち、調和を保っているように見えますし、それを目指すことができるでしょう。しかし同時に、こうした理想の中身を拡大し満たそうとすることは、「いかなる死すべき者も到達できない」洞察であるという結果になってしまうのです。[※17]

さらにカントによれば、この洞察が適用できるのは、この形式が徹底し尽くされたところ、つまり、罪もない人が苦しむことについての意味もすべて明らかである世界のような、私たちはまったくあずかり知らないところです。カントの答えはこうです。そこでは、「理論的な知の最も小さな断片ですらみられない」。最高善の実現している世界、つまり、あらゆることの意味が明らかになっている世界がいったいどういうものなのか、私たちは知的に知ることはまったくできないということになります。「道徳律、すなわち同じ時代を生きる人々によって表明され、誰もが無条件に連帯する理想が決して実現不可能なものではないものとして求められ、それによって自己矛盾に陥ることがないならば、そういう世界は存在するはずであり、そのことを我々は変わることのない確信によって認識する」。[※18] 仮に、私が理性によって分別するものを認識することや、その完全な意味を要請されるものとしての、道徳律の無条件的当為（das unbedingte Sollen）を尊重することを基本的に決断するならば、道徳律が要請することと自然的秩序とが調和する世界であってほしいと切実に求めることは当然でしょう。

そこで、言葉では説明できない、理解の限度を超えてしまっている世界を理性で理解せよと求めたり、教理的神義論の意味で最高善の理想を説明したりする代わりに、カントはある種の確かさのある神義論を要請します。すなわち、自然的秩序と道徳的秩序とが神によって調和されている神義論です。言い換えるならば、道徳的理性が要請する調和です。神義論的問題を解決するために無理にでも理性的に考えて、人間の理性が及ばない最高善や物自体を判断したりする代わりに、実効性のある実践理性の領域にまかせることで、神への信仰を擁護するほうが重要であるとします。[※19]少なくとも比喩的な意味においてですが、その典型例としてカントは、旧約聖書に収められている物語『ヨブ記』の主人公であるヨブを挙げています。神の許可を得たサタンによってありとあらゆる苦しみを味わわされるヨブの物語は、この世の苦しみを理性的に説明することの限界を明らかに示しており、なんとかしてある種の確かな神義論が与えられるようヨブは神に求めます。それと同時にヨブ記に登場し、ヨブと対話する三人の友人たちは、大変優れた方法で教理的神義論の欠陥を描き出してみせるのです。

このカントの実践理性の線に立ちつつ、理論理性の領域において議論の行き詰まりをみせていたあらゆる要素をすべて退けたうえで、新しい政治的神義論を打ち立てて展開させたのが、ヨハン・バプティスト・メッツです。メッツの場合、神義論的問いはこの世の時間の流れのなかで再度問われ、そして神において完成されることが期待されるものです。メッツは言います。「神義論的問いとは『まさに』終末論的問いであり、この問いは神学によってすべての解答が得られるものではなく、絶え間なく神に問い続けるものなのである」[※20]。現代の神学体系を用いて帳尻を合わせようとしたり、この世における苦難の歴史となんとか折り合いをつけさせたりする代わりに、神学は少なくとも「折り合いなどつかない雰囲気」、「ないものの知」、『終末論的不安」といったものを保つことこそ重要であるというのです。[※21]神学が注意を向けるべきなのは、神学が人々からまだ期待されている存在であるということ、そしてあまりにも多くの悲劇が起きている現代において、神学はそのことを安易に片づけないということそのものなのです。そして神学にとって重要なのは、神学の「明白に無感情（アパシー）な態度」と、著しい「茫然自失の膠着状態」を克服し[※22]、「神学が真理を見出し、また提示するところの、本質的に危険な場としての歴史とは何かということをめぐる争い」に敢えて踏み込むことなのです[※23]。それができて初めて、神学はふたたび人類の具体的な生活の歴史と結びつけられ、また神学は人々の背中を押す存在となり、神の真実という観点とこの世の苦しみの歴史がどう関係しているのか、自由に考えることができるようになるでしょう。神学は決して、よくできたイデオロギーであってはなりません。「救いを見失った人々のために、決して打ち砕かれることのない希望のイメージを抱かせ、あるいは彼らがその希望のイメージを失わないように」しなければならないのです[※24]。

神学の目的は、神義論を解決してしまうことでもなければ、「なぜ」私たちはこの世で苦しまなければならないのかという問いに回答することでもありません。こうした問いはおそらく神にしか答えられないでしょうし、そもそもこうした問いはいつも神に向かって発せられているのではないでしょうか。同時に、神は神にしかできない働きかけによって、慰めと救いに満ちた回答をすでに先取りして実現しているのかもしれません。神学とは、神がそうした慰めと救いを働きかけていることを示唆するのであって、苦しみの意味を説明したり、それによって神に対する抗議をなだめたりするためのものではないのです。

ですから、「なぜ」と問うことを「いつまでですか」と問うことに置き換えるよう、あるいはこうした立ち位置に戻ってくるようにメッツはほかの大勢の神学者たちに求めます[※25]。この刺激的な方向性は、メッツの属するカトリック神学界だけでなく、プロテスタントの神学者ユルゲン・モルトマンも採用しています。モルトマンは第三者的立場から「なぜ」と問うことを当事者からの問いに置き換え、ただの理屈として「なぜこの世に苦しみがあるのか」と問うのではなく、「神はどこにいるのか」と問うべきだとしました。[※26] 神義論的な問いとは、「この世における生の開かれた傷」として受け止めるべきものであって、理論的に解読すべきものではなく、信仰と神学の真の課題は「この開かれた傷を抱えて生き続けることを可能にすること」にあるのであって、傷の痛みを和らげたり、あるいは傷の存在を否定したりするものではないとしました。なぜなら「人はより多く信仰すればするほど、いっそう深くこの世における受苦の痛みを感じ、いっそう情熱的に神と新たなる創造について問うようになる」[※27]からです。確かに、このようにメッツやモルトマンが一致して問いかけていることは、神についてキリスト教が述べていることの本来の核心的部分であり、その価値が損なわれるようなことがあってはならないものです。その立場はある意味で神学の敬虔さともいえるものであり、[※28] こうした議論に道を開いておくことは、いずれにしてもある意味で前にも後ろにも行けなくなってしまっている、伝統的な神義論の実態よりもはるかにましです。[※29]

こうしたさまざまな理由から、伝統的な神義論に対するこの批判は確かなものであるといえます。ですから私は、理論理性の領域で神義論を論じようとすると、必然的に歴史性を失ってどうにも理解できないような問題の取り扱い方になってしまうのはなぜなのかとは思いません。なぜ苦しみがあるのかという問いは、しばしば苦しむ当事者自身の問いなのであり、当事者がこの問いにどう取り組めばよいかと模索することは、当事者の苦しみへの共感や連帯に反することではありません。

ここで一番重要な点は、なぜこの世には苦しみがあるのかという問いが、神への問いかけになっているのかどうかということだと思います。現実問題として、神義論が神への問いかけをやめてしまう方向へ向かったり、苦しむ当事者の人間性を無視して、神と苦しみとの法則を作り上げてしまったりすることがあってはなりません。苦しんでいる当事者は、とにもかくにも神へ問いかけ訴えるものですし、少なくともそうすることがあってもいいと認められるべきでしょう。エリ・ヴィーゼルは、この神義論と神への問いかけの結びつきがいかに重要であるかを、戯曲「シャムゴロド村の裁判（Le procès de Shamgorod）」によって指摘しています。※30

一七世紀の東ヨーロッパを舞台にした架空の村シャムゴロドに反ユダヤ主義のコサック集団が襲来し、村中のユダヤ人が皆殺しにされてしまいました。神はなぜユダヤ人をこのような苦しみから助けてくれなかったのか。虐殺をかろうじて生きのびた数少ない人々は村の食堂で神を告発する裁判劇を開きます。ユダヤ人の旅芸人たちが裁判官、検事、証人の役をかって出ました。しかし虐殺を目の当たりにした人々のなかから神の弁護をしようとする者は出てきません。そこへ見知らぬ男が現れ、神の弁護を引き受けます。彼の巧みな弁舌の前に、検事役も証人役も神に対して何も言えなくなってしまいました。しかし戯曲の最後で、この見知らぬ男は悪魔であることが明かされます。神への直接の訴えかけを封殺してしまうような理論的回答は、言ってみれば悪魔の所業であるとヴィーゼルは暴露しているのです。ですから神義論は神の理論的正当化を目指す必要はないのです。悪に直面した人が困り切っていること、神に対して怒りを感じていること、それでも神の存在を意識しているということを、しっかり見据えることこそが重要なのです。

この考え方の筋道は、まさに第一章で取り上げたヨブ記のものです。ヨブ記では、ヨブは神と議論し、苦しみを訴えることに関して、理論で説得しようとする友人たちに対し、理論で反論することをしていません。ヨブがほしかったのは神からの応答であり、そしてそれは最終的にかなえられました。ヨブ記の最後に書かれている神からの応答は充分な内容とはいえません。それでも神からの応答があったということは、ヨブが神と出会ったという事実を生みました。それはヨブに満足感をもたらし、彼の人生を変える扉を開いたのです。

このヨブ記のような、神と議論をする神義論が適切であるといえるのは、この世の苦しみに対する問いを抑えつけない態度が、実践的神義論に反しないからという意味ではありません。そうではなくて、神に対して問うことへ扉を開こうとしているからです。もしも、こうした議論をする神義論が、例えば本書で目的としていること、つまり神義論的問題とは何なのかということを見定め、神へ「私たちが苦しむのはなぜですか」と問う意味を探ることを目的としているのであれば、それは実践的神義論と密接な関係を持っているといえるでしょうし、まして矛盾するものであるとはいえません。そうなるとこの神義論は結果的に、神へ「私たちが苦しむのはなぜですか」と問い続けようとするでしょうし、この世に存在する悪によって引き起こされる矛盾の問題を、理論的に解決しようとはしないでしょう。つまり、自由意志や自然法則によって説明がつけばよいとはしないでしょう。同時に、これまでみてきたような、純粋に理論的に取り組むべき神義論的問いであって、道徳的な観点からだけでは処理しきれない問題については慎重に扱い、それを神義論の実践的な地平から完全に追い出してしまうようなことにはなりません。神へ「私たちが苦しむのはなぜですか」と問うことや、こうした問いについて深く考えることを排除しようとしたり、あるいは敵視したりすることは、心からの誠実さでもって神へ目を向け、問い返すことをもはやしなくなってしまうことにつながります。こうした実践的神義論の側面を強調する際に注意すべきことがあります。すなわち、還元主義的方法によって神義論が持つ理論的側面を分離したり、それによって理論的な思考を停止してしまったりする危険に陥ることです。

三　想起的かつ論証を行う理性

神義論的問いをオープンなものにできるかどうかということにとって決定的に重要な試金石となるのは、メッツの主張であるように思われます。神義論に対する感受性を持った発言、経験、実践が、彼の神学にはみられるからです。[※31] そのような神義論に対する感受性を持つ神学の目的とは、神に関して語るということを、この世の苦しみの歴史に敏感なものとして構築することにあります。メッツは、この世の歴史とは無関係を装う、痛みや苦しみに鈍感な神学に代えて、そのような神学のあり方に苦しむという経験から疑いを表明し、そこから神への希望を語る神学を構築しようとしています。といってもそれは、神が全能であることの正当性を崩すような問いかけをすることではありません。むしろ、完璧を装う態度を取らず、神への祈りと関連づけて、苦しむ人間への神の憐れみを表現することこそ重要とされています。[※32]

メッツによれば神義論に対する感受性を持つ神学の中心的な特徴は想起的な理解にあります。想起的理性、すなわち、とりわけ他者の痛みに目を向ける理性のみが、神義論への感受性を持つ理性とみなし得るからです。[※33] ですから神義論に対する感受性を持つ神学は、このことを中心に置き、「追想として、歴史に刻まれた記憶としての思想」として理解すべきであり、独自の精神的・思想的資料をイスラエル的および聖書的伝統から得るべきだとします。[※34] メッツの観点においては、その核心的部分を物語的（ナラティヴ）かつ想起的に記憶し、また理解している神学のみが、アウシュヴィッツの問題に直面しても、それに応答し協働するものとして受容可能なのです。

さらに最近では、トマス主義者のエレオノーレ・スタンプも、神義論的問題性を前提とする文脈における物語的神学への賛同を、なるほどと思える形で表明しています。[※35] そのなかでスタンプは、語り（ナレーション）と実例に基づいているために人格どうしの出会いを言葉にするのに適しているフランシスコ会の神学と、神学的命題を論証的に説明・分析するのに適しているドミニコ会の神学とを区別します。本書もそうなのですが、スタンプもまた、神学的問題を理論理性の地平でひたすら論証的に取り扱うことはしないということを支持します。スタンプもメッツと同じように、苦しみの問いに取り組むにあたり、実践理性の地平で物語的に考えることの重要性を強調します。ただしメッツとは対照的に、スタンプは、フランシスコ会の神学とドミニコ会の神学は相互補完的であると主張します。そして、聖書の物語の解釈において苦しみがどのように乗り越えられ、聖書の登場人物たちの人生の物語においてどのように統合されているかを示唆しています。この本での用語でいえば、スタンプは論証的神義論および実践的で信頼に足りる形式の相互参照性を擁護し、この関係において何よりも実践的神義論の物語的次元を強調しているということになるでしょう。論証の決定的な部分で、物語を語ることが意図的に繰り返し論証に組み込まれていることからも、それは明らかです。このことは、ヨハン・バプティスト・メッツの神学による影響を裏づけています。

メッツは、キリスト教信仰はそもそもその始まりからして苦しみの記憶であり、キリスト教信仰の核心部分は、イエス・キリストの苦難と死そして復活にあるのだと繰り返し指摘します。ですから、メッツがキリスト教神学において、アウシュヴィッツのあの場所を想起するよう求めているのは適切なことといえるでしょう。カトリック神学者でユダヤ教との対話の研究者であるノーベルト・レックも支持していることですが、キリスト教神学の目的は「アウシュヴィッツが起こるまで、神について語ることは決して苛立ちを伴うものでなかったが、アウシュヴィッツ後にそれがすっかり変わってしまった」[※36]とは限らないといえます。むしろ変わってしまったのは現実世界のほうであるとみたほうがいいでしょう。私たちのほうが、それに気づくのが遅すぎたのです。

ですからメッツのこうした指摘はやはり適切であるといえます。それだけ神義論的問いに含まれる矛盾の問題が少なくなるからです。他方で、この指摘は単に実践理性の範囲における議論の観点にとどまるものではありません。実践的神義論こそがもっぱら確かな神義論であると主張してきた人々であっても、アウシュヴィッツの虐殺の前では、神の正義を擁護することは不可能であると考えているようです。しかしながらその際に私たちは、レックの言葉を借りれば「神の正義の尊さに敬意が払われることが絶対に必要とされること」に直面するのです。ただし「その『積極的側面』によって『消極的側面』が解消されたり乗り越えられたりするという意味ではなく、両者は一つのもの」だというのです。[※37]この論理に従うと、アウシュヴィッツの場合に関していえば、ある意味で神を信じられなくても当然だともいえます。そこで起きた不当な出来事をあげつらい、あるいはそれが総合的にどのように感じられるものであるかを示すことができるからです。その一方では、神を信じるべきであることについて同程度の正当性を主張することもできます。虐殺された人々には、あの世で救いが待っているはずだという希望が与えられるべきではないか、そして場合によっては彼らの苦しみが言われなきものではなく、何らかの価値があるかもしれないものとして、忘れられるようなことがあってはならないという意見が出てくることは避けられないからです。

この相反する立場を両立させる方法の問題点は、ここで生じる二つの議論は、その地平が異なっているものの、お互いに関係し合ってもいるということです。理論理性の観点では矛盾する問題も、実践理性の観点ではその反対になる、つまり矛盾しなくなるのでは、という幅が出てきます。つまり想起的理性は、論証的理性と正反対の働きをするのです。この何やら疑わしくも思われる方策は、次のことによってさらに難のあるものになります。すなわち、こうした相反する立場を両方とも含む実践理性などというものは、その道徳的許容性に関して改めて疑念が持たれるということです。これまで詳細に検討してきたように、この世で生きることに価値があると認めることは、苦しみに際してもやはり道徳的にそれが許容されるものとして肯定され得るかどうか、という問題につながるからです。ここでは、神への信仰がなくては、苦しむ当事者は何の希望も見出すことはできないということが強く主張されているわけですが、このことは、神を信じるということに疑問が含まれている、つまり、それ自体が神義論的問題を抱えているということを意味するのではなく、これ以外のあらゆる立場を取ったところで、やはりある意味で道徳的問題は避けられないだろうということが示されているといえます。

　その意味では、有神論者と無神論者との基本的な立場、すなわち神義論の実践的な側面は、言ってみれば手詰まり状態にあるといえるでしょう。仮に理論理性の領域における議論は少なくとも手詰まり状態ではなく、神義論の矛盾点に歯が立たないという機能不全に陥っているわけではないとしても、知的に誠実な方法において、この世の苦しみに直面したときに、神への信仰を保ち続けることができるのか、私にはまだ見通しができていません。ですからこれまで論じてきた自由意志についての詳細な議論は不可欠に思えます。というのは、こうした議論こそが、神義論が抱える矛盾した問題への取り組みを進歩させるのにふさわしいと思われるからです。同時に、こうした取り組みの方策は、実践理性を補助として用いざるを得ないでしょう。なぜなら、道徳的な疑念に応答できるのは、実践的に意味のある論証だけだからです。そこでやはり、神義論的な問題性へとふたたび戻るためには、理論理性のみならず、実践理性による努力も必要となるのです。ということは、理論理性だけではなく、実践理性の地平でも起こっている手詰まりに取り組むことが、次なる目標といえそうです。

※1　「赦しが全能であるような世界は、非人間的であるといえるであろう」（E. Levinas zit.n. J. B. Metz, Memoria passionis. Ein provozierendes Gedächtnis in pluralistischer Gesellschaft, Freiburg 2006, 149f.; vgl. auch P. PETZEL, Christ sein im Angesicht der Juden, 191; H. SCHULWEIS. Evil and the morality of God, 118）。

※2　Vgl. P. VARDY, Das Rätsel von Übel und Leid, 75, sowie K. SURIN, Theology and the problem of evil, 97:「むしろイワンにとっての問題とは何よりもまず道徳的問題なのである。彼は神を拒否するが、それは彼が神の存在を信じることができないと感じたからではない。〔……〕そうではなくて、終末の至福に対してそうしたひどく不愉快な代償を神が求めており（あるいはそのように思われ）、この世の終わりに際して人類に調和を与えようとしていることは、道徳的にみておかしいという不快感を抱いたからなのだ」。

※3　E. LÉVINAS, Zwischen uns, 126. シモーヌ・ヴェイユは、もし悪の謎を解き明かす試みを「愛にとって有害なもの」と呼んで拒絶するならば、それこそが「悪の問題を解決する試み」であるとして、レヴィナスに似た方向性を論じており、「むしろそれこそが具体的で正しい行為、つまり苦しむ当事者と共に苦しむことに至る」としている（A. NAVA, Das Geheimnis des Bösen und die Verborgenheit Gottes, 74）。

※4　HELMUT PEUKERT, Wissenschaftstheorie - Handlungstheorie - Fundamentale Theologie. Analysen zu Ansatz und Status theologischer Theoriebildung, Düsseldorf 1976, 315. 神が実践理性の領域において、すでに死んだ者を救済する真理として要請される場合は、無論その前に――この作業で生じるように――なぜ神はその者が死ぬことを許したのかということについて、理論理性の助けを得て考察がなされるべきである。なぜなら、そうしないと次の問いが生じるからである。「神がその者の死を許したというのであれば、どうして神は死からの救済をすることができるといえるのか」（KARL FRIEDRICH REITH, Mikrologie. Reflexionen zu einer kritischen Theologie, Frankfurt a. M. -Bern 1982, 382）。

※5　K. -J . KUSCHEL, Ist Gott verantwortlich für das Übel?, 251.

※6 Vgl. HANSJÜRGEN VERWEYEN, Nach Gott fragen. Anselms Gottesbegriff als Anleitung. Essen 1978 (CSMW 23), 71.

※7 J. B. METZ, Theologie als Theodizee?, 104.

※8 J. SCHMIDT, Das philosophieimmanente Theodizeeproblem und seine theologische Radikalisierung, 254.

※9 Vgl. J. MOLTMANN, Trinität und Reich Gottes, 64:「神に対する憧憬、情熱、渇きが初めて、受苦を、意識された痛みとし、痛みの意識を初めて受苦に対する抗議にする。受苦の岩で、この世がすべてと考えるあの無神論もまた難破するのである。なぜなら、神を廃棄したとしても、受苦の説明はつかないのであり、痛みを鎮めることにもならないからである」（ユルゲン・モルトマン『三位一体と神の国　組織神学論叢二』土屋清訳、新教出版社、一九九〇年、九一―九二頁、傍点は訳書、原書ではイタリック）。

※10 T. PRÖPPER, Fragende und Gefragte zugleich, 62.

※11 Vgl. H.-J. HÖHN, zustimmen, 137:「結局のところ何の意味も見出せない世界に生きている者は、不条理の極みと言える出来事についても結局のところ何も言うことができない。こうした世界においては、罪もないのに苦しむ人々というのは、生まれなかったほうがその人のためによかっただろうと言われるにすぎない」。こうした考え方というのは苦しむ人が「こうした苦しみの無意味さに反抗すること」を罪に定めることになり（ebd., 139）、道徳的に疑問がある。

※12 K. RAHNER, Politische Dimensionen des Christentums. Ausgewählte Texte zu Fragen der Zeit. Hrsg. u. erl. v. H. Vorgrimler, München 1986, 96.

※13 Vgl. I. KANT, Über das Mißlingen aller philosophischen Versuche in der Theodizee, A 202.

※14 Ebd.

※15 マッキーに近い考え方の返答としては本書第五章第三節および特にA. KREINER, Gott im Leid, 255-258参照。

※16 Vgl. I. KANT, a. a. O., A 209f.

※17 Ebd., A 211.

※18 Beide Zitate H. VERWEYEN, Gottes letztes Wort. Grundriß der Fundamentaltheologie, Regensburg ^{3}2000, 106f.

※19 Vgl. I. KANT, a. a. O., A 212f.

※20 J. B. METZ, Theologie als Theodizee?, 104.

※21 Ebd. 105:「ないものの知（Vermissungswissen）」については、J. B. METZ, Memoria passionis, 28参照。

※22 Beide Begriffe J. B. METZ, Theologie als Theodizee?, 103.

※23 J. B. METZ, Unterwegs zu einer nachidealistischen Theologie. In: JOHANNES B. BAUER (Hg.), Entwürfe der Theologie, Graz-Wien-Köln 1985, 209-233, 218.
※24 J. B. METZ, Memoria passionis, 34.
※25 Vgl. J. B. METZ, Theologie als Theodizee?, 118.
※26 Vgl. J. MOLTMANN, Die Grube, 157.
※27 Alle drei Zitate J. MOLTMANN, Trinität und Reich Gottes, 65（モルトマン『三位一体と神の国』、九三頁）。
※28 Vgl. G. NEUHAUS, Frömmigkeit der Theologie, 152.
※29 Vgl. REINHOLD SCHNEIDER, Das Schweigen der unendlichen Räume. In: DERS., Pfeiler im Strom, Wiesbaden 1958, 234-242, 242:「そして、心の中の問いが燃え上がるあまり死んでしまうほうが、誠実な信仰がまったくないままでいるよりもましである。麻酔をかけられているよりも瀕死の苦しみにあるほうがましである」。
※30 Vgl. ELIE WIESEL, Der Prozess von Schamgorod, Freiburg 1987.
※31 Vgl. J. B. METZ, Die Rede von Gottangesichts der Leidensgeschichte der Welt, 54-58.
※32 Vgl. ebd., 54f.
※33 Vgl. J. B. METZ/ J. REIKERSTORFER, Theologie als Theodizee, 181.
※34 J. B. METZ, Theologie als Theodizee?, 112.
※35 Vgl. E. Stump, Wandering in Darkness.
※36 N. RECK, Im Angesicht der Zeugen, 236.
※37 Ebd., 213.

第七章

神義論と神の行動

理性だけで考えると、この世に悪が存在するということについては、神を信じることも、神への信仰を拒否することも同じように根拠のあるものになってしまいます。この手詰まり状態において、もしも信仰が、神は特別な行動を取るという証拠に基づいているとするならば、神への信仰は、恣意的な類のものから区別できるようになるでしょう。こうした神の行動を神学的に証明するために、神義論を丁寧に、はっきりと論じることが着々と進展してきたのです。そのため、たとえアウシュヴィッツのような悲劇に際しても神の行動について語ることは可能であるといえるのです。

理性の領域における手詰まり状態の問題は、つまり理性だけでは神を信じるか信じないか、いずれにしても合理的に結論を出せないことを、さしあたり示しているといえるでしょう。そうなると、この明らかな手詰まり状態にもかかわらず、理性的な信仰または不信仰を持つ人に出会うということは、つまり彼らは、いずれにしろ合理的な根拠に基づいていないということなのだろうかという疑問が生じます。この疑問を回避するための決定的なヒントは、この世における神の特別な行動についての語りへ立ち戻ることから得られると思われます。

一　神の特別な行動とこの世における苦しみ

この立場は、一見するとこのうえなく話が食い違っているように思えます。神義論というのは普通に考えれば、神のある特別な行動について語ることに対して、その重要性に最も鋭く切り込んで反証をするものとされているからです。繰り返し話しているように、この地上の歴史に力を及ぼしているとされる神を信じることが可能であるならば、神はなぜそうした行動をアウシュヴィッツに対して起こさなかったのでしょうか。[※1]ボン大学のカトリック神学者カール＝ハインツ・メンケは次のように述べています。「事故の発生を事前に予防したり、自由の乱用をあらかじめ阻止したりする力があるはずなのに、それをしてくれない神はどうかしていると非難するのはいかがなものだろう。神は常に悪を徹底的に回避してくれているわけではないのだから」[※2]。それでは何百万もの人々が虐殺されたにもかかわらず私だけが助け出されたとき、それをいったいどう喜んだらいいのかという疑問はあります。ですからアウシュヴィッツについて神に関してできる唯一の弁解は、実際のところ次のとおりです。すなわち、いわゆるキリスト教の説明とアウシュヴィッツの現実のどちらにも適合するような神は存在しない、つまり、この世界に直接介入する形でアウシュヴィッツを防ぐことができたような神は存在しないというものです。

そのうえで、神のある特別な行動について語る場合、人間が自由に何かを決断することを操ったり押しとどめたりするものは何もないということになるでしょう。ということは、神はアウシュヴィッツの悲劇を防止することは実際のところできなかったということになります。もしナチスが、あらかじめ神が用意したさまざまな選択の可能性と、本来の自由が持つ潜在力、つまり善を選択する力があったにもかかわらず、それに背を向けたのだと考えるならば、神はこの世を救う可能性を用意していたけれども果たせなかったのだといえますし、神は人を愛することで愛の価値を示そうとしているのだから、人はそれに応えるべきだったともいえます。このような、与えられた自由としての自由意志、つまり人間の自律性に誠実であろうとするならば、神に対して、この世に具体的に介入してくださいと要請すること、すなわちアウシュヴィッツのような途方もない悲劇を直接どうにかしてくださいと願うことも、筋違いであるということになります。この観点からすると、すでにアウシュヴィッツを経験してしまった私たちが神を信じる場合でも、人間の過ちに対して神が何もできないようにみえることを受け入れられますし、神を信じることをより行動的にとらえることもできます。神が私たちを自由な存在として創造したということは、愛を選択し、実行する余地のある存在として創造したということであり、私たちはそれを実現することができるということになるからです。

他方で、歴史に力を及ぼしている神を信じるキリスト教信仰を、神義論的に受け止めることへと展開するのは、いまここで神の救いを得られる希望の余地ができることになるかもしれません。もし神がいまここで特別な方法による行動を起こし、神ご自身とその愛のためにすべての人を得るとするならば、最も絶望的な局面にあっても、神がその霊において人間に与えている自由に新しい選択肢を開き、歴史の流れを変えてくださるという希望を持つことができるでしょう。人間は、こうした自由の可能性を、しばしば自ら閉ざしてしまいがちです。しかし神が行動することを信じることで、このうえなく恐ろしく感じられるような状況においてさえも、救われる道があるのだということが示され得るのであり、それは人間には予想もつかない仕方で明らかにされるのです。同時に、すでに説明してきた実践理性の観点から、救いがあるかどうか考えもつかないような状況における救いの希望は不可欠なのです。

ユダヤ人の歴史にとって、一見するとまったく希望のない状況で神の救いと新しい生の可能性が確かに示された主な出来事の一つ、つまりナチスによるホロコーストは、その後のイスラエル国家建設についてのユダヤ人の自己理解に刺激を与えました。ユダヤ人神学者たちのある潮流は、イスラエルの民の存続ということにおいて、ホロコースト後もまた全歴史を通じて、ユダヤ人の神ヤハウェが依然として現存し、かつ歴史に働きかける力であるということを実効的に示しているとみています。ファッケンハイム、ベルコヴィッツといったユダヤ教神学者たちは、「こうした比類のない不条理で変則的な歴史的出来事」をイスラエルの民が生き抜いたことは、「歴史において、また歴史の意味において、神の現存を肯定する生きた証左である」としています。※3 こうした見方は、明らかに彼らの神学における明快な歴史観と同時に、そのもろさも示しています。一九六七年の第三次中東戦争（六日間戦争）のような出来事、つまりどうみてもイスラエル国家が非難されるような行為は、彼らの信仰に根ざしたものとみてもよいのかという、彼らのアイデンティティにかかわる問いが投げかけられるでしょうし、神の救いの行動を待ち望む希望が、こうした日常的な自己理解を形成したともいえます。

歴史性のない神学に真っ向から反対するメッツの意見表明に全面的に同調するとしましょう。ただその場合でも、イデオロギー批判の観点からこうした考察をすることに問題がないわけではありません。またキリスト教の信仰的な応答の見本として、安易に肯定的な使い方をされるべきではないでしょう。それでも実践理性の領域で、どんなに言葉を尽くして希望とはこういうものだと説明しても、それがあの世での慰めにしか落とし込めない場合、いまここで現れている具体的な歴史との関係、および歴史に根拠があって問題提起せざるを得ない事柄との関係は、どうしても必要不可欠に思えるのです。神が歴史に現れたということをとにかく思考しなければならないとするならば、それは一般的な現れたという意味にとどまらず、特定の状況における特定の人々に対して現れたと考えるべきでしょう。聖書に記されている神とは、個人が対象とする存在として思考されるべきであり、この神はある一人の人、あるいはある人々のグループを救うべく近づく神であり、だからといって神と親しくなる自由が打ち砕かれたり、そうするよう神に操作されたりしているわけではないのです。

その場合も、神による救いの行動が、勝ち負けでいう勝利という意味で肯定されることが重要なのではありませんし、反対に神が行動してくださることはあてにならないと嘆くことが焦点なのでもありません。むしろ自分の人生を振り返ると、そこに神の働きを確認できること、それによってさらに人生を具体的に肯定するのを励まされることに意味があるのです。

ただ、ファッケンハイムが考察していることですが、こうしたことを言うと、それではユダヤ人はそのアイデンティティや信仰を放棄してヒトラーを倒すことは許されていなかったのか、とも受け取られかねません。※4

しかしここで重要なのは、政治的に正しいかどうかということではありません。一つは固有のアイデンティティ保持にかかわる実存的な経験を顧慮すること、もう一つはイデオロギー批判の観点から、一人ひとりが独自に行動する実践的意味を意識することに重点が置かれているのです。

固有のアイデンティティ保持にかかわる実存的な経験に関するファッケンハイムの考えは、絶滅の危機にさらされても、多くのユダヤ人が信仰を捨てなかったことに依拠しています。メッツが繰り返し言っていることですが、キリスト教的にいえば、信仰とは希望の根拠なのです。[※5] しかし同時に、アウシュヴィッツでユダヤ人のアイデンティティ、つまりヤハウェは、歴史においてユダヤ人を守り続けてくれるという信頼が揺さぶられ、崩壊したことへの議論が呼び起こされます。

こうした疑問と揺さぶりがいまもあるにもかかわらず、歴史へ働きかける力を持つ神を信頼することの証し、それにまつわる事柄が尊ばれており、それは神の特別な行動、すなわち一方では希望が与えられるものとして、他方では神を見失うような経験を補うものとして、それがどういうものか明らかになることが求められているのです。まさしくこれは、神の行動が何か奇跡的な意味ではなく、自由というものの枠組みで理解されることが求められているとしてならば成り立つものに思われるのです。

そうすると、ここまで論じてきた、この世の苦しみに際して神への信仰がどう応答すればよいのかということを通して、そして同時にこの世における神の特別な行動に対する視点によって、このことはうまく説明がつくでしょう。このように具体的な状況と経験に着目することだけが、先ほど述べた手詰まり状態を打開してくれるように思えます。言ってしまえば、具体的で歴史的な議論を通じてしかそれはできないということです。もはや歴史性を欠く普遍的な地平にこだわっても、手詰まり状態を打開することはできないのです。

二　歴史的および神義論的感覚の信仰的応答の概要

これまで示した見方のまとめでもありますが、出発点として重要なことを挙げておきます。永遠に救われることや、最後の最後に救いが待っているという可能性を完全に排除してしまうと（無神論の立場からはそうなりがちですが）、私はいますでに救われているという経験はただの欺瞞になってしまいます。同時に、最後の選択で善を選択することも期待できないだろうということになってしまいます。ですから繰り返しになりますが、こうした無神論的立場が消極的かつ実践的な意味で含まれている観点は、採用するわけにはいきません。ただ、こうした評価にはある種の危険が伴います。ファッケンハイムも考察していることですが、最後に救いが待っているという考えは、単なる願望の論証にすぎないとして投げ捨てられたり、それとは正反対の考えと同じ重みをもって論じることができないものだと言われたりしかねないのです。

しかしながら、イエズス会士でドイツのザンクト・ゲオルゲン哲学・神学大学教授を務めたイェルク・シュプレットが明らかにしていることですが、これは単なる願望の論証ではありません。ほかの人が殺されるのを目の当たりにして私は傍観者でいたくないとか、幻想的な世の終わりの至福は私は信じられないという話でもありません。シュプレットは言います。「なぜなら、疑いの余地などないことだが、人間性、誠実さ、喜び、幸福を経験することは確かに存在するし、それを欺瞞や虚偽と呼ぶことは単に望ましいことでもなければ、心が痛むことであるだけでなく、許されないことでもあり、不誠実なことでもあるではないか」[※6]。なぜそれが許されないかというと、もしそんなことが許されるならば、実践的な観点において生きる意味など消えてなくなってしまいますし、道徳的な行動に意味を持たせる根拠が崩れ去ってしまうでしょう。私たちがある特定の経験をすることで真実に目覚め、自分自身を理解するものである限り、人間性、誠実さ、喜び、幸福を欺瞞や虚偽呼ばわりすることは不誠実なことだといえるでしょう。ですから私たちは何らかの経験において、無条件の愛というものがあることをなぜかしら感じることができるのです。そしてその愛は最後に壊れるようなものではなく、またたわごとに終わることも、憎しみに負かされてしまうこともないものです。

ほかの人が苦しむのを放っておくことができないという心理が人間にあることは、確かに、実践的に神の存在が必要とされるという観点において、重要な土台を提供します。そしてボーフム大学の哲学教授であるリヒャルト・シェフラーは、「しかし、ある希望の単なる表現にすぎないのではないかという疑念を前にして、こうした理性による要請が行われた場合、道徳的で宗教的な経験は、必要とされる先取りされた希望の存在を伝える」[※7]とも言います。ここで重要なのは、何か不思議で特異な経験をすることでもなければ、理性によって理解可能で日常的な経験を重視することでもありません。そうではなくて、神の行動が無条件にあり得ること、ある形をとって現れることが明らかであることです。人間が神の行動について、そうした余地があると認めるならば、それは人間に新しい命の可能性を開き、その日常を癒しつつ変化させる可能性があるのです。

このように、道徳的で宗教的な経験の大切さを主張することに対してはもちろん反論がありますし、そうした経験は誰でもできる可能性があるのかという疑問や、まったく別の独特の経験をすることでその価値が揺らいでしまう危険もあります。この世における悪の存在はまさに道徳的で宗教的な経験を脅かす源泉であり、直接経験していないことをあたかも経験したかのようにうそぶかれる可能性もあります。[※8]先ほど述べたばかりのことですが、興味深いことに、こうした道徳的で宗教的な経験についても、理論理性だけでなく実践理性の論証形式がかかわっており、両方の形式が、手詰まり状態から脱する論証手段として有効なのです。例えば仮に神が私を愛してくださるという約束は信じられる、とします。あるいは反対に、死後に神の至福に入れてもらえるというのが単なる幻想にすぎないとします。しかしこのどちらかが、仮にどんな観点から多角的にみても明らかな真実であるとしても、この私がいったいどの立場に依拠したいのかということが、この世界とはどのようなものであるかという論証と関係があることは明らかだからです。[※9]

もしこのようにして、理論理性と実践理性による領域での論証が明らかに手詰まりだと認められ、同時にこの手詰まり状態でも、それを乗り越えて神への信仰の論証が思考できるとするならば、この世における膨大な苦しみを前にしてもなお、神を信じることに価値があると直観することを否定できないでしょう。そうであるならば、神義論は決して神秘への還元（reductio in mysterium）に早まって逃げ込む必要はないのです。しかしながら神義論を突き詰めていくと、常に自己を探求し、神のより偉大なる神秘を顧みることになります。本書の最初のほうで紹介したグァルディーニの問い「ではなぜ神は救いのために、恐ろしいほどの遠回りをさせ、罪のない人に苦しみを与え、人に負い目を負わせるのか？」は依然として残っていますし、誠実な神義論ならばこの問いに答える義務があります。なぜならば、神義論的問いへの最終的な慰めと回答は、神そのものにあるといえるからです。[※10]

これまで注目してきたこの視点こそが、ヨブ記が持ち続けている価値の決め手となっているのです。というのは、アウシュヴィッツからの生還者の一人とされるイェフダ・Bという人は、次のように定式化しているからです。

いまここにいることが答えだ。ヨブのように答えが得られなかったというのではない。そうではなくて、聖書に書いてあるとおり、神がそこにおられることが答えなのだ。

すなわち希望とは、折に触れて、神がここにおられるという内的な躍動を私たちが感じることなのです。[※11]神がここにおられるというこの内的な躍動と、それを合理的に納得することは、自分自身を神との出会いの希望に委ねるときです。なぜなら、人間の想像をはるかに超えた神の存在を心から肯定することと、そうした神がこられるのを期待することを合理的に可能にするのは、いったい神からどんな答えが期待できるのか、なぜ神が答えてくださると信頼できるのか、ということを自分自身で明確にできる場合だけだからです。そうでない場合、このことは明らかに二律背反の不合理な立場への固執にとどまってしまうのです。

三　神の行動に関して神義論的感覚から語る基準

神が歴史に力を及ぼしていることは、神義論が問題としていることと、この世の苦しみの極みの歴史への感受性を強く持つことによってのみ可能となります。この場合、一方では自由意志を論証する基本的な観点がきちんと受け入れられる必要があり、他方ではメッツが示したような実践的神義論の最も重要な観点が保たれる必要があります。ですからこの項ではまず、自由というものについて神学的にどのような切り口があるのかを示します。そうすることで、この世における神の行動についての神義論的感覚から語る基準についての、メッツの基本的な思想をより詳しく扱うことができるからです。

第一章で引用したジョン・ヒックが適切にも指摘しているように、人間が絶対的なものをいくら思考しても、その認識には限界があります。また、この世界は知的には何通りもの解釈が可能です。こうしたことは、神と人間との純粋な自由や愛による関係を考えることを可能にする前提です。そこでヒックが考えた方向とは逆に考えてみます。つまりこの適切な観点を用いて、この世の苦しみを正当化し、さらには「善化」できるのでしょうか。絶対的なものへの認識能力の限界、世界の認識と解釈の曖昧さは、この世で目の前に苦しみがあろうとなかろうと、いずれにしても妥当であるといえます。そうすると、このあってもなくても同じとされた、この世の苦しみは正当化できなくなってしまいます。それにもかかわらず、ヒックの考え方によって次のことが必然的に明らかになります。すなわち、神がなぜ直接的な疑問の余地のない影響力を行使して、人間の自由に介入しないのかということです。

この世ではさまざまな自然のシステムと宗教のシステムは矛盾しないとみて、れっきとした根拠から神は愛であると思えたとしても、神の愛を実際に拒絶している現実を理解したことにはなりません。しかしそれは人の心をとらえようと努めること、説得しようとすることのみを通じて愛を得ようとする、そうした開かれた愛として神の力を理解していることになるのです。

神が人間に愛されたいと思っているとするならば、神のほうから人間にふさわしい愛を注がなければなりませんし、その愛はこの世界のあり方の範囲内で理解できる方法で、人間が自由に同意できるものでなければなりません。それは画一的な行動の仕方になるとは考えにくいといえるでしょう。もし画一的ならば、人間の側の自由に意味がなくなってしまうからです。ここで、苦しみおよび苦しみに伴って神への信仰に向けられる抗議の意味が、その苦しみの置かれている文脈と、そこで並べられる抗議の言葉に沿って変化することを思い出してください。それはつまり、神義論的な問題を顧慮することにほかなりません。ですから、一般的な理論を主張するだけではあらゆる神への抗議が力を失ってしまうことは、初めからわかりきったことであるといえるでしょう。そうしますと、もうおわかりかと思いますが、先に述べた手詰まり状態を乗り越えることができるのは、神が具体的な愛を通じて個々の人間の人生に、これが救いであると実感できるような働きかけができる場合だけなのです。一般的な人間の行動様式において、基本的とされる世界観に近いものが根拠になるならば、他者が自分の人生で実感したこともその証明になるでしょうし、ある集団の実感がすべての人々の救済を意味するということもあり得るでしょう。しかしそれでも、それぞれの人々が自分の世界観を新たに考え直さなければならないという必要性は残ります。

これまで行ってきた自由意志に関する論証を振り返ってみるならば、神の特別な行動について語る場合、次のようなことが求められます。

- 神の行動は、無条件で、しかも隠れた意図などまったくなしに、人間を愛そうとするものとして理解できます。したがって人間の自由が拒絶されたり制限されたりする余地などないでしょう。
- 神の行動は、具体的な愛の関係へと通じるものです。それはつまり、神がご自身において自由に選んで実行した愛であり、したがって人間もまた自由にその愛を選択することになります。この愛へと通じる道程とは、個々の人間の人生において、神の意志を具体的に自覚することであると考えられます。その場合、人間の自由が廃棄（aufheben）されるようなことはないと考えられるでしょう。
- 神は特定の行動を取ると主張することで、知的な意味で世界を多義的な解釈にさらすことになります。つまり自分だけを絶対的に正当として、ほかをすべて排除するような一元化は許されなくなります。

神義論的な問題性に含まれ、矛盾する諸問題を解決するため、ここまでの考えを進めてきた視点から、これらのことをまとめてみますと、実践的神義論を考察することから導き出される基準を模索したほうがよさそうです。

最初の基準は、神義論的問いと人間の苦しみの歴史に対する実践理性の観点を出発としています。そしてこの世における神の行動について敏感に語ります。最終的には、それは自由について考察する神学という文脈において得られる基準と一致します。この最初の基準は、実質的には神について語ることがうまくいかない苛立ちや不確かさによって傷つくことや、それが動機となって求められたものであるといえます。しかしながら、実践理性では、こうした傷つきやすさや不確かさは認識論的に正しいとすることができません。実践理性の観点からみれば、そうした苛立ち、傷つきやすさ、不確かさは、依然として神が世界を創造されたということと、悪や苦しみの存在とが調和しないではないかという疑問でしかないのです。人間が無慈悲な形で死へと追いやられたり、あるいは凄惨な津波に呑み込まれたりする限り、ただ整然としているだけの歴史神学は、こうした茫然自失の事態や、悪や苦しみの存在に対する苛立ちが広がることに対して何もできないのです。信仰を内省するというのは、頑丈な防護壁をつくって外敵から信仰を守るというようなことではありません。そうではなくて、むしろ信仰が傷ついたこと、しかしそうなった理由をきちんと振り返ることから出発するべきなのです。

同時に、こうした自分の傷を出発点とする場合、現実の歴史の成り行きを、神の善なる意志と無理に重ね合わせようとする必要はありません。また、天に向かって不正を訴える叫びや、あってはならない苦しみを告発する声を包み隠そうとする必要もありません。神の行動を勝者の歴史と同一視するべきではありません。そうではなくて、ヴァルター・ベンヤミンが著書『歴史の概念について』で登場させている「歴史の天使」のようなものとするべきです。[※12] つまり、目立たないけれどもしっかりと橋の両端を支える橋台のように、人間が罪に陥るのを阻止しようとしてきたものとして、また、自然法則によってこのうえない大惨事が起きたときでも、ふたたび新たに立ち上がらせてくれる存在として考えるべきです。ベンヤミンの「歴史の天使」がそうであるように、神もまた歴史における瓦礫の山から目を背けたりはしません。粉々になった瓦礫を組み立て直そうと、神はいつもそこにいようと欲しているのです。しかしながら、日々進歩しているようにみえる歴史の歩みと、この進歩と深く結びついている人間による自由の乱用は、このような神の努力を次々と打ち砕いてしまいます。歴史の進歩と人間の自由の乱用を中心とした図式からすれば、神は依然として世界史上の犯罪や大惨事を裁くことが仕事だということになるでしょう。仮にそれが、ヨブのような人が神の行動に反発して神へ嘆願し、神が歴史に介入するのを目の当たりにすると、ただひたすら審判者として、また正義としての神にそれを示してくれるよう懇願した場合だったとしてもです。[※13]

もちろん、神の行動に対する反発から神へ嘆願することのなかにあるこうした緊張状態は、いつまでもうまくバランスを取り続けられるものではありません。すべてを包み込み、救いと正義を行う善にして憐れみ深い存在である神は、最後には勝利を収め、そのことを証明してくださるだろうという強い確信が求められます。こうした確信は歴史上、繰り返し疑問が持たれてきましたし、否定もされました。そうすると、この確信がその姿を保てるのは、ただ終末論においてのみということになるでしょう。歴史上いかなるとき、いかなる場所でも、同じように神はその力を示してくださるはずだという、神義論的感覚からは外れている希望が、終末において神が取られる行動への期待と結びつくと、それは不安定でしばしば怒りっぽいものになります。というのは、神が歴史を中断してくださるということに期待しすぎてしまうので、神の善なる意志がただ一つの真実としてすべてのものが本当にそれによって覆い尽くされ、神の創造の力がついに貫徹し、すべてにおいて神の救いの力が現実となることを過度に望んでしまうのです。

こうした終末的希望は、神はイエス・キリストの苦しみと死においてご自身を啓示されたのだという、神の自己啓示を根拠にしています。復活という観点からみると、神は十字架の死という絶望的な状況を突破して、人々を救済しようとする意思を貫徹なさったのだということが明らかになります。同時に、十字架という観点からは、神が愛を用いて何かをするときは、それが俗世間的な意味ではいつも安定的に行われているようにはみえないこともあり、また神の福音が、歴史の流れにおいては抹殺されてしまうようにみえることもあるということが想起されます。世界の歴史にみられる、言葉を失うような人間の苦しみの物語では、こうした十字架の苦しみといえることがいつも繰り返されています。それは、神はいつも勝利されるはずだという、過度な期待による思い込みを生み出したりはしません。いまここにおられる神はなお堪え忍んでおられるとするならば、むしろそのほうが終末に対する緊張感にふさわしいはずです。

ただこの場合、途方もない人間の罪の大きさに対して、神の善や憐れみを正義を抜きにして語ることは許されません。あらゆる痛みや苦しみを、寄り添いのなかですべて包み、癒やされる神が求められるときでも、神の正義の貫徹が損なわれてはいけません。そうしないと、アウシュヴィッツなどの絶滅収容所の生存者たちに、彼らが納得してくれるような観点の神の救いについて語る見通しなど、ほとんどなくなってしまいます。この立場に立てば、しばしば性急に、また拙速になされがちな、赦しと愛についてキリスト教信仰から語ることは、今まで以上に、ユダヤ教神学とユダヤ教神学が語る神の正義とから、是が非でも学ぶことになるでしょう。

それにもかかわらず結局のところ、キリスト教信仰から考え語ることは、パウロとルターが強調したあの素晴らしい思想をしっかりと保持することになるでしょう。すなわち、義と認めるという意味での神の義は文字どおりそう読み取るべきであるので、人間と和解したいという神の意思と、人間を愛そうとしている計画は、たとえ人間の罪がどれほど大きく、終わりがないものであったとしても、その実現を期待できるというものです。それでも罪の重さや計り知れなさに関しては、ニーチェのようにそれを「人間的、あまりに人間的」なものとしたり、結局最後には神は赦してくださるだろうという予定調和的な考えに陥ったりすることには、警鐘を鳴らすべきでしょう。いわゆる普遍救済説という意味で、神はすべての人々を赦してくださるという理論を作り上げてしまうと、神によって義と認められることが必要であるということと、神は人間を赦してくださるという希望とのバランスは崩壊せざるを得ないでしょう。神の計り知れなさを、ただ限界概念として神学的に追求する場合のみ、次の可能性があり得ます。すなわち、神は人間を義と認めてくださるが、しかしそのことで義と愛が溶け合ってしまうわけではないし、かといって最も重い罪人が正しいとされるわけではないけれども、それでも神は赦してくださるだろうということです。

この際に重要なのは、忘れることが赦されることとの交換条件になってはならないという、歴史のなかで積み重ねられ、心から心へと受け継がれてきた経験則です。ですから神義論的感覚から神について語ることに関して、別の観点からその特徴をいうならば、それはこうした経験則をふたたび有効にさせることにこそあるといえるでしょう。キリスト教信仰の核となるものの一つに、イエス・キリストの苦しみの物語を想起することがあります。またキリスト教信仰にとってイスラエルの民の歴史は、今日に至るまで中心的なものであることに変わりはありません。これらの物語と歴史は徹頭徹尾イエス・キリストの十字架刑という、言葉を失うような残酷な苦しみの物語と、イスラエルの民が経験してきた一つひとつの苦しみの歴史の積み重ねを想起することにほかなりません。そうしますと、神が行動されるとき、過去の苦しみを見過ごしにされるようなことはないといえるでしょう。少し前に、苦しみの歴史に見出す意味が内面的に変化することへの希望について述べましたが、もしそれが可能なのであれば、総合的にみて、私自身の、またほかの人の苦しみが時間と共に薄れていかなくても、人生を肯定的に受け入れることができるでしょうし、その場合には神義論的感覚から神について語ることが不可欠なのではないでしょうか。その際に大事なのは、イスラエルの歴史にみられるように、自分のアイデンティティというものを自分自身の苦しみの歴史を直視することから見出し、同時に、神はすべてのものを変える力があるということに希望を持ち、また他者の苦しみを忘れることなく、すべてのものが変えられること、新たに創造されることを希望することです。

ですから自分自身のものだけでなく、特に他人の、ひいては敵の苦しみを感じ、また想起することも重要にならざるを得ないのは明らかです。これは決して行き過ぎた理解ではありません。神の行動とは、その意味では常に現実のなかで展開していくものだといえるでしょう。近年ドイツで盛んに提唱されている子供向けの「感覚授業（Wahrnehmungsschule）」では、現実の苦しみの側面を敢えてそのまま感覚的に受け止めようと試みます。神の行動が展開する現実とは、こうした意味においてであると考えてよいでしょう。現実の不快な部分を見なかったことにしてしまうのではなく、現実が抱える矛盾や葛藤、あるいは、ほかより劣っていたり不利益を被ったりしているような観点に、常に思いを向けることこそ価値があるのです。

ですから、こうしたことに対して神義論が敏感であるというのは、つまり苦しみに対して、また現実に対して敏感であるということなのです。他者の苦しみを感知するというのは、現実を変に要約したりせず、そのまま受け止めることを可能にすると思われます。ありのままの現実に価値を認めることというのは、あらゆる人々が基本的に欲しており、また人間理性の基本的欲求であるはずです。[※14]もしそうであるとするならば、神義論的な感覚からすれば、誰もがこの世において、神が行動していると解釈せざるを得ない瞬間を目にするはずだということになるでしょう。その場合、他者が傷つけられている現実をきちんと感じ取ろう、あるいはしっかり注意を払おうと思い立つのは、決してキリスト教の伝統においてだけというわけではなく、霊的成長を求め、傷ついた世界と向き合おうとするほかの方法にも見出されます。[※15]

他者の苦しみの物語に注意を払い、ありのままの現実に価値を認めること。それらを総合的にみることが「神は愛である」と考えざるを得ない第一歩であるとするならば、いま苦しんでいる人々の尊厳を尊重するということを考えることになるでしょう。そこから考えを進めると、この世における神の行動について語る際は、一定の形式に則っていたほうがいいなどという主張はあり得なくなります。他者の苦しみの物語に注意を払い、ありのままの現実を認めることを、それぞれまったく異なる苦しみの物語を持つ個々人の尊厳とは無関係に定式化することなど決してできません。つまり神が行動することによって、人間一人ひとりがみな価値のある存在だと認められ、神は人間を決して手段ではなく、目的そのものとして常に見守っているのだと考えなければ、ユダヤ教・キリスト教の神を適切に理解できないということです。申命記を中心にみられる神学的歴史観においては、一見するとイスラエルに敵対するある特定の人々は「神の道具」として利用されているように感じ、そのため、神による救済計画のなかで彼らは単なる道具としてのみ使われているように思えますが、そうした場合でも、彼らが人間としての価値を神に認められていないと受け取るべきではありません。むしろ彼らは主体的に神の行為をする道具になっています。彼らが破滅的に行動し、自らの尊厳をむざむざ否定するような場合でも、それは当てはまります。繰り返しますが、申命記的な神学的歴史観においては、彼らがイスラエルに対する神の報いを執行することによって、イスラエルの民がヤハウェへ立ち返ることを訴え、彼らによってイスラエルの民はこの神の計画、つまり神への立ち返りを成し遂げたのです。しかしそれだけでは、彼らの存在価値はないようなものです。聖書の証言は、神は単なる道具のような立場に貶められた人々を、その尊厳を認めて用いているということ、別の見方をすれば、神の意志を行うにふさわしい者としているということをまったく否定していません。また、こうした尊厳の認知とは別に、神は彼ら自身を単なる道具ではなく目的そのものとして手厚く扱っており、表の物語からは隠れているように見えますが、人間としての彼らが善を行うよう、また神の善なる計画に連なるよう導いているのです。※16

とにもかくにも、神が次のようなことを固く意図しているのは明らかです。すなわち、神はその善なる意思を遂行するにあたり、自分が創った被造物の関与を基本的に必要としないということです。そこにこそ人間の最も崇高な価値があります。つまり、人間は単なる神の愛の対象物であったり、その愛に応答しなければならない存在にすぎなかったりするのではなく、神や他者を主体的に愛する権限を与えられており、神が行動することによって作り出される現実へ、主体的に参与することが許されているということなのです。こうした人間の主体的価値が認められ、そのうえで、あってはならない苦しみへの神の取り組みに参与することが求められるとするならば、この世における神の行動について神義論的感覚から語ることが可能になります。神の行動について、神義論的感覚から語る際の究極的基準は次のとおりです。すなわち、いまするべきであると期待されている事柄、つまり、悲しむ人を慰め、苦しみを癒し、恐怖にうち震える人に声をかけ、不正義を克服し、相違を超えて和解し合うことができ、誰も排除することのない共同体を設立することを、そうしたかどうか終末において問われるであろうと見越して、いま実行することへとつながる基準です。奴隷の地からいまここで解放をもたらし、砂漠で迷ったときには前進を可能にし、最後にはすべての人々が約束の地へたどりつく道を開いた、ある特定の神について語ることは、実際に隷属状態にある人々のなかへ入っていき、砂漠で飢えや渇きにさらされる生活をしている人々を元気づけ、お互いに違いがあるうえでそれぞれの生き方全体を等しく受け入れることができる空間をつくることで、実のあるものになるといえるでしょう。

ここまで述べてきた基準を簡単にまとめると、以下のように要約することができるでしょう。

- 神の行動について語ることのできる神義論的感覚とは、歴史的に示されているとおり、決して冷徹で不動のものではなく、ときに傷を受けたりするものであり、苛立ち、不安、畏れといったものに敏感に反応するものです。
- こうした感覚の内実は経験則として確立されています。それによれば、神に思いを向け、神の契約に焦点を合わせる場合、この世における過去の苦しみを忘却することはあり得ません。
- 神の行動とは推定するところ、現実に生じていることの総体であろうと考えられます。苦しみの多い現実の側面にとって、神の行動は感覚授業のようなものだといえるでしょう。この場合、とりわけ重要なのは、苦しんでいる人の尊厳をしっかりと感じ取ることです。苦しんでいる人の尊厳は絶対的な敬意に値します。
- 神の行動とは、橋の両端を支える橋台のように人間が罪に陥るのを阻止しようとしてきたものとして、また、まったくもって許されざる不正義に抗議するものとして考えられます。同時に、こうした行動をする神によって、神の愛の力でこの世を変えていく作業に参与するために、存在する価値と行動する権利を人間は与えられているのだということを真摯に受け止めることになります。
- そうした行動は終末への不安と共にある一方、常に神の善と正義によって貫徹され、終末にはその価値が認められるであろうという予見のもとで試行されます。

こうしてここまで行ってきた議論を、次章では宗教間対話へと進めていきます。その前に、この世における神の行動に関する最大の難問に取り組みたいと思います。すなわち、ナチス時代のドイツにおけるユダヤ人虐殺です。ここで挙げた基準を用いることによってのみ、ユダヤ人絶滅収容所では神は何もしなかったではないかというシニカルな主張を正面から退けることができます。そして同時に、ある特定の神の行動について語る可能性が保たれ、ナチスのユダヤ人虐殺のような特異な状況でも、神の行動について語ることが適切であると認められるのです。

四　基準の実証実験としてのアウシュヴィッツ

アウシュヴィッツの出来事を前にして、あらゆるものをすべて包括的に解決できる理論を提示しようとすることなど、そもそも間違っている試みなのかもしれません。もしそうだとするならば、ここから行う議論で重要なのは次のことだけということになるでしょう。すなわち、いくつかの事例を集め、先ほど挙げた基準が当てはまるかどうか検証することです。

それではアウシュヴィッツにおける神の行動を語る試みにふさわしい事例を取り上げたいと思います。一つめは、囚人が日常的な選別から外れたことに感謝することです。ナチスは収容所のユダヤ人たちに強制労働を課していましたが、そのなかからもはや重労働に耐えられないと判断した者を毎日のように選り分け、無残に殺害しました。こうした状況に置かれた敬虔なユダヤ教徒は（キリスト教徒でも同じ状況下に置かれたならばそうするかもしれませんが）、死への選別を免れるよう神に祈りました。しかしながら、そこではナチスの異常な論理のもと、常に一定数の囚人が選別されて死に追いやられることになっていました。ですから、自分が生き延びられるよう神に祈ることは、ほかの誰かが死ぬことを意味していたのです。アウシュヴィッツからの生還者である化学者で作家のプリーモ・レーヴィは、選別を免れた仲間の囚人が感謝の祈りを口にしたのを聞いた際に考えたことをこう記しています。

> 次第に沈黙が広がるなか、三段ベッドの上からふと見ると、帽子をかぶった頭を前後に動かして大声で祈っているクーン老人が見えた。彼は自分が選別されなかったことを神に感謝していた。
>
> クーンはどうかしている。彼には隣のベッドにいるギリシャ生まれの二〇歳の青年、ベッポは見えていないのか？　ベッポはあさってガス室に送られ、死体となって地面に横たわり、焼却炉の火で焼かれ、もう言葉を発することも考えることもできなくなることがわかりきっているというのに。その次は自分の番だということをクーンは知らないのだろうか？　償いの祈り、赦し、罪の悔い改め、つまり人間らしさの可能性など皆無であり、いつかこの苦労が報われることなどあり得ないという残酷な今日この瞬間を、彼は理解していないのだろうか？
>
> もし私が神ならば、クーンからささげられた祈りなど地面に吐き捨てただろう。[※17]

レーヴィのこの批判を、前に挙げた基準のリストに照らしてみるならば、クーン老人の感謝の祈りは、後述するように少なくとも二つの基準に抵触しています。したがってこのクーンの感謝の祈りを、アウシュヴィッツ後の神学を構築する、肯定的な材料として用いることはできません。ただし、誤解を避けるために申し上げておきますが、私は決して、もし死を免れない状況に置かれたら、死に行く者のための祈りを祈っておけばそれでよいのだというような、知ったような理屈を言いたいわけではまったくありません。そうではなくて、私にとってこれはメッツによって繰り返し喚起されてきた言葉、すなわち、「我々はアウシュヴィッツ以降、アウシュヴィッツを考慮に入れなければ、神についても神に対しても、何かを語ることは許されない」と向かい合うことなのです。クーン老人の祈りを取り上げることで、ではこうした極限状態にあって、神の行動に対して、どんな祈りや信仰告白ならば、目の前の苦しみを引き受けることを可能にさせられるのか、またどういう祈りや信仰告白は明白にお門違いということになるのかということを真剣に考えなければならなくなるのです。

クーン老人の捧げた、死の選別を免れたことへの感謝の祈りは、少なくとも前節の終わりに挙げた基準の二つに反しているので、アウシュヴィッツの囚人としてその苦しみを引き受けることを可能にするような働きはしないでしょう。第一に、この祈りは他者の苦しみを考慮していません。ベッポ青年の死と引き換えに自分が助かったのだということをクーン老人は直視していません。次にこの姿勢には、人を救うために神はこの世に介入されるという視点が欠けています。神はすべての人を無条件に愛しているはずですから、自分の命が助かるのであれば他人の命が引き換えになってもよいなどという、人間が勝手に考えた法則を見過ごしたりしません。

殺人を肯定する論理の呪縛からナチスの人々を解いてください、すべての囚人を解放してくださいと神に祈れば、もちろん状況は変わるかもしれません。しかし、本書で論じてきた自由意志に関する議論に同意してくださるならば、神はこうした祈りに対し、ナチスの人々の脳を操作するような方法で彼らの考えを変えさせるといったことはせず、彼らの犯罪行為に対し愛を手段として働きかけるのみであるといえるでしょう。こうした働きかけにナチスの人々が心を開かない場合、神はクーン老人を助けることはできませんし、その場合、死の選別から免れたからといって神に感謝の祈りを捧げるのは筋違いでしょう。

ナチスの犯罪は常軌を逸脱していましたから、神がこうした状況で、クーン老人の運命を変えるために直接介入してくださる可能性はまずありませんでした。同時に、レーヴィの批判において強調されていることですが、アウシュヴィッツでの悲惨な経験が何らかの形で報われるだろうという人間的な可能性は、まったくあり得ませんでした。ただし、終末において神の善と正義は最後には貫徹されるだろうという期待までは、レーヴィは批判していません。

レーヴィ自身は神への信仰を失っていましたが、最終的にはこの本のなかで、収容所における神の行動を語ることについて、間接的にですが、そこで起こった出来事を振り返ることで言及しています。レーヴィは、彼のアウシュヴィッツでのおぞましい日々が終わったときのことを書き記しています。ナチス親衛隊によってすでに撤収作業がされていたアウシュヴィッツを連合国軍が空襲しました。風向きのおかげで囚人たちの住んでいたバラックは火の手を免れ、レーヴィは解放されたのでした。[※18] 彼は敢えてその出来事が神の行動だとは考えませんでした。それでもレーヴィは次のように認めています。「草に風が吹きつけるような最も恐ろしい危機（訳注：詩編 一〇三）からも神は救ってくださるという、聖書的な救済を思い起こさずにはいられなかった」[※19]。

レーヴィはずっと以前に信仰を失っています。ですから彼は、神の行動について語るということをまったく望んでいないかもしれません。それにもかかわらず、実際にはレーヴィのようにアウシュヴィッツで死と隣り合わせの経験をした人々がそのなかで神を意識したということは、アウシュヴィッツにおける神の行動について語る試みの材料になり得ます。そうすると、少なくとも神の行動について語ることが、神などいないかのようなアウシュヴィッツの陰惨な日々を覆い隠すことなどできず、苦しみの意味を変えることも、苦しみを忘れさせることもできないとしても、それは神の行動について神義論的感覚から語るある一つの形として、その基準を満たしているといえるのではないでしょうか。同時に、アウシュヴィッツのような状況に対してこそ、むしろ神は人間の自由、つまり自然の法則を操作するようなことはしないでしょう。自分の命がいつ奪われるだろうかと心配するのは、むしろアウシュヴィッツにおけるように、自然の法則に従っているかどうかわからない部分が多い状況なのであり、そこでは自然科学的な意味での人間のあり方など認められないことが多いからです。[※20]

自然の法則に従っているかどうかわからない部分が多い状況で、ある特定の行動がなされれば、そうした暗澹たる場に一瞬の救いをもたらすでしょう。しかしそれでおしまいというわけではありません。レーヴィの例に類似するものとして、やはりアウシュヴィッツからの生還者である、医師であったミクロシュ・ニスリの証言をみてみましょう。アウシュヴィッツでは、ガス室で殺害された人々の遺体は焼却炉で焼かれました。しかしあるとき、ガス室から焼却炉へ運ばれる途中の遺体の山の中から一六歳の少女が生存した状態で見つかりました。[※21]医師であったニスリからみれば、これはまったくあり得ないことであり、幸運に次ぐ幸運が完璧に組み合わさったとしか言いようのない出来事でした。

それは絶滅収容所の常識を打ち破る出来事でした。ゾンダーコマンド（特別部隊）と呼ばれ、遺体処理に駆り出されていた囚人たちは、自分たちがいったいいままで何をしてきたのかということに目覚めます。彼らは戸惑いながらも、少女を逃がす方法を探し始めました。しかし、彼らが案を練っている間に、ゾンダーコマンドの監視役であるナチス親衛隊曹長エーリヒ・ムスフェルトが少女を見つけてしまいます。ムスフェルトの所属する親衛隊の部署は、毎日囚人たちの殺害を行いながら、同時に焼却炉を担当するゾンダーコマンドを管轄していました。囚人にして医師、そしてその監視役という関係でしたが、ニスリとムスフェルトの仲は良好でした。ニスリは少女を生かしておいてほしいとムスフェルトに働きかけます。ムスフェルトは、道路建設に従事させられている囚人女性たちの部隊に密かに紛れ込ませれば、少女が助かる可能性があるとほのめかしたのでした。

ニスリの懇願に心を動かされた少なくともその瞬間だけは、囚人を殺害することが当たり前であるとする行動原理が一時中断されたことをムスフェルトも認識しています。つまりある一つの出来事によって、自分の犯罪行為全体と向き合わなければならなくなったわけです。一見するとムスフェルト曹長は上からの命令に従っているだけであり、その任務には選択の余地がないといえそうですが、それは詭弁であることが明らかになり、彼は自分の行動に対して責任を取るべく立たされることになったのです。

この状況はすべてムスフェルトに神が呼びかけたものとして理解でき、またその証明であるように私には思えます。神は殺人者の立場にあったムスフェルトを回心させようとし、またムスフェルトにとって本当の意味での自由を得させようとしたのです。神はムスフェルトに圧力をかけたのではありません。そうではなくて、ムスフェルトが回心してくれるよう強く訴えかけたのです。残念ながらこの回心の呼びかけは実を結びませんでした。ムスフェルトの「おひとよし」な性格のおかげで助かったと少女が吹聴するようなことがあれば、自分が窮地に立たされるのではないかとムスフェルトは恐れたのです。とはいえ、いまさら少女を自分の手で殺害する気概はムスフェルトにはありませんでした。おそらく彼は、少女を通じて神と向かい合ってしまったことを感じていたのでしょう。しかしムスフェルトは同僚の親衛隊員に少女を殺害させ、ふたたび収容所の殺人マシーンとしての働きに戻って行きました。

アウシュヴィッツのような場所で人間性を取り戻す可能性、すなわち殺人マシーンと化した人がその働きを中断する可能性を示す出来事は、ユダヤ人絶滅計画のなかで数多く見出されます。そうした事例は、たとえアウシュヴィッツのようなところでも、神は苦しみのどん底においてもなんとかして人間を神のそばに引き寄せたがっており、人間が自ら作り出した破滅的な狂気から解放させたがっているように思えるのです。しかしながら、神は決して人間に強制することはしません。アウシュヴィッツの少女の例でいえば、神はガス室の毒ガスの流れを止めること、つまり自然法則に介入することで、ナチスを妨害することはしませんでした。そうではなくて、ムスフェルトが少女と実際に出会うことを通して殺人行為をやめさせようとしたのです。ムスフェルトのようなナチスの人々が、自分から恐怖や殺意といった心のヨロイを脱ぎ捨てなければ、神によって救われる可能性はいずれ尽きてしまいます。無条件の愛を与えることを最初から神があきらめてしまっている人間はいません。神は最もおぞましい犯罪者に対してでさえも、ただ愛を手段にして愛を呼び起こそうとするのです。

それにもかかわらず、こうした犯罪者にさえも及ぶ神の憐れみ深さはそれほど数多くはみられないのではないかという問いは残りますし、それどころか、それを示すものさえもあまりみられないのではないか、癒す者としての神が側にいることを感じられるような場合でさえも、神は結局、沈黙してしまっていたのではないかという問いも残るでしょう。やはりアウシュヴィッツからの生還者であるアブラハム・Sという人は、匿名で次のように語っています。

ハンガリー出身のラビと私が広場から戻ってくると、そこにいた子供はさっきよりもずっと少なくなっていた。するとラビが言った。一緒に祈ろう、と。すぐに彼は天に向かって、半分はイディッシュ語で、半分はドイツ語で叫んだ。「わが愛する神よ、もしあなたがいらっしゃるなら、そこにいらっしゃるなら、どうかそのしるしをお示しください！　あなたはわれらの子供たちが何をされたかご覧になりましたか？　神は天におられるのですか？　それならば答えてください！　何かなさってください！」※22

このとき、神がこのラビに返答したかどうか、何かしるしを示したかは誰にもわかりません。いずれにせよ、子供たちが死から救われるかもしれないというしるしは示しませんでした。この証言を含めたアウシュヴィッツの証言集の編集者であるカール・フルヒトマンは、次のように述べています。

神からの返答は何も伝えられていない。だがもしも、毒ガスによって青白く変色したうえに、窒息のあまり爪で掻きむしった痕の残る子供たちの死に顔をみることができたならばこう言うだろう。「あなたたちの死は決して無意味ではなかった」と。※23

もっともこうしたケースについては慎重に取り組まなければなりません。本書における議論によって明らかになっているはずですが、神義論的問題に対し合理的な面から取り組むことと、アウシュヴィッツにおける神の行動について論じることで、おかしなこじつけをすることなく、罪のない子供の死にも何らかの意味があると明言できます。ただ、このラビのように人間は何らかのしるしを求めるものであるということに関連していうと、ナチスが子供を虐殺することをむりやり阻止するという形で、神が何らかのしるしを示した痕跡は見出すことができないというほかありません。神はあくまでも、もとより人間に許した自由のうちに愛を手段として愛に導こうとされるからです。このラビに神が何らかの答えをしてくれようがくれまいが、この出来事の証言は語り伝えられたでしょうし、神の応答のあるなしで証言を公にするかしないかが判断されるべきではありません。そもそも、それぞれの人の人生において神が何らかのしるしを示したことが本当かどうかなどということは、第三者の視点からは認識できないものだからです。

結果的に、こうした例のように神の明確なしるしを求めることは、すべては神の意志にほかならないと考える伝統的な摂理信仰とはあまり強く結びつきません。この観点からすると摂理信仰は実際のところどのように考えられるのか、やはりアウシュヴィッツからの生還者であるレオ・Bの証言を聞いてみましょう。

そこには神の摂理などなかった。もし摂理などあったとするならば、そして神がそこにおられたとするならば、それは善なる神などではなく、絶滅の神であり、復讐の神である。善なる神などではない！私はアウシュヴィッツで人々が殺されるのを目撃したのだ。子供たちが殺されるのを目撃したのだ。そこに善があったならば、殺人行為など起きなかったはずだ。こんなことなど行われなかったはずだ。私がそこで最も親しい友人となった人は、自分が殺されることを知っていた。通常の死刑か、もっとむごたらしく殺されるか、それとも飢えた末に餓死させられるか。神の手を感じることもなく、かけがえのない人として、あるいはかけがえのない存在とみなされることもなく殺されることを知っていた。[※24]

神が介入して救ってくれることをいくら願ってもそうならず、そうした願いが聞き入られないことへの不満が募ると、実際問題として摂理信仰は薄れ、いくら神の摂理を説いても人は離れてしまうでしょう。[※25]神について語る場合、それへの抗議に耳を傾ける余地があるべきです。摂理信仰は、あるべきではない苦しみとむりやり折り合いをつけたりしない場合にのみ、展開できるようになるのです。

それでも私には、このアウシュヴィッツの証言は、これまで述べてきた意味での、この世における神の行動について神学的感覚から語るということにつながっているように思われるのです。というのは、アウシュヴィッツという状況で救われないことに絶望する、あるいは救われることを切望する感覚のどちらも切り捨てることと、終末における神の裁きに何も心を動かさなくなること、あるいは、この世で神が何かある出来事に対して行動を起こしてくれるわけはないと神の現実的な力に期待しなくなることとは、実はそれぞれ同じことであるように思われるのです。

五　理神論と有神論の間の神義論

神義論的な問題において、この世でのある特定の神の行動について語ることに対する、決定的ともいえる反対意見のことをまだ取り上げていませんでした。すなわち、なぜ神はいつも、あるいはしばしば、もしくはこぞというときに歴史の流れに介入してくれないのか。それに対して、いや、神は決して怠けてなどいないと果たしていえるのか、という問題です。よく言われることですが、神が自分の創造した世界へ突発的に介入するのをやめるならば、そのときから人間の自律性や神によって定められた道徳性は完全に動き出すという考えがあります。神がある特定の民を救うために天気を操作し、ほかの民のためにはそうしなかった場合、またある一人の人のガンは癒してもほかの大多数の人のガンは癒さなかった場合、神の道徳的な真摯さはいったいどうなっているのだと問われることになるからです。いやそんなことはない、神は比べるもののない広大無辺な視野を持ち、自己啓示であるイエス・キリストと緊密な関係にあると自ら規定しているのだから、神の行動は決して恣意的なものではないと言いたくなるかもしれません。しかし、ある一つの出来事には救いと癒しを与えるのに、ほかの出来事にはそうしないという事実の前では、そうした説明はどうしてもすっきりしないものに聞こえてしまうでしょう。

ではそのことを徹底してみましょう。つまり、全能の神が救いや癒しの介入をまったくしないとした場合、その神の行動の説明にはすっきりしないところは少なくなるのかというと、実はまだよくわかりません。神は出し抜けに救いの手を差し伸べることなどできない、いやもっといえば、救いの手を差し伸べることなどまったくできないと理解している人が、何の罪もないにもかかわらず苦しみを負ったために神に救いと癒しを求めて叫び、もちろんそれが却下されたら、それは皮肉でも何でもないと納得できるでしょうか。神は何もしてくれないから、いつでもどんな場合でもとにかく命にかかわるような自然の成り行きに徹底的に注意し続けなければならないとしたら、それは悲観的でも何でもない信仰だといえるでしょうか。仮にある人がこう言ったとしましょう。神が頻繁にこの世に介入するなら我々の自由などあり得なくなる。自由というのは崇高な良いものであると思われる。だから、神のこの世への介入を求めることがそもそも問題なのである、と。しかしながら、折に触れてその存在を何らかの尺度によって確認でき、しかもその振る舞いは予測不可能で人間の思いどおりにはいかない神よりも、この世に介入しない理神論的な神のほうが怪しくないとはどうしても思えません。理神論において提示される神信仰は、神は歴史において行動を起こすことができるということを出発点にしていません。それとは反対に有神論は、神は歴史に介入するということから出発します。神は折に触れてのみ、特定の人やケースに対し、出し抜けに癒しと救いの介入ができるとするならば、こうした行動がまったくできない神よりも道徳的にはよりすっきりしているように思えるのです。

ウィリアム・ハスカーは、次のような思考実験によってこうした考察の図式を提示しています。

想像していただきたい。あるたいへん素晴らしい演奏会が行われ、熱狂的な拍手が鳴りやまない。拍手し続けている聴衆たちの誰もが、演奏を熱狂的に受け入れることに貢献している。しかしながら、仮に聴衆のある一人が拍手を邪魔したら、それでもこの演奏会が熱狂的なものになったかというと、決してそうはならなかっただろう。同じことが、道徳性への疑問など考慮せずに、もし神が、いわれなき悪しき出来事

の一つひとつに介入し、それを防いでいたらどうなったか、ということにもいえるであろう。※26

いわれなき悪が生じたときに神がいつも介入するとしましょう。そうすると世界や人間の自律性は破壊され、自らの創造者に対して人間が自由に振る舞える可能性はまったくなくなるか、とても制限されたものになってしまうでしょう。

別の例をみてみましょう。ジャングルの診療所で働く医師のもとへ、まったく同じ病気にかかった患者が五人運ばれてきたとします。医師の手許にはほんのわずかの薬しかなく、五人のうち一人しか助けることができません。この医師は、一人分しかない薬を放棄して誰一人助けないほうがよいのでしょうか。あるいは一人だけ治療するというなら、どんな基準で治療すべき一人を選ぶべきかというのも非常に難しいものがあります。その場で合意が成立すればいいのか、その一人を成り行き任せで医師が決めればよいのか、一人を選ぶ何らかの基準を探すべきなのか、見当もつきません。例えばですが、患者のなかで最も生存率が高そうな人ですとか、あるいは特に治療を必要としている人を選ぶといったことはあり得ます。しかしながら、医師ができることはすべてすること、一人の患者だけでも治療することとは、道徳的に望まれることかと思います。もしも医師が道徳とは異なる基準で治療する患者を選んだ場合、例えば医師個人の利益の観点から選別するなら、その行動は道徳的に疑わしいものとされるでしょう。

これとまったく同じことが神にもいえると思うのです。神は愛であり、自由のうちに、ある特定の対話を通じて、この世との愛の交わりを行いたいと望んでいます。そうすると、神はしばしば可能な限り特定の行動をすることになるのです。そうでなければ、人間の意志の自由が制限され、あるいは人間の被造物としての自己決定性が帳消しになってしまうのです。こうした神の行動が道徳的に疑問視されることがあるとすれば、そうした行動が愛というもののそもそもの志向に適合していない場合、つまり相手を助けるのではなく、だめにしてしまうような場合であるとか、あるいはそれが非道徳的な基準に依っている場合でしょうか。非道徳的にみえるとなると、例えば、神が神を信じる者しか救わない場合などが該当するかもしれません。宗教的信仰を否定するのは、しばしば理解可能なもっともな理由からであって、非道徳的といえるような理解不能な理由から生じることはまずないからです。しかしキリスト教的理解によれば、少なくとも将来神によって救われる可能性があるのは、すべての人間だということになります。そうすると神の特定の行動は、その相手となる人間の宗教、宗派、社会的所属に制限されませんから、そうした事柄は神の特定の行動を引き起こす、あるいは引き起こさない要因にはなりませんし、キリスト教的な神のイメージが持つ道徳的な真摯さに疑いは生じません。そもそも私は思うのですが、聖書の神が明らかな形で示す人間への共感に対し、道徳的とはいえないとか道徳に値しないなどとするもっともな理由、すなわちある特定の直接的な行動を取る際に、神が基準とした道徳的善意を疑問視する理由などないのではないでしょうか。

神はイエス・キリストにおいて自らを人間に与えました。こうした神のなさり方によって明らかになること、すなわち神の行動の最も重要な目的は、私たち人間を適切な方法で愛すること、そうして人間も神を愛するようになることです。神の行動の目的が神の愛と同調しているとすれば、神の行動の目的とその結果が、必ずしもこの世的な意味での幸せを増し加えるとは限りません。[※27] 例えば、ある大企業の技術者が出世とお金を追求することは、人生において神の愛の意味を見つけたり、神を通してしか得られないものを追求したりすることの妨げになるかもしれません。むしろ逆に、深い意味を見出せないような不幸や苦しみに満ちた出来事が充分すぎるほど存在するのは確かです。しかし、この世をすべて否定して神だけが真実であるとする誤った信仰を防ごうとするならば、やはりそうした不幸や苦しみにもより深い意味があると想定するしかないのではないでしょうか。ただ本章では、神義論的問題を取り扱う際に、すでに述べたような理性的思考が陥ってしまう手詰まり状態を、実存的観点から打開する方法として、神は特定の行動を取るという証言を納得のいくものにするために、それが「折に触れて」なされる可能性をさしあたって擁護することにのみ重点を置きました。

※1　Vgl. G. STREMINGER, Gottes Güte und die Übel der Welt (1991), 205:「神による驚くべき救いに対して無数の感謝がささげられている。しかし同じように熱心に呼びかけたにもかかわらず、溺れ死んでしまった人々の声はどこに記されているのだろう」。

※2　KARL-HEINZ MENKE, Handelt Gott, wenn ich ihn bitte?, Regensburg 2000, 42f.

※3　C. MÜNZ, Der Welt ein Gedächtnis geben, 299; vgl. E. BERKOVITS, Das Verbergen Gottes, 70; I. GREENBERG, Augenblicke des Glaubens, 144.

※4　Vgl. E. FACKENHEIM, Die gebietende Stimme von Auschwitz, 95:「追ってヒトラーに勝利することがユダヤ人に許されていたわけではない。ユダヤ人として生き延び、それによってユダヤ民族が絶滅しないようにできたのだ。〔……〕アウシュヴィッツ的な諸力へこの世を引き渡してしまうことに手を貸さないために、人間および人間世界に絶望することや、冷笑主義によって逃避する、あるいは来世志向的な態度を追求することもユダヤ人には許されていなかったのだ。〔……〕ヒトラーのユダヤ人絶滅計画に協力することが、ユダヤ教を絶滅させようとするヒトラーの試みに、ある一人のユダヤ人として返答しないですむあり方だった」。

※5　Vgl. J. B. METZ, Theologie als Theodizee?, 111, sowie DERS., Kirche nach Auschwitz, 112:「我々クリスチャンは決してアウシュヴィッツ以前に戻ってしまうようなことがあってはならない。アウシュヴィッツから出発し、それを真正面から見据え、しかも単独でするのではなく、アウシュヴィッツの犠牲者と共にしなければならない」。

※6　J. SPLETT, Und zu Lösungsversuchen durch Überbietung, 416.

※7　RICHARD SCHAEFFLER, Erfahrung als Dialog mit der Wirklichkeit. Eine Untersuchung zur Logik der Erfahrung, Freiburg-München 1995, 687f.（im Orig. kursiv）.

※8　Vgl. J. SPLETT, Antigottesbeweis?, 89:「それにもかかわらずこの世はどうしてこれほど苦しみが生じるのか、私にはわからない。一次経験が『偽造』されているわけではないが、それとこれとは相容れない。そこに疑念が残る」。

※9　世界像との相関的な論証の概要については K. v. STOSCH, Glaubensverantwortung in doppelter Kontingenz, 107–136 参照。

※10　私（著者）は（シュプレットの）「神の慰めよりやや劣る」という言い方には満足できない（J. SPLETT, Und zu Lösungsversuchen durch Überbietung, 417）。

※11　Jehuda B. zit. n. K. FRUCHTMANN, Zeugen, 124.

※12　WALTER BENJAMIN, Über den Begriff der Geschichte. In: DERS., Abhandlungen. Gesammelte Schriften I/2. Hrsg. v. R. Tiedemann u. H. Schweppenhäuser, Frankfurt a. M. 1991, 691–704, 697.

※13　ヨブ記 一六・一九、一九・二五。Vgl. G. GUTIÉRREZ, Von Gott sprechen in Unrecht und Leid-Ijob, 99; I. U. DALFERTH, Leiden und Böses, 214f.

※14　Vgl. JÜRGEN WERBICK, Fundamentaltheologie als Glaubens-Apologetik. In: ThRv 98（2002）399–408, 403.

※15　こうしたことに注意を払う姿勢は禅仏教の修行を思わせるであろう。

※16　申命記的な神学的歴史観の基本理念はあらゆる意味で印象深い説明力を持っているが、こうした神学的歴史概念をアウシュヴィッツ後に用いることはもはや許されないのは明白である。ヒトラーを神の道具とみなすことは明らかに許されることではないからである（vgl. nur R. RUBENSTEIN, Der Tod Gottes, 116ff.）。それでもなお、すべてを包括する総合的な体系や、そこに神の行動も組み込むことがいかに難しいか、また、神はその善なる意志を最終的には完成へと到達させるために、神は繰り返しまったく驚くべき仕方で我々の進むべき道を与えてくださる、あるいは徹底して苦難の道を与えられるということをはっきり示しているという限りにおいて、この申命記的な神学的歴史観はなお価値を持ち続けているのである。

※17　P. LEVI, Ist das ein Mensch?, 136.

※18　Vgl. P. LEVI, Ist das ein Mensch?, 163f.

※19　Ebd.; レーヴィがここで神のルーアハ（霊、息、風を意味するヘブライ語）に関する聖書の文言を想起したのは、決して偶然ではない。

※20　Vgl. zu einem Handeln Gottes in der Schwankungsbreite der Naturgesetze K. v. STOSCH, Gott-Macht-Geschichte, 123–152.

※21　Vgl. M. NYISZLI, Sonderkommando, 69–73.

※22　Awraham S. zit. n. K. FRUCHTMANN, Zeugen, 107.

※23　K. FRUCHTMANN, Zeugen, 16.

※24　Leo B. zit. n. K. FRUCHTMANN, Zeugen, 123.

※25　Vgl. E. WIESEL, Die Nacht, 98.「かつては、私の行為のうちのたったひとつにも、また私の祈りのうちのたったひとつにも世界の救済がかかっているのだ、と心底から信じていたのである。今日、私はもう嘆願してはいなかった。私はもう呻くことができなかった。それどころか、私は自分が非常に力強くなったように感じていた。私は原告であった。そして被告は——神。私の目はすでに見ひらかれており、そして私はひとりきりであった。神もなく、また人間もなく、恐ろしいまでに世界じゅうにひとりきりであった。愛もなく、憐れみもなかった。私はもはや灰燼以外のなにものでもなかった。しかし、私の人生はそれまでじつに長いあいだ〈全能者〉に縛りつけられてきたのであったが、いまや私はその〈全能者〉よりも自分のほうが強いのだと感じていた。この祈りの集いのさなかにいて、私は異邦人の観察者のごとくであった。」（エリ・ヴィーゼル『夜』、一一四頁）。

※26　W. HASKER, The triumph of God over evil, 195.

※27　Vgl. KEITH WARD, Divine action, London 1990, 135–140; PAUL GWYNNE, Special divine action. Key issues in the contemporary debate（1965–1995）, Rom 1996（Tesi Gregoriana, Serie Teologia 12）, 289–291; WOLFHART PANNENBERG, Systematische Theologie II, Göttingen 1991, 71.

第八章

諸宗教との対話における神義論

神義論の問題に目を向ける場合、ユダヤ教、キリスト教、イスラームという三つの唯一神教は一致して事にあたれるでしょう。すなわち、この問題への応答を対話によって相互に発展させることができるはずです。イスラームで神義論の問題について議論される際の論証の形式の大部分はキリスト教のそれと一致しています。同時にイスラームにもキリスト教と同じように、実践的で確かな神義論の伝統を受け継ごうという傾向が存在します。そうしたさまざまな伝統からはあらゆる神義論を学ぶことができます。もしもこれらの三宗教が抗議的無神論（Protestatheismus）の側から道徳に関する非難を受けた場合、説得力のある向き合い方をしようとするならば、ある一つの同じ地平を目指すことになるはずです。

一　諸宗教における苦しみの問題

ここまで議論してきた事柄は、すでに多くの立場に関して、キリスト教神学がユダヤ教と徹底的に行った対話をもとにしています。繰り返し強調してきたことですが、神義論的な感覚から語る事柄を吟味するのに、ユダヤ教はとてもキリスト教の助けになるのです。ユダヤ教の伝統はキリスト教徒にとって、神義論はただの慰めではなく、神ご自身と出会うとは何かということを繰り返し問い、神に嘆き訴えるようなこの世の悪とは何かと問うことだと励ましてくれます。本書は、全体にわたって常にユダヤ教側の著作物を考慮に入れてきました。ですからこうした立場について、改めてここでユダヤ教と議論をする必要はないと判断しました。

同じように、ほかの宗教とも議論を行わなくてもよいと思いました。他宗教の視点からは、必ずしも唯一神教がみているのと同じように、神義論的な問題をみているわけではないからです。本書では、苦しみに直面した際に、神を正当化するよりは苦しみを存在論的に扱おうとしたわけですが、仏教はこうしたことをもっとたやすく説明します。仏教は、神とこの世を対置させようとしません。ですから通常、この世とは区別できるような神の存在を出発点としていません。そうではなくて、苦しみの根源を克服することで苦しみを乗り越えることができるとする仏教の教えに、特に焦点を定めることになります。その際にどんな方策を用いればよいかということについてはキリスト教と対話できる余地が充分にありますし、仏教からキリスト教が学べることも数多くあります。しかしこうした仏教の教えは、神義論を展開しようとするキリスト教の試みとはまったく重なりません。仏教の経典には神義論的テーマと関係するものがないのです。

ヒンドゥー教では多くの場合、この世の苦しみに対する問いは、輪廻転生の教え、つまり次の生に受け継がれるカルマ（業）の提示によって説明が試みられます。ある生は初めから暗影を伴っていることがあるという世界のあり方を説くことで、なぜ人生には苦しみがあるのか、どのように人生を生きるべきかということについて、ヒンドゥー教は存在論的にとてもわかりやすい説明ができるのです。このイメージをこれまで論じてきたキリスト教的神義論の用語で言い換えると、批判のポイントとしては、苦しみの教育化ということになるでしょう。そうなるとキリスト教の側からは、この手がかりをもとに道徳性について問いを投げかけざるを得ないことになります。というのは、ここには苦しみの当事者に対して手を差し伸べる意味がどこにも見当たらないように思われるからです。特に疑問に思われるのは次のようなことです。人が前世の行いを背負っているということを、神は正義であるということと、どのように調和させるのでしょうか。というのは、前世の行いを背負っているにもかかわらず、前世と現世では自意識は一貫して保たれているわけではないのですから、ある特定の行いが来世ではなぜ負い目になるのか、悟りようがないのではないでしょうか。前世でどんな行動を取ったか、本人はまったく知らないのですから、認識不可能な前世の責任を取らされることの意味がわかりません。ただ、こうした批判は多分に西洋的な主体的、また西洋的な自由の思想を用いてなされており、実りある対話をしたいというのであれば、その前に東洋と西洋の思想の文化的相違について考察することが根本的に重要であると言わざるを得ないでしょう。こうしたことのすべてを網羅することは、本書のようなコンパクトな本では不可能です。

そこで、ここからはイスラーム神学との対話に集中します。イスラームにおいてはその一神教的な神のイメージにより、キリスト教におけるのとほぼ同じように神義論の問題が成立するからです。早い段階で、イスラームの教理はギリシャ哲学をもとにした発達を遂げました。そこでここでは、キリスト教とイスラームにおける、実りある宗教間対話を可能にする重要項目に焦点を合わせます。

二　イスラームにおける古典的解決方策――悪の善化と無力化

イスラームの伝統、特にイスラーム哲学、およびその最初の合理的な神学の学派である、いわゆるムゥタズィラ学派では、神義論的問題への合理的取り組みとして最上の敬服に値する試みが存在します。それはいまでもなおその都度新たにされており、キリスト教神学とも興味深い対応関係にあるものです。そこには、すでに述べられた神義論の古典的形式である機能化、教育化あるいは目的論的無力化を見て取ることができます。

そうした最初の試みを、ムゥタズィラ学派の神学者アブドゥル・ジャッバール（九三五頃―一〇二四）へとさかのぼってご紹介します。アブドゥル・ジャッバールは、ムゥタズィラ学派のなかで必ずしも特に独創的な思想家とはいえませんが、政治的に非常な影響力があり、イスラーム神学潮流の思想にとっては代表的な存在です。アブドゥル・ジャッバールは、この世の苦しみに関するすべての考察を、絶対善と神の正義を出発点にして行っています。彼は神のなさることはすべて善だと考えます。ですから苦しみをもたらす出来事でも善であるとしなければなりません。大変わかりやすく、まずもって善のみを唱えるアブドゥル・ジャッバールの中心的な論拠は、私たちが本書の第一章で機能化として理解したものです。彼自身が例として挙げているのですが、何らかの痛みが別の害を和らげる働きをする、あるいは有益な結果を導く場合、痛みが与えられることは善とみなされる可能性があります。[※1] その意味では、例えば、ある病気は人間の諸器官に対する警告の機能を有するといえるでしょう。あるいは人間に対して、ある義務を怠っているのではないかということを想起させるかもしれません。こうした機能化と同様に、同時代のイスラームの思想家の考えは、「性格形成教育の手段」として痛みを提示しており、[※2] ソウル・メイキング神義論の方向性を示しています。

私たちはすでに第一章で、スウィンバーンが唱えた機能化の方策と議論をしてきました。スウィンバーンは、苦しみはときに深い意味を持っており、しばしばそうした意味で苦しみは統合できるという直観こそ神義論の出発点であるとしていました。しかしながら、より深い意味を持ち、あるいは少なくとも自らの人生の総合的な意味に統合され得るような、人生において直面せざるを得ない苦しみというものを、仮にすべて自分の人生と関連づけて認識している場合でも、道徳的根拠から他者の苦しみに関係させて、こうした発言をすることは許されません。これまで詳細に根拠づけてきたとおりなのですが、当事者の同意なしにその人生と苦しみを他者の利益のために用いることは、人間とは人間自体が目的でなければならないという道徳律とは相容れないからです。同じ観点から、子供や動物の苦しみに機能化の形式を当てはめるのは不適切に思われます。

アブドゥル・ジャッバールはこうした異議を明らかに熟知していました。これに応答するために二重の形式の方策を用いています。まず彼が強調するのは、ある人の苦しみはほかにとって有益な可能性があるということです。「例えば、ある子供が病を得ることはその両親にとって何らかの意味があるかもしれない」[※3]。こうした論証はもはやあまり説得力がないかもしれません。この場合、苦しむ当事者の自己目的性に対して充分な配慮がなされていないからです。ただ、そのすぐあとでアブドゥル・ジャッバールは、「子供自身にも与えられるものがある」はずだと言います。[※4]この場合、苦しみとは神にしかわからない隠された次元、つまり人生を振り返ったときにそのすべてを明らかにする領域における意味を持つものなのだとしても、あまり役には立ちません。この方策は、クルアーンに登場する人物ヒドルの行動を参照する際に繰り返し説かれるものですが、[※5]罪のない人が悲惨な死を迎えることについては答える術がありません。苦しみの末に死に至らしめられた子供にとっては、その苦しみは成熟のための過程にはなりません。またそういった苦しみは、その子供自身にとっては、何らかの隠された内面世界での意味へと統合されるということもあり得ません。他者にとっては、場合によってはそういった苦しみが決定的に有用なものである可能性がありますが、とにもかくにもその苦しみが正当化されるような、絶対的な理由は何もありません。

すでに述べたように、アブドゥル・ジャッバールもこの問題をはっきりと意識していました。キリスト教の伝統からも認められることですが、彼はこれに対する解決策も講じました。それはすでに本書で取り組んだものと同様のものです。すなわち「神は天国でその苦しみを清算される」というものです。

カトリック神学者アーニャ・ミッデルベック＝ヴァーヴィックはこう説明します。「アブドゥル・ジャッバールは次の考えを受け入れていた。それは、神は自分がその原因である、あるいは、自分がその原因を引き起こした痛みに大きな補償を与えるはずであるから、すべての人間は、いかなる状況に置かれているとしても常に、どんな痛みも引き受けようと決断するであろう、というものである」。[※6]この場合、彼は正義が公正に保たれることに配慮して、あらゆる罪が償われ、またすべての涙が乾くときがくるし、罪のある人は自らその罪を償わなければならないとしています。「つまりこの場合の神とは、ある種の会計係のようなものである。神がすべての個人の罪とその償いの収支計算をしている。償いによってどれだけの罪が相殺されるかという収支計算は神がするということになる」[※7]。そうしますと、ある意味では自由意志の価値は、アブドゥル・ジャッバールにとって非常に重要です。というのはこの考えからすると、神がいくら憐れみ深いからといっても、犠牲者と加害者の和解を当事者の頭越しにはできなくなるからです。いずれにしろ、天国で受ける報いは人間の予想を超えたものになります。補償や償いというのは、人間同士の契約ではそのつど限られた形式の範囲で行われるわけですが、天国特有の補償は神によって無際限に完全履行されるでしょうし、私たちがなぜ痛みを負うことになったのか、納得のいくようなより崇高な神の正義が示されることでしょう。これが、アブドゥル・ジャッバールが提示した考えです。[※8]

この論証の方法は、キリスト教の伝統からみても理解しやすいものです。またこれは第一章で詳しくみたように、宗教哲学の議論においては苦しみの目的論的無力化と呼ばれています。というのは、この論証において重要なのは、あの世での生という目的を顧慮することで苦しみを相対化することだからです。こうした形式の論証を用いることで、あらゆる苦しみ、痛み、悪は、最終的なあの世での生において、それほどひどいものではなくなります。ただそうすると、そうした苦しみ、痛み、悪は、神の永遠のなかで別のものに変えられたり、癒やされたり、慰められたりされなくてもよいということになるかもしれません。

この世での苦しみが、終末において別のものに変容するかどうか確かなことはわからないとすると、あらゆる神義論を論証するのはとても難しいことにならざるを得なくなりますが、そうだとするならば、この考え方に同意することができるでしょう。それでも納得のいかないところがあります。この考え方では、神はなぜ私たちをその最終目的にふさわしいありさまに最初から創造しなかったのかということがわからないのです。現存在の価値があの世で最終的に確定するというのが正しいとすれば、また、あの世での至福がこの世で得られるものとは無関係であるとされることも正しいとすれば、善にして全能なる神は、どうしてこの世をわざわざ創造したのかまったく説明がつかないのです。この世における人間の成熟過程は死後も継続するということを提示してこの問いに答えようとするならば、いま、ここに生きているということ、つまり現存在の価値を認めることはいったいどう考えるのだという問いにも答えるような、死後の成り行きを提示できるのかという問いが生じることになります。つまり、イワン・カラマーゾフの抗議について考えたようにです。

イスラームの伝統において苦しみの問題を扱う最も好ましい古典的な方策は、本書の第一章で「教育化」としてみたものです。クルアーンでは多くの箇所において、苦しみとは神から与えられた試練であるとの理解を示しています。この視点からすると、いま生きていることはある一つのテストとみなされます。ミュンスター大学およびボン大学でイスラーム学を教えたペーター・ハイネ教授は、このことを次のようにまとめています。「我々は、神が我々に与えるものを受け取り、最も不幸な人が経験した不幸よりも大いなる恵みを神はその人に与えているということを認識することで、この試験に合格するのである」[※9]。この観点からすると、次のようにいえます。「すべての生活環境は、人間を神へ向かわせようとする、神的な方法によるテストである」[※10]。そうすると、苦しみはむしろありがたいものとして理解されることになります。特に多くの悲惨な目にあった人というのは、それだけ神から特に豊かに信頼された人ということになるからです。キリスト教の伝統においてだけではなく、イスラームの伝統においても、こうした信仰を背景として形成された格言があります。つまり、神は我々が背負いきれないほどのことは要求しない、というものです（訳注：クルアーン 二・二八六に類似の文章あり。キリスト教では、コリントの信徒への手紙 一 一〇・一三）。

仮にこの格言が非常な敬虔さの表れであるとしても、残念ながらこの格言は誤っています。とても背負いきれないほどのものを要求された人々は数え切れないほどいるのです。ひどい皮肉を言えば、その人々は神が課した試験に落第したということになってしまうでしょう。例えば、スラム街で生まれ育った子供がいるとします。彼は道徳意識のある大人に会ったことなどありません。暴力的手段で生活費を稼ぎ、最後には地主に金で雇われた殺し屋に殺されてしまいました。あるいは生まれつき重複障害に苦しんでいる人が、激痛のあまり亡くなったとします。彼らの何がいけなかったというのでしょうか。彼らには神から課された試験に合格する機会が本当はあったはずだなどと本気で言えるでしょうか。

ある種の病気は患者にとって教育的効果があり、罪への罰であると理解される苦しみは、人を道徳的に改善させることがあるというのは、確かにそのとおりです。しかしここまで考えてきたように、少なくとも当事者の頭越しに、苦しみには教育的な必要性が認められるというのは、あまりにも残酷なのです。

これまで考えてきたような神義論的問題を調停する試みを、イスラーム神学において再発見できるのでは、と思う人がいるかもしれません。例えば、自由意志に関する議論はやはりイスラーム神学でも受容されています。※11 また本書で最初に登場した「神秘への還元（reductio in mysterium）」も好んで言及されます。ただ、第二章で取り上げた、神の全能性の制限に関しては、イスラームにおける議論では取り扱われません。そこで、イスラームにおいてすでになされてきた議論をふたたび展開する代わりに、本書ですでに行ってきた議論の一つをもう一度出すことで、イスラーム神学にとって新しい議論となるものを提供したいと思います。※12

三　ファリードゥッディーン・アッタールの神義論

イラン出身の両親を持つドイツ生まれのムスリム著作家ナヴィド・ケルマニは、その大学教授資格試験論文において次のことを詳細に取り扱っています。すなわち一部のイスラーム神秘主義では、ユダヤ・キリスト教の伝統的系譜、特にヨブ記と関連する事柄を受容しており、それは実践的神義論の思想の伝統に織り込まれてきましたが、これからもこの伝統はさらに受け継がれていくべきであるとします。ここでケルマニがいう実践的神義論とは、この世の不正義に対して神の正義を要請することです。つまりカントがいう神の真実とそれに伴う神の権威の自己正当化が、教義的に是か非かは言わずに要請されるということです。この要請は必然的に、神との言い争いや神への嘆き訴えを生む苦しみへの抗議に属します。仮に神と言い争うことが、キリスト教の正統主義におけるのと同じようにイスラームにおいてもタブーであるとしても、ケルマニが引用しているイスラーム神秘主義の文書では、ヨブ記におけるのと同様の神との言い争いの過程が描かれています。それは神への愛から生じたものであり、そのあとに続く、神を要請する語りを伴っているといえます。こうした神との言い争いを最も意味深く表現しているのは、ペルシャの神秘主義詩人であるファリードゥッディーン・アッタール（一一四五―一二二一）の『苦しみの書』です。それは「神と言い争う過程ばかりでなく、イスラーム的敬虔による中道の歩み方をも教えるもの」です。[※13] アッタールの神への挑み方の特徴は、神にとらわれた者がそれを語るという形式になっている点です。「至高者を信じる者だけが、天国まで届く石を投げることができる」[※14]。

ここでは、無神論者による抗議の仕方が批判されているというよりも、それを超える抗議の仕方に取り込まれているといえるかもしれません。むしろ抗議は神との対話に統合され、それによって有神論的な観点に結びつけられるのです。神へ全幅の思いを寄せているとしても、また、あまりにひどい運命をすべて受け入れたとしても、それでもなお他者のために神に訴え、また問いかけずにはいられません。「絶望している人々は、むしろ神をたたえる信仰者たちよりも宗教的である。しかし信仰者たちの目は、神による被造物の現実の状態に対して閉じられてしまっている。普通の仕方を超えて愛する人は、神が自己を啓示したように、敢えて神に向かって訴えかけるのである」※15。神に向かって反抗することこそが、神を信じることに最も迫る瞬間として明らかになるといえるでしょう。

ケルマニが示した、神への抗議の仕方によって神を肯定する道は、実践理性の地平で抗議的無神論からの批判に屈せずにいられる可能性を開いてくれます。はっきりと申し上げてきたことですが、理論理性によって神義論的問題を論証することは、こうした道の代わりにはなりません。理論理性に代えて道徳的な思考に価値を見出すことにより、アッタール、ヨブ、カント、ケルマニを通じて神について語る方法に変化が起こり、人が神について語ることはすべて神を要請することになるのです。クルアーンあるいはキリストにおいて、神はみずから直説法で語りかけ、私たちへの憐れみと愛を約束しています。とは言うものの、この世の痛めつけられたありさまを訴えかけることなく、信仰と愛をもって神へ返答することはできません。ですから私たちは神を要請する手法、すなわち実践理性を用いて、神に関するあらゆる理論的な語りに取り組まなければなりません。そうすることで、他者の苦しみを決してイデオロギー的に美化することなく、苦しむ当事者との連帯を続けられることがはっきりするのです。ただ神の愛のみが死よりも強いので、私としては神がいなければ苦しみの末に死ぬことに一定の意味を見出すことができませんし、そうした意味を考えることは重要であると思われます。

ですから抗議的無神論については、その手続き的には正しい言い分を無視すべきではありません。むしろ抗議的無神論によって、かえって神の真実が要請されることを語ることができ、また必然的に語ることになるのです。こう言うと、神について語ることはすべて要請にすぎないと思われるかもしれません。確かに、自由意志の存在が要請されなければならないとすると、自由意志についての論証は神を要請することから語り始めます。しかし神を要請することで、自由意志には道徳性などないとする抗議的無神論からの非難は意味をなさなくなるのです。そうしますと、ケルマニのようなイスラームにおける実践的神義論の受容は、次のことを明らかにしてくれます。すなわち、歴史上の大惨事に対しても神義論がなお説得力を持つものであり続けようとするならば、実践的神義論によって神義論全体は、徹底的に練り上げられなければならないということです。

ルーカス・ヴィーゼンヒュッターはケルマニとの最近の討論で、彼の考えについてさらなる解釈の可能性を提示しています。[※16] ヴィーゼンヒュッターは、ケルマニのクルアーン解釈、すなわちクルアーンの朗読を聞くという感覚的経験のなかに苦しみと結びついている神の言葉と出会うということから出発します。突き詰めて言ってしまえば、神の栄光のできごととしてのクルアーンの言説の栄光が、聖書のヨブ記における対話部分の最後でヨブが求めていた神の現臨を経験可能な事実にするということです。したがってケルマニが重要視するクルアーンの美学的解釈は、苦しみについての問いへの最終回答は神のみしかあり得ないということを、イスラームにおいても洞察する重要な要素なのです。

この文脈において実践的かつ信頼に足る神義論の可能性を考えようとするのであれば、イスラーム法学に目を向けることをヴィーゼンヒュッターは提案します。なぜなら、イスラーム法では神の法と人間の法が特徴的に組み合わされているため、ここに（神義論で問われる）神の正義を私たち自身の法的・政治的行為を通じて表現し、経験するようになる可能性が出現するからです。私たちは包括的な神の正義を創り出したり判断を下したりはできません。神の正義が実践的かつ信頼に足るものであるかどうかは、神が自身でその正当性を示すかどうかにかかっています。一方で、この神による神の正義の正当性の提示を、人間が独自の行動および経験的に象徴的な方法で根拠づけることは、人間に与えられた課題であり、機会なのです。イスラーム法学（フィクフ）においては、イスラーム教の自己理解の中心的プロセスに、ヴィーゼンヒュッターの提案を当てはめることができる精緻な学問体系がすでに確立されています。それは実践的かつ信頼に足る神義論を知的に遂行するというカントの要求を満たすものです。神の正義を物語的に表現することは、このように驚くべき方法で法（律法）と結びつけられています。そしてキリスト教の伝統に問題を提起し、また豊かにする神義論的問題性の取り扱い方法を切り開くものなのです。

※1　A. MIDDELBECK-VARWICK, Die Grenze zwischen Gott und Mensch, 289.

※2　A. ASLAN, Sündenfall, 55f.

※3　A. MIDDELBECK-VARWICK, Die Grenze zwischen Gott und Mensch, 293.

※4　Ebd.

※5　Ö. ÖZSOY, „Gottes Hilfe ist ja nahe!“, 208–211. クルアーンの該当箇所（訳注：一八・六五）では、一見すると不可解な苦しみがなぜ生じたのかということがモーセ（ムーサー）に対して解説される。

※6　A. MIDDELBECK-VARWICK, Die Grenze zwischen Gott und Mensch, 294.

※7　Ebd., 299.

※8　Vgl. ebd., 300.

※9　PETER HEINE, Die Antwort des Islams auf die Frage nach dem Leid und dem Bösen. In: HERMANN KOCHANEK (Hg.),

Wozu das Leid? Wozu das Böse? Die Antwort von Religionen und Weltanschauungen, Paderborn u. a. 2002, 253-265, hier 254.

※10　ELHADI ESSABAH, Die metaphysische Basis der Religionsfreiheit und die Grundprinzipien des freien menschlichen Willens im Koran, Aachen 2002, 53.

※11　Vgl. CAFER YARAN, Theodizee im Islam. In: KLAUS VON STOSCH（Hg.）, Gottes Handeln denken, Paderborn u. a. 2013（Beiträge zur Komparativen Theologie; 11）（im Druck）.

※12　ここで詳細に取り上げた議論に加え、神義論的問題性についての充実した議論が現代のイスラーム神学でも行われていることを指摘しておく。Vgl. als erste Übersicht M. U. FARUQUE/ M. RUSTOM（Hg.）, From the Divine to the Human; H. KAM, Das Böse als Gottesbeweis.

※13　N. KERMANI, Der Schrecken Gottes, 209.

※14　Ebd., 172.

※15　Ebd., 213.

※16　Vgl. L. WIESENHÜTTER, Hiobs Begegnung.

THIEDE, WERNER, Der gekreuzigte Sinn. Eine trinitarische Theodizee, Gütersloh 2007.

THOMAS VON AQUIN, Summa theologica I-III. Deutsche Thomas-Ausgabe. Lat. -dt., Salzburg-Leipzig 1934 ff.（トマス・アクィナス『神学大全』高田三郎ほか訳、全 39 分冊、創文社、1960-2012 年。）

TÜCK, JAN-HEINER, Christologie und Theodizee bei Johann Baptist Metz. Ambivalenz der Neuzeit im Licht der Gottesfrage, Paderborn 1999.

VARDY, PETER., Das Rätsel von Übel und Leid. Aus dem Engl. übers. v. C. Wilhelm. Bearb. v. P. Schmidt-Leukel, München 1998.

VERWEYEN, HANSJÜRGEN, Kants Gottespostulat und das Problem sinnlosen Leidens. In: ThPh 62（1987）580-587.

WALDENFELS, BERNHARD, Das überwältigte Leiden. Eine pathologische Betrachtung. In: W. OELMÜLLER（Hg.）, Leiden, 129-140.

WERBICK, JÜRGEN, Gebetsglaube und Gotteszweifel,（Religion - Geschichte - Gesellschaft; 20）Münster 2001.

WIESEL, ELIE, Alle Flüsse fließen ins Meer. Autobiographie. Aus dem Franz. v. H. Fock u. a., Hamburg 1995.（エリ・ヴィーゼル『そしてすべての川は海へ 上・下』村上光彦訳、朝日新聞社、1995 年。）

DERS., Die Nacht. Erinnerung und Zeugnis. Aus dem Franz. v. C. Meyer-Clason. Mit einer Vorrede von F. Mauriac, Freiburg-Basel-Wien [5]2002.（エリ・ヴィーゼル『夜』村上光彦訳、みすず書房、1995 年。）

WYSCHOGROD, MICHAEL, Gott - ein Gott der Erlösung. In: M. BROCKE/ H. JOCHUM（Hg.）, Wolkensäule und Feuerschein, 178-194.

RUBENSTEIN, RICHARD L., Der Tod Gottes In: M. BROCKE/ H. JOCHUM (Hg.), Wolkensäule und Feuerschein, 111–125.

SANS, GEORG, Ist Gott noch zu rechtfertigen ? 300 Jahre „Theodizee“ von Gottfried Wilhelm Leibniz. In: StZ 135 (2010) 459–468.

SCHMIDT, JOSEF, Das philosophieimmanente Theodizeeproblem und seine theologische Radikalisierung. In: ThPh 72 (1997) 247–256.

SCHOENIG, RICHARD, The free will theodicy. In: RelSt 34 (1998) 457–470.

SCHOPENHAUER, ARTHUR, Die Welt als Wille und Vorstellung, Bd. 1. Vier Bücher, nebst einem Anhange, der die Kritik der Kantischen Philosophie enthält, Zürich 1988.（ショーペンハウアー『意志と表象としての世界』斎藤忍随ほか訳、『ショーペンハウアー全集 2-7』白水社、新装復刊 1996-2004 年。）

SCHÖNBERGER, ROLF, Die Existenz des Nichtigen. Zur Geschichte der Privationstheorie. In: FRIEDRICH HERMANNI/ PETER KOSLOWSKI (Hg.), Die Wirklichkeit des Bösen. Systematisch-theologische und philosophische Annäherungen, München 1998, 15–47.

SCHULWEIS, HAROLD M., Evil and the morality of God, Jersey City 2010.

SØVIK, ATLE OTTESEN, Why almost all moral critique of theodicies is misplaced. In: RelSt 44 (2008) 479–484.

DERS., The problem of evil and the power of God, Leiden-Boston 2011 (Studies in Systematic Theology; 8).

SÖLLE, DOROTHEE, Von der Macht, Allmacht und Ohnmacht Gottes. In: MARGOT KÄSSMANN (Hg.), Glauben nach Ground Zero. Von der Macht, Allmacht und Ohnmacht Gottes, Stuttgart 2003, 53–58.

DIES., Gottes Schmerz und unsere Schmerzen. Das Problem der Theodizee aus der Sicht der Armen in Lateinamerika. In: M. OLIVETTI (Hg.), Teodicea oggi ? 1988, 273–289.

SPLETT, JÖRG, Antigottesbeweis ? In: ThPh 73 (1998) 84–89.

DERS., Und zu Lösungsversuchen durch Unterbietung. In: ThPh 60 (1985) 410–417.

STOSCH, KLAUS VON, Gott-Macht-Geschichte. Versuch einer theodizeesensiblen Rede vom Handeln Gottes in der Welt, Freiburg-Basel-Wien 2006.

STREMINGER, GERHARD, Gottes Güte und die Übel der Welt. Das Theodizee-Problem. In: ALFRED BOHNEN/ ALAN MUSGRAVE (Hg.), Wege der Vernunft. FS H. Albert, Tübingen 1991, 192–224.

DERS., Gottes Güte und die Übel der Welt: Das Theodizeeproblem, Tübingen 1992.

STUMP, ELEONORE, Knowledge, freedom and the problem of evil. In: M. PETERSON (Hg.), The problem of evil, 317–329.

DIES., Atonement, Oxford 2018 (Oxford Studies in Analytical Theology).

DIES., Wandering in Darkness. Narrative and the Problem of Suffering, Oxford 2010.

SURIN, KENNETH, Theology and the problem of evil, Oxford-New York 1986.

SWINBURNE, RICHARD, Natural evil. In: M. PETERSON (Hg.), The problem of evil, 303–316.

DERS., Providence and the problem of evil, Oxford 1998.

DERS., Das Problem des Übels. In: PERRY SCHMIDT-LEUKEL (Hg.), Berechtigte Hoffnung. Über die Möglichkeit, vernünftig und zugleich Christ zu sein, Paderborn 1995, 111–121.

TAXACHER, GREGOR, Nicht endende Endzeit. Nach Auschwitz Gott in der Geschichte denken, Gütersloh 1998 (KT 157).

チェ『愉しい学問』森一郎訳、講談社学術文庫、2017年。)
NYISZLI, MIKLOS, Sonderkommando. In: HANS GÜNTHER ADLER u. a. (Hg.), Auschwitz. Zeugnisse und Berichte, Köln-Frankfurt a.M. ²1979, 64–73.
O'CONNOR, DAVID, Swinburne on natural evil. In: RelSt 19 (1983) 65–73.
OEING-HANHOFF, LUDGER, Das Böse im Weltlauf. Zum Theodizee-Problem in Philosophie und Theologie. In: W. BÖHME (Hg.), Evolution und Gottesglaube, 1988, 222–239.
DERS., Metaphysik und Freiheit. Ausgew. Abhandlungen hrsg. v. T. Kobusch u. W. Jaeschke, München 1988 (Wewelbuch; 141).
OELMÜLLER, WILLI, (Hg.), Leiden. Mit Beiträgen von H.M. Baumgartner u. a., Paderborn u. a. 1986 (KRP 3).
DERS. (Hg.), Theodizee-Gott vor Gericht ? Mit Beiträgen von C. -F. Geyer u. a., München 1990.
OLIVETTI, MARCO M. (Hg.), Teodicea oggi ?, Padua 1988 (AF 56).
ÖZSOY, ÖMER, "Gottes Hilfe ist ja nahe ! " (Sure 2,214) Die Theodizeeproblematik auf der Grundlage des koranischen Geschichts- und Menschenbildes. In: ANDREAS RENZ u. a. (Hg.), Prüfung oder Preis der Freiheit ? Leid und Leidbewältigung in Christentum und Islam, Regensburg 2008, 199–211.
PETERSON, MICHAEL L. (Hg.), The problem of evil. Selected readings, Notre Dame/ Ind. 1992 (LRP 8).
PETZEL, PAUL, Christ sein im Angesicht der Juden. Zu Fragen einer Theologie nach Auschwitz, Berlin-Münster 2008 (Forum Christen und Juden; 6).
PLANTINGA, ALVIN, The free will defense. In: M. PETERSON (Hg.), The problem of evil, 1992, 103–133.
DERS., God, evil, and the metaphysics of freedom. In: R. ADAMS/ M. McCORD ADAMS (Hg.), The problem of evil, 1990, 83–109.
POSER, HANS, Von der Zulassung des Übels in der besten Welt. Über Leibnizens Theodizee. In: THOMAS BROSE (Hg.), Religionsphilosophie, Würzburg 1998, 113–130.
PRÖPPER, THOMAS, Fragende und Gefragte zugleich. Notizen zur Theodizee. In: TIEMO RAINER PETERS (Hg.), Erinnern und Erkennen. Denkanstöße aus der Theologie von Johann Baptist Metz, Düsseldorf 1993, 61–72.
DERS., Warum gerade ich ? Zur Frage nach dem Sinn von Leiden. In: KatBl 108 (1983) 253–274.
RAHNER, KARL, Warum läßt Gott uns leiden ? In: DERS., In Sorge um die Kirche = Schriften zur Theologie XIV, Einsiedeln-Zürich-Köln 1980, 450–466.
RECK, NORBERT, Im Angesicht der Zeugen. Eine Theologie nach Auschwitz, Mainz 1998.
REINHUBER, THOMAS, „Deus absconditus": Luthers Bearbeitung des Theodizeeproblems. In: Luther: Zeitschrift der Luthergesellschaft 77 (2006) 52–69.
RENTSCH, THOMAS, Theodizee als Hermeneutik der Lebenswelt Existentialanthropologische und ethische Bemerkungen. In: W. OELMÜLLER (Hg.), Leiden, 1986, 83–91.
RICKEN, FRIEDO, Philosophische oder theologische Theodizee? In: ThPh 82 (2007) 161–173.
ROENTGEN, MARKUS, Alles verstehen hieße alles verzeihen ... Prolegomena zu Anlaß und Unmöglichkeit von theologischen Reflexionen nach Auschwitz. Ein Versuch, Bonn 1991.
ROMMEL, HERBERT, Mensch-Leid-Gott. Eine Einführung in die Theodizee-Frage und ihre Didaktik, Paderborn u. a. 2011.

Studienbuch, Paderborn u. a. 2010.

LUTHER, MARTIN, Vom unfreien Willen (1525). In: Die Werke Martin Luthers. Hrsg. v. K. Aland. Bd. 3, Stuttgart-Göttingen [3]1961, 151-334.

MACKIE, JOHN LESLIE, Evil and omnipotence. In: M. PETERSON (Hg.), The problem of evil, 1992, 89-101.

DERS., Das Wunder des Theismus. Argumente für und gegen die Existenz Gottes. Aus dem Engl. übers. v. R. Ginters, Stuttgart 1985.

MARQUARD, ODO, Bemerkungen zur Theodizee. In: W. OELMÜLLER (Hg.), Leiden, 1986, 213-218.

METZ, JOHANN BAPTIST, Memoria passionis. Ein provozierendes Gedächtnis in pluralistischer Gesellschaft. In Zusammenarbeit mit Johann Reikerstorfer, Freiburg-Basel-Wien [2]2006.

DERS., Theologie als Theodizee ? In: W. OELMÜLLER (Hg.), Theodizee-Gott vor Gericht ? , 1990, 103-118.

DERS., Die Rede von Gott angesichts der Leidensgeschichte der Welt. In: HUBERT IRSIGLER/ GOTTHARD RUPPERT (Hg.), Ein Gott, der Leiden schafft? Leidenserfahrungen im 20. Jahrhundert und die Frage nach Gott, Frankfurt a. M. 1995 (Bamberger Theologische Studien; 1), 43-58.

DERS./ REIKERSTORFER, JOHANN, Theologie als Theodizee-Beobachtungen zu einer aktuellen Diskussion. In: ThRev 95 (1999) 179-188.

DERS., Kirche nach Auschwitz. In: MARCEL MARCUS/ E. STEGEMANN/ E. ZENGER (Hg.), Israel und Kirche heute. Beiträge zum christlich-jüdischen Dialog. FS E. L. Ehrlich, Freiburg-Basel-Wien 1991, 110-122.

MIDDELBECK-VARWICK, ANJA, Die Grenze zwischen Gott und Mensch. Erkundungen zur Theodizee in Islam und Christentum, Münster 2009.

MOHR, HANS, Leiden und Sterben als Faktoren der Evolution. In: W. BÖHME (Hg.), Evolution und Gottesglaube, 1988, 207-221.

MOLTMANN, JÜRGEN, Der gekreuzigte Gott. Das Kreuz Christi als Grund und Kritik christlicher Theologie, München 1972.（ユルゲン・モルトマン『十字架につけられた神』喜田川信ほか訳、新教出版社、1976 年。）

DERS., Trinität und Reich Gottes. Zur Gotteslehre, München 1980.（ユルゲン・モルトマン『三位一体と神の国 組織神学論叢一』土屋清訳、新教出版社、1990 年。）

DERS., Die Grube-Wo war Gott ? Jüdische und christliche Theologie nach Auschwitz. In: DERS., Gott im Projekt der modernen Welt. Beiträge zur öffentlichen Relevanz der Theologie, Gütersloh 1997, 155-173.

MURRAY, MICHAEL J., Nature. Red in tooth and claw. Theism and the problem of animal suffering, Oxford u. a. 2008.

NAVA, ALEXANDER, Das Geheimnis des Bösen und die Verborgenheit Gottes. Überlegungen zu Simone Weils Theodizee als Theorie und Praxis. In: Conc (D) 34 (1998) 66-76.

NEUHAUS, GERD, Frömmigkeit der Theologie. Zur Logik der offenen Theodizeefrage, Freiburg-Basel-Wien 2003 (QD 202).

NIETZSCHE, FRIEDRICH, Die fröhliche Wissenschaft. In: DERS., Kritische Studienausgabe, Bd. 3. Hrsg. v. G. Colli u. M. Montinari. Neuausgabe, München 1999, 343-651.（フリードリヒ・ニー

HOERSTER, NORBERT, Zur Unlösbarkeit des Theodizee-Problems. In: ThPh 60(1985) 400-409.
ILLIES, CHRISTIAN F.R., Theodizee der Theodizeelosigkeit. Erwiderung auf einen vermeintlichen Einwand gegen jede Verteidigung des Welturhebers angesichts des Bösen in der Welt. In: PhJ 107 (2000) 410-427.
JÄGER, CHRISTOPH (Hg.), Analytische Religionsphilosophie, Paderborn u. a. 1998 (UTB 2021).
JONAS, HANS, Der Gottesbegriff nach Auschwitz. Eine jüdische Stimme. In: OTFRIED HOFIUS (Hg.), Reflexionen finsterer Zeit. Zwei Vorträge v. F. Stern und H. Jonas, Tübingen 1984, 61-86.
KANT, IMMANUEL, Über das Mißlingen aller philosophischen Versuche in der Theodizee. In: WALTER SPARN (Hg.), Leiden-Erfahrung und Denken. Materialien zum Theodizeeproblem, München 1980 (Theologische Bücherei; 67), 50-59.（イマヌエル・カント「弁神論の哲学的試みの失敗」福谷茂訳『カント全集 13 批判期論集』岩波書店、2002 年。）
DERS., Werke in zehn Bänden. Hrsg. v. W. Weischedel, Darmstadt ³1968.
KASPER, WALTER, Das Böse als theologisches Problem. In: DERS./ L. OEING-HANHOFF, Negativität und Böses. In: CGG 9 (1981), 147-201, hier 176-201.
KERMANI, NAVID, Der Schrecken Gottes. Attar, Hiob und die metaphysische Revolte, München 2005.
KESSLER, HANS, Gott und das Leid seiner Schöpfung. Nachdenkliches zur Theodizeefrage, Würzburg 2000.
KNAUER, PETER, Eine andere Antwort auf das „Theodizeeproblem"-was der Glaube für den Umgang mit dem Leid ausmacht. In: ThPh 78 (2003) 193-211.
KOSLOWSKI, PETER, Der leidende Gott. In: W. OELMÜLLER (Hg.), Leiden, 1986, 51-57.
KRAUSE, ANDREJ, Die beste mögliche Welt. Überlegungen im Anschluss an Thomas von Aquin. In: ThPh 87 (2012) 193-207.
KREINER, ARMIN, Gott im Leid. Zur Stichhaltigkeit der Theodizee-Argumente, Freiburg-Basel-Wien 1997 (QD 168).
DERS., Das Theodizee-Problem und Formen seiner argumentativen Bewältigung. In: Ethik und Sozialwissenschaften 12 (2001) 147-157.
KRETZMANN, NORMAN, Allwissenheit und Unveränderlichkeit. In: C. JÄGER (Hg.), Analytische Religionsphilosophie, 1998, 146-160.
KUSCHEL, KARL-JOSEF, Ist Gott verantwortlich für das Übel ? Überlegungen zu einer Theologie der Anklage. In: GOTTHARD FUCHS (Hg.), Angesichts des Leids an Gott glauben ? Zur Theologie der Klage, Frankfurt a. M. 1996, 227-261.
LEIBNIZ, GOTTFRIED WILHELM, Die Theodizee von der Güte Gottes, die Freiheit des Menschen und dem Ursprung des Übels = Ders., Philosophische Schriften II. Hrsg. u. übers. v H. Herring, Darmstadt 1985.（ゴットフリート・ヴィルヘルム・ライプニッツ「弁神論 上・下」佐々木能章訳『ライプニッツ著作集 6・7』工作舎、1990-1991 年。）
LEVI, PRIMO, Ist das ein Mensch ? Erinnerungen an Auschwitz. Mit e. Nachw. des Autors zur Neuausgabe. Aus dem Ital. v. H. Riedt, Frankfurt a. M. 1979.（プリーモ・レーヴィ『これが人間か：アウシュヴィッツは終わらない』竹山博英訳、朝日新聞出版、2017 年。）
LEWIS, DAVID, Übel um der Freiheit willen. In: C. JÄGER (Hg.), Analytische Religionsphilosophie, 1998, 273-301.
LOICHINGER, ALEXANDER/ KREINER, ARMIN, Theodizee in den Weltreligionen. Ein

CLARET, BERND J., Geheimnis des Bösen. Zur Diskussion um den Teufel, Innsbruck-Wien ²2000 (IThS 49).
COUENHOVEN, JESSE, Augustine's rejection of the free-will defence. An overview of the late Augustine's theodicy. In: RelSt 43 (2007) 279-298.
DALFERTH, INGOLF U., Leiden und Böses. Vom schwierigen Umgang mit Widersinnigem, Leipzig 2006.
DIETRICH, WALTER/ LINK, CHRISTIAN, Die dunklen Seiten Gottes. Willkür und Gewalt, Neukirchen-Vluyn 1995.
DULLES, AVERY R., Göttliche Vorsehung und das Geheimnis menschlichen Leidens. In: Communio 37 (2008) 63-74.
EBACH, JÜRGEN, „Herr, warum handelst du böse an diesem Volk?" Klage vor Gott und Anklage Gottes in der Erfahrung des Scheiterns. In: Conc (D) 26 (1990) 430-436.
EVERS, DIRK, Gott, der Schöpfer, und die Übel der Evolution. In: BThZ 18 (2001) 60-75.
FACKENHEIM, EMIL L., Die gebietende Stimme von Auschwitz. In: M. BROCKE/ H. JOCHUM (Hg.), Wolkensäule und Feuerschein, 73-125.
FENDT, GENE, God is love, therefore there is evil. In: Philosophy and theology 9 (1995) 3-12.
FRANKL, VICTOR E., ... trotzdem Ja zum Leben sagen. Ein Psychologe erlebt das Konzentrationslager, München 1977. (ヴィクトール・エミール・フランクル『それでも人生にイエスと言う』山田邦男ほか訳、春秋社、1993年。)
FRIEDLANDER, ALBERT H., Das Ende der Nacht. Jüdische und christliche Denker nach dem Holocaust. Aus dem Engl. übers. v. S. Denzel u. S. Naumann, Gütersloh 1995.
FRUCHTMANN, KARL, Zeugen. Aussagen zum Mord an einem Volk, Köln 1982.
GEYER, CARL-FRIEDRICH, Das Theodizeeproblem—ein historischer und systematischer Überblick. In: W. OELMÜLLER (Hg.), Theodizee—Gott vor Gericht ?, 9-32.
GREENBERG, IRVING, Augenblicke des Glaubens. In: M. BROCKE/ H. JOCHUM (Hg.), Wolkensäule und Feuerschein, 136-177.
GRIFFIN, DAVID R.. God, power and evil. A process theodicy, Philadelphia 1976.
GUTIÉRREZ, GUSTAVO, Von Gott sprechen in Unrecht und Leid —Ijob. Aus dem Span. v. H. Goldstein, München-Mainz 1988 (Fundamentaltheologische Studien; 15). (グスタボ・グティエレス『ヨブ記：神をめぐる論議と無垢の民の苦難』山田経三訳、教文館、1990年。)
HASKER, WILLIAM, The triumph of God over evil. Theodicy for a world of suffering, Downers Grove/ Ill. 2008.
DERS., On regretting the evils of this world. In: M. PETERSON (Hg.), The problem of evil, 1992, 153-167.
HÄRING, HERMANN, Die Macht des Bösen. Das Erbe Augustins, Zürich 1979 (ÖT 3).
HENRICI, PETER, Von der Ungereimtheit, Gott zu rechtfertigen. In: M. OLIVETTI (Hg.). Teodicea oggi ?, 1988, 675-681.
DERS., Gottes Vorsehung in unserem Leben. In: IkaZ 31 (2002) 324-331.
HERMANNI, FRIEDRICH, Das Böse und die Theodizee. Eine philosophisch-theologische Grundlegung, Gütersloh 2002.
HICK, JOHN, Evil and the God of love. Reissued with a new preface, Houndmills-London 1985.
DERS., An irenaean theodicy. In: C. ROBERT MESLE, John Hick's theodicy. A process humanist critique. With a response by John Hick, London 1991, xvi-xxxiii.

本文引用文献

ADAMS, ROBERT M., Theodicy and divine intervention. In: T. TRACY (Hg.), The God who acts, 31–40.

AMMICHT-QUINN, REGINA, Von Lissabon bis Auschwitz. Zum Paradigmawechsel in der Theodizeefrage, Fribourg-Freiburg 1992 (SThE 43).

ASLAN, ADNAN, Sündenfall, Überwindung des Bösen und des Leidens im Islam. In: PETER KOSLOWSKI (Hg.), Ursprung und Überwindung des Bösen und des Leidens in den Weltreligionen, München 2001, 31–62.

AWA, MARTIN-OKOGBUA, Seelenreifung als Antwort. Theodizee in der Religionsphilosophie John Hicks, Würzburg 1998 (Spektrum Philosophie; 7).

BARTH, KARL, Kirchliche Dogmatik. Ausgew. u. eingel. v. H. Gollwitzer, Frankfurt a. M. -Hamburg 1957.（カール・バルト『教会教義学』井上良雄ほか訳、全36分冊、新教出版社、1959–1988年。）

BERGER, KLAUS, Wie kann Gott Leid und Katastrophen zulassen ?, Stuttgart 1996.

BERKOVITS, ELIEZER, Das Verbergen Gottes. In: MICHAEL BROCKE/ HERBERT JOCHUM (Hg.), Wolkensäule und Feuerschein, 43–72.

BLACKMAN, LARRY L., Brachtendorf on the conditions of a successful philosophical theodicy. In: ThQ 191 (2011) 260–281.

BLUMENTHAL, DAVID R., Facing the abusing God. A theology of protest, Louisville 1993.

BÖHME, WOLFGANG (Hg.), Evolution und Gottesglaube. Ein Lese-und Arbeitsbuch zum Gespräch zwischen Naturwissenschaft und Theologie, Göttingen 1988.

BÖHNKE, MICHAEL U. A., Leid erfahren-Sinn suchen. Das Problem der Theodizee, Freiburg-Basel-Wien 2007 (Theologische Module; I).

BOYD, GREGORY A., Satan and the problem of evil. Constructing a trinitarian warfare theodicy, Downers Grove/ Ill. 2001.

BRANTSCHEN, JOHANNES B., Warum gibt es Leid ? Die große Frage an Gott, Freiburg-Basel-Wien 2009.

DERS., Leiden-Ernstfall der Hoffnung. Eine theologische Meditation. In: ThPQ 150 (2002) 226–237.

BROCKE, MICHAEL/ JOCHUM, HERBERT (Hg.), Wolkensäule und Feuerschein. Jüdische Theologie des Holocaust, Gütersloh 1993 (KT 131).

著者略歴

著者：クラウス・フォン・シュトッシュ（Klaus von Stosch）

ボン大学、フリブール大学（スイス）で神学を学ぶ。2001年に神学博士号、2005年に大学教授資格取得。パーダーボルン大学教授を経て、2021年よりボン大学カトリック神学部シュレーゲル講座教授（組織神学）。

著書『組織神学入門』『啓示』『三位一体』『比較神学入門』（いずれも未邦訳）など多数。

訳者：加納和寛（かのう・かずひろ）

同志社大学大学院神学研究科博士課程前期課程および後期課程修了、博士（神学）。ヴッパータール大学博士課程留学。日本基督教団教会担任教師（伝道師・牧師）、神戸女学院大学非常勤講師を経て、現在、関西学院大学神学部教授（組織神学）。

著書『アドルフ・フォン・ハルナック「キリスト教の本質」における「神の国」理解』（関西学院大学出版会オンデマンド・ブック、2009年）、『アドルフ・フォン・ハルナックにおける「信条」と「教義」―― 近代ドイツ・プロテスタンティズムの一断面』（教文館、2019年）、訳書『苦しみと悪を神学する ―― 神義論入門』（M. S. M. スコット著、教文館、2020年）、訳書『評伝アドルフ・フォン・ハルナック』（クルト・ノヴァク著、関西学院大学出版会、2022年）、共訳『メソジスト入門 ―― ウェスレーから現代まで』（W. J. エイブラハム著、教文館、2024年）他。

神がいるなら、なぜ悪があるのか
現代の神義論

2018 年 7 月 25 日初版第一刷発行
2025 年 6 月 10 日初版第二刷（原著改訂第三版）発行

著　者　クラウス・フォン・シュトッシュ
訳　者　加納和寛

発行者　田村和彦
発行所　関西学院大学出版会
所在地　〒 662-0891
　　　　兵庫県西宮市上ケ原一番町 1-155
電　話　0798-53-7002

印　刷　協和印刷株式会社

Printed in Japan by Kwansei Gakuin University Press
ISBN 978-4-86283-260-3

理 コトワリ

KOTOWARI
No.75
2025

五〇〇点刊行記念

関西学院大学出版会の総刊行数が五〇〇点となりました。草創期とこれまでの歩みを歴代理事長が綴ります。

関西学院大学出版会
KWANSEI GAKUIN UNIVERSITY PRESS

未来の教育を語ろう

關谷《せきや》 武司《たけし》
関西学院大学教授

著者は現在六四歳になります。思えば、自身が大学に入学した頃に、パーソナル・コンピューター（ＰＣ）というものが世に現れ、最初はソフトウェアもほとんどなく、研究室にあるただの箱のような扱いでした。それが、毎年毎年数倍の革新的な能力アップを遂げ、あっという間に、ＰＣなくしては、研究だけでなく、あらゆるオフィス業務が考えられない状況が出現しました。その後のインターネットの充実は、さらに便利な社会をもたらし、近年はクラウドやバーチャルという空間まで生み出しました。そして、数年前から、ついに人工知能（ＡＩ）の実用化が始まり、人間の能力を超える存在にならんとしつつあります。ここまでの激的な変化が、わずか人間一代の時間軸の中で起こってきたわけです。

もはや、それまでの仕事の進め方は完全に時代遅れとなり、昨年まであった業務ポストがなくなり、人間の役割が問い直されるまでに至りました。この影響は、すでに学びの場、学校や大学にも及んでいます。

これまで生徒に対してスマホートフォンの使用を制限していた中学や高等学校では、タブレットが導入され、ＡＩを使う生徒の姿に教師が戸惑う光景が見られるようになりました。教室で、ＡＩなどの先進科学技術を利用しながら、子どもたちに、何を、どのように学ばせるべきなのか。これは避けて通れない目の前のことで、教育者はいま、その解を求められています。しかし、学校現場は日々の業務に忙殺されており、立ち止まって現状を見直し、高い視点に立って将来を見据えて考える、そんな時間的余裕などはとてもありません。ただただ、「これでいいわけはない」「今後に向けてどのような教育があるべきか」

など、焦燥感だけが募る毎日。

この書籍は、そのような状況にたまりかねた著者が、仲間うちの教育関係者に訴えかけて円卓会議を開いた、そのときに話された内容を記録したものです。まずは、僭越ながら著者が基調講演をおこない、続いて小学校から高等学校までの現場の先生方、そして教育委員会の指導主事の先生方にグループ討議をしていただきました。それぞれの教育現場における課題や懸念、今後やるべき取り組みやアイデアの提示を自由に話し合い、互いに共有しました。そして、それを受けて、大学の異なるご専門の先生方から、大学としていかなる変革が必要となるか、コメントを頂戴しました。実に有益なご示唆をいただくことができました。

では、私たちはどのような一歩を歩み出すべきなのでしょうか。社会の変化は非常に早い。

そこで、小学校から高等学校までの学校教育に多大な影響を及ぼしている大学教育に着目しました。それはまた、輩出する卒業生を通して社会に対しても大きな影響を及ぼす存在です。

一九七〇年にＯＥＣＤの教育調査団から、まるでレジャーランドの如くという評価を受けてから半世紀以上が経ちました。もはや、このまま変わらずにはいられない大学教育に関して、大胆かつ具体的に、これからの日本に求められる理想としての大学の姿を提示してみました。遠いぼんやりした次世紀の大学ではなく、シンギュラリティが到来しているかもしれない、二〇五〇年を具体的にイメージしたとき、どういう教育理念で、どのようなカリキュラムを、どのような教授法で実施するのか。いま現在の制約をすべて取り払い、自らが主体的に動ける人材を生み出すために、妥協を廃して考えた具体的なアイデアを提示する。この奇抜な挑戦をやってみました。

このような大学がもし本当に出現したなら、社会にどのようなインパクトを及ぼすでしょうか。消滅しつつある、けれど本来は資源豊かな地方に設立されたら、どれほどの効果を生み出すでしょうか。その影響が共鳴しだせば、日本全体の教育を変えていくことにもつながるのではないでしょうか。

そんな希望を乗せて、この書籍を世に出させていただきました。批判も含め、大いに議論が弾む、その礎となることを願っています。

関西学院大学出版会の誕生と私

荻野《おぎの》 昌弘《まさひろ》
関西学院理事長

一九九五年は、阪神・淡路大震災が起こった年である。関西学院大学も、教職員・学生の犠牲者が出て、授業も一時中断した。この年の秋、大学生協書籍部の谷川恭生さん、岡見精夫さんと神戸三田キャンパスを見学しに行った。新しいキャンパスに総合政策学部が創設されたのは、震災が起こった一九九五年の四月のことである。震災という不幸にもかかわらず、神戸三田キャンパスの新入生は、活き活きとしているように見えた。

その後、三田市ということで、三田屋でステーキを食べた。その時に、私が、そろそろ、単著を出版したいと話して、具体的な出版社名も挙げたところ、谷川さんがそれよりもいい出版社があると切り出した。それは、関西学院大学生活協同組合出版会のことで、たしかに蔵内数太著作集全五巻を出版している。生協の出版会を基に、本格的な大学出版会を作っていけばいいという話だった。

震災は数多くの建築物を倒壊させた。それは、不幸なできごとであったが、そこから新たな再建、復興計画が生まれる。何か新しいものを生み出したいという気運が生まれてくる。私は、谷川さんの新たな出版会創設計画に大きな魅力を感じ、積極的にそれを推進したいという気持ちになった。

そこで、まず、出版会設立に賛同する教員を各学部から集め、設立準備有志の会を作った。岡本仁宏（法）、田和正孝（文）、田村和彦（経＝当時）、広瀬憲三（商）、浅野考平（理＝当時）の各先生が参加し、委員会がまず設立された。また、経済学部の山本栄一先生から、おりに触れ、アドバイスをもらうことになった。

出版会を設立するうえで決めなければならないのは、まずその法人格をどのようにするかだが、これは、財団法人を目指す任意団体にすることにした。そして、何よりの懸案事項は、出版資金をどのように調達するかという点だった。あるときに、たしか当時、学院常任理事だった、私と同じ社会学部の高坂健次先生から山口恭平常務に会いにいけばいいと言われ、単身、常務の執務室に伺った。山口常務に出版会設立計画をお話し、資金を融通してもらいたい旨お願いした。山口さんは、社会学部の事務長を経験されており、そのときが一番楽しかったという話をされ、その後に、一言「出版会設立の件、承りました」と言われた。事実上、出版会の設立が決まった瞬間だった。

その後、書籍の取次会社と交渉するため、何度か東京に足を運んだ。そのとき、谷川さんと共に同行していたのが、今日まで、出版会の運営を担ってきた田中直哉さんである。東京出張の折には、よく酒を飲む機会があったが、取次会社の紹介で、高齢の女性が、一人で自宅の応接間で営むカラオケバーで、バラのリキュールを飲んだのが、印象に残っている。

取次会社との契約を無事済ませ、社会学部教授の宮原浩二郎編集長の下、編集委員会が発足し、震災から三年後の一九九八年に、最初の出版物が刊行された。

ところで、当初の私の単著を出版したいという目的はどうなったのか。出版会設立準備の傍ら、執筆にも勤しみ、第一回の刊行物の一冊に『資本主義と他者』を含めることがかなった。新たな出版会で刊行したにもかかわらず、書評紙にも取り上げられ、また、読売新聞が、出版記念シンポジウムに関する記事を書いてくれた。当時大学院生で、その後研究者になった方々から私の本を読んだという話を聞くことがあるので、それなりの反響を得ることができたのではないか。書店で『資本主義と他者』を手にとり、読了後すぐに連絡をくれたのが、当時大阪大学大学院の院生だった、山泰幸人間福祉学部長である。また、いち早く、論文に引用してくれたのが、今井信雄社会学部教授（当時、神戸大学の院生）で、今井論文は後に、日本社会学会奨励賞を受賞する。出版会の立ち上げが、新たなつながりを生み出していることは、私にとって大きな喜びであり、出版会が、今後も知的ネットワークを築いていくことを期待したい。

『資本主義と他者』1998年

資本主義を可能にしたものは？　他者の表象をめぐる闘争から生まれる、新たな社会秩序の形成を、近世思想、文学、美術等の資料をもとに分析する

草創期をふり返って

宮原《みやはら》　浩二郎《こうじろう》
関西学院大学名誉教授

関西学院大学出版会の刊行書が累計で五〇〇点に到達した。ホームページで確認すると、設立当初の一〇年間は毎年一〇点前後、その後は毎年二〇点前後のペースで刊行実績を積み重ねてきたことがわかる。あらためて今回の「五〇〇」という大台達成を喜びたい。

草創期の出版企画や運営体制づくりに関わった初代編集長として当時をふり返ると、何よりもまず出版会立ち上げの実務を担った谷川恭生氏の面影が浮かんでくる。当時の谷川さんは関学生協書籍部の「マスター」として、関学内外の多くの大学教員や研究者を知的ネットワークに巻き込みながら、学術書を中心に本の編集、出版、流通、販売の仕組みや課題を深く研究し、全国の書店や出版社、取次会社に多彩な人脈を築いていた。谷川さんに連れられて、東京の大手取次会社を訪問した帰りの新幹線で、ウィスキーのミニボトルをあけながら夢中で語り合い、気がつくともう新大阪に着いていたのをなつかしく思い出す。

数年後に病を得た谷川さんが実際に手にとることができた新刊書は当初の五〇点ほどだったはずである。今や格段に充実した刊行書のラインアップに喜び、深く安堵してくれているにちがいない。それはまた、谷川さんの知識経験や文化遺伝子を引き継いだ、田中直哉氏はじめ事務局・編集スタッフによる献身と創意工夫の賜物でもあるのだから。

草創期の出版会はまず著者を学内の教員・研究者に求め「関学の」学術発信拠点としての定着を図る一方、学外の大学教員・研究者にも広く開かれた形を目指していた。そのためすでに初期の新刊書のなかに関学教員の著作に混じって学外の大学教員・研究者による著作も見受けられる。その後も「学内を中心としながら、学外の著者にも広く開かれている」という当初の方針は今日まで維持され、それが刊行書籍の増加や多様性の確保にも少なからず貢献してきたように思う。

　他方、新刊学術書の専門分野別の構成はこの三〇年弱の間に大きく変わってきている。たとえば出版会初期の五年間と最近五年間の新刊書の「ジャンル」を見比べていくと、現在では当初よりも全体的に幅広く多様化していることがわかる。「社会・環境・復興」（災害復興研究を含むユニークな「ジャンル」）や「経済・経営」は現在まで依然として多いが、いずれも新刊書全体に占める比重は低下し、「法律・政治」「福祉」「宗教・キリスト教」「関西学院」「エッセイその他」にくわえて、当初は見られなかった「言語」や「自然科学」のような新たな「ジャンル」が加わっている。何よりも目立つ近年の傾向は、「哲学・思想」や「文学・芸術」のシェアが顕著に低下する一方、「教育・心理」や「国際」、「地理・歴史」のシェアが大きく上昇していることである。

　こうした「ジャンル」構成の変化には、この間の関西学院大学の学部増設（人間福祉、国際、教育の新学部、理系の学部増設など）がそのまま反映されている面がある。ただ、その背景には関学だけではなく日本の大学の研究教育をめぐる状況の変化もあるにちがいない。思い返せば、関西学院大学出版会の源流の一つに、かつて谷川さんが関学生協書籍部で編集していた書評誌『みくわんせい』（一九八八―九二年）がある。それは当時の「ポストモダニズム」の雰囲気に感応し、最新の哲学書や思想書の魅力を伝えることを通して、専門の研究者や大学院生だけでなく広く読書好きの一般学生の期待に応えようとする試みでもあった。出版会草創期の新刊書にみる「哲学・思想」や「文学・芸術」のシェアの大きさとその近年の低下には、そうした一般学生・読者ニーズの変化という背景もあるように思う。

関西学院大学出版会も着実に「歴史」を刻んできたことにあらためて気づかされる。これから二、三十年後、刊行書「一〇〇〇点」達成の頃には、どんな「ジャンル」構成になっているだろうか、今から想像するのも楽しみである。

『みくわんせい』
創刊準備号、1986年
この書評誌を介して集った人たちによって関西学院大学出版会が設立された

関西学院大学出版会への私信

田中《たなか》 きく代《よ》
関西学院大学名誉教授

私は出版会設立時の発起人ではありませんでしたが、初代理事長の荻野昌弘さん、初代編集長の宮原浩二郎さんから設立のお話をいただいて、気持ちが高まりワクワクしたことを覚えています。発起人の方々の熱い思いに感銘を受けてのことで、「田中さん、研究発進の出版部局を持たないと大学と言えないよね」という誘いに、もちろん「そうよね!!」と即答しました。皆さんの良い本をつくりたいという理想も高く、何度も会合がもたれました。ことに『理』の責任者であった生協の書籍におられた谷川恭生さんのご尽力は並々ならないものであったと感謝しております。谷川さんを除けば、皆さん本屋さんの出版にはさほど経験がなく、苦労も多かったのですが、苦労よりも新しいものを生み出すことに嬉々としていたように思います。

私は、設立から今日まで、理事として編集委員として関わらせていただき、一時期には理事長の要職に就くことにもなりましたが、荻野さん、宮原さん、山本栄一先生、田村和彦さん、大東和重さん、前川裕さん、田中直哉さん、戸坂美果さんと、指を折りながら思い返し、多くの編集部の方々のおかげで、やってくることができたと実感しています。五〇〇冊記念を機に、まずは感謝を申し上げ、いくつか関西学院大学出版会の「いいとこ」を宣伝しておきたいと思います。

「関学出版会の『いいとこ』は何?」と聞かれると、本がとても「温かい」と答えます。出版会の出版目録を見ていると、それぞれの本が出来上がった時の記憶が蘇ってきますが、どの本も微笑んでいます。教員と編集担当者が率先して一致協力して運営に関わっていることが、妥協しないで良い本をつくろうとすることからくる真剣な取り組みとなっているのです。出版会の本は丁寧につくられ皆さんの心が込められているのです。
また、本をつくる喜びも付け加えておきます。毎月の編集委員会では、新しい企画にいつもドキドキしています。私事ですが、私は歴史学の研究者の道を歩んできましたが、同時にどこかでいつか本屋さんをやりたいという気持ちがあったことは否定できません。関学出版会では、自らの本をつくる時など特にそうですが、企画から装丁まですべてに自分で直接に関わることができるのですよ。こんな嬉しいことがありますか。

皆でつくるということでは、夏の拡大編集委員会の合宿も思い出されます。毎夏、有馬温泉の「小宿とうじ」で実施されてきましたが、そこでは編集方針について議論するだけではなく、毎回「私の本棚」「思い出の本」「旅に持っていく本」などなどの議題が提示されました。自分の好きな本を本好きの他者に「押しつけ?」、本好きの他者から「押しつけられる?」楽しみを得る機会が持てたことも私の財産となりました。夕食後には皆で集まって、学生時代のように深夜まで喧々諤々の時間を過ごしてきたことも楽しい思い出です。今後もずっと続けていけたらと思っています。

記念事業としては、設立二〇周年の一連の企画がありましたが、記念シンポジウム「いま、ことばを立ち上げること」では、田村さんのご尽力で、「ことばの立ち上げ」に関わられた諸氏にお話しいただき、本づくりの大切さを再確認することができました。今でも「投壜通信」という「ことば」がビンビン響いてきます。文字化される「ことば」に内包される心、誰かに届けたい「ことば」のことを、本づくりの人間は忘れてはいけないと実感したものです。

インターネットが広がり、本を読まない人が増えている現状で、今後の出版界も変革を求められていくでしょうが、大学出版会としては、学生に「ことば」を伝える義務があります。ネット化を余儀なくされ「ことば」を伝えるにも印刷物ではなくなることも増えるでしょう。だが、学生に学びの「知」を長く蓄積し生涯の糧としていただくには、やはり「本棚の本」が大切だと思います。出版会の役割は重いですね。

『いま、ことばを立ち上げること』
K.G.りぶれっとNo. 50、2019年

2018年に開催した関西学院大学出版会設立20周年記念シンポジウムの講演録

ふたつの追悼集

田村《たむら》　和彦《かずひこ》
関西学院大学名誉教授

荻野昌弘さんの原稿で、一九九五年の阪神淡路の震災が出版会誕生の一つのきっかけだったことを思い出した。今から三〇年前になる。ぼく自身は一九九〇年に関西学院大学に移籍して間もなくだった。震災との直接のつながりは思いつかないが、新たな出発に向けての思いが大学に満ちていたことは確かである。

ぼく自身と出版会とのかかわりは、当時関学生協書籍部にいた谷川恭生さんに直接声をかけられたことから始まる。谷川さんの関西学院大学出版会発足にかけた情熱については、本誌で他の方々も触れているとおりである。残念ながら、出版会がどうやら軌道に乗り始めた二〇〇四年にわずか四九歳で急逝した谷川さんには、翌年に当出版会が出した追悼文集『時（カイロス）の絆』に学内外の多くの方々が思いを寄せている。出版会についていえば、前身には発足の十年近く前から谷川さんが発行していた書評誌『みくわんせい』があったことも忘れえない。『みくわんせい』のバックナンバーの書影は前記追悼集に収録されている。出版会を立ちあげて以来発行されてきたこの小冊子『理』にしても、最初は彼が構想する大学発の総合雑誌の前身となるべきものだったと記憶している。「理」を「ことわり」と読むことにこだわったのも彼である。谷川さんのアイデアは尽きることなく広がり、何度かの出版会主催のシンポジウムも行われた。そんななか、出版会が発足してからもいつもは外野のにぎわわせ役を決めこんでいたぼくに、谷川さんから研究室に突然電話が入り、「編集長になりませんか」という依頼があった。なんとも闇雲な頼みで、答えあぐねているうちにいつの間にやら引き受けることになってしまった。その後編集長として十数年、その後は出版会理事長として谷川さんが蒔いた種から育った出版会の活動を、不十分ながら引き継いできた。

関学出版会を語るうえでもう一人忘れえないのが山本栄一氏で

ある。山本さんは阪神淡路の震災の折、ちょうど経済学部の学部長で、ぼく自身もそこに所属していた。学部運営にかかわる面倒なやり取りに辟易していたぼくだが、震災の直後に山本さんが学部活性化のために経済学部の教員のための紀要刊行費を削って、代わりに学部生を巻きこんで情報発信と活動報告を行う経済学部広報誌『エコノフォーラム』を公刊するアイデアを出したときには、それに全面的に乗り、編集役まで買って出た。それをきっかけに学部行政以外のつき合いが深まるなかで、なんとも型破りで自由闊達な山本さんの人柄にほれ込むことになった。発足間もない関学出版会についても、学部の枠を越えて、教員ばかりか事務職にまで関学随一の広い人脈を持つ山本さんの「拡散力」と「交渉力」が大いに頼みになった。一九九九年に関学出版会の二代目の理事長に就かれた山本さんは、毎月の編集会議にも、当時千刈のセミナーハウスで行なわれていた夏の合宿にも必ず出席なさった。堅苦しい会議の場は山本さんの一見脈絡のないおしゃべりをきっかけに、どんな話題に対しても、誰に対しても開かれた、くつろいだ自由な議論の場になった。本の編集・出版という作業は、著者だけでなく、編集者・校閲者も巻きこんで、まったくの門外漢や未来の読者までを想定した、実に楽しい仕事になった。山本さんは二〇〇八年の定年後も引き続き出版会理事長を引き受けてくださったが、二〇一一年に七一歳で亡くなられた。没後、関学出版会は上方落語が大好きだった山本さんを偲んで『賑わいの交点』という追悼文集を発刊している。

出版会発足二八年、刊行点数五〇〇点を記念するにあたって特にお二人の名前を挙げるのは、お二人のたぐいまれな個性とアイデアが今なお引き継がれていると感じるからである。二つの追悼集のタイトルをつけたのは実はぼくだった。いま、それを久しぶりに紐解いていると関西学院大学出版会の草創期の熱気と、それを継続させた人的交流の広さと暖かさとが伝わってくる。

『賑わいの交点』
山本栄一先生追悼文集、2012年（私家版）

39名の追悼寄稿文と、山本先生の著作目録・年譜・俳句など

『時（カイロス）の絆』
谷川恭生追悼文集、2005年（私家版）

21名の追悼寄稿文と、谷川氏の講義ノート・『みくわんせい』の軌跡を収録

連載

スワヒリ詩人列伝

第8回 政権の御用詩人、マティアス・ムニャンパラの矛盾

小野田風子

スワヒリ語詩、それは東アフリカ海岸地方の風土とイスラム的伝統に強く結びついた世界である。そのなかで、内陸部出身のキリスト教徒として初めてシャーバン・ロバート（本連載第2回〔『理』59号〕参照）に次ぐ大詩人として認められたのが、今回の詩人、マティアス・ムニャンパラ（Mathias Mnyampala, 1917–1969）である。

ムニャンパラは一九一七年、タンガニーカ（後のタンザニア）中央部のドドマで、ゴゴ民族の牛飼いの家庭に生まれる。幼いころから家畜の世話をしつつ、カトリック教会で読み書きを身につけた。政府系の学校で法律を学び、一九三六年から亡くなるまで教師や税務署員、判事など様々な職に就きながら文筆活動を行った。これまでに詩集やゴゴの民族誌、民話など十八点の著作が出版されている（Kyamba 2016）。

詩人としてのムニャンパラの最も重要な功績とされているのは、「ンゴンジェラ」（ngonjera）注1という詩形式の発明である。独立後のタンザニアは、初代大統領ジュリウス・ニェレレの強い指導力の下、社会主義を標榜し、「ウジャマー」（Ujamaa）と呼ばれる独自の社会主義政策を推進した。ニェレレは当時のスワヒリ語詩人たちに政策の普及への協力を要請し、詩人たちはＵＫＵＴＡ（Usanifu wa Kiswahili na Ushairi Tanzania）という文学団体を結成した。ＵＫＵＴＡの代表として政権の御用詩人を引き受けたムニャンパラが、非識字の人々に社会主義の理念を伝えるのに最適な形式として創り出したのが、ンゴンジェラである。これは、詩の中の二人以上の登場人物が政治的なトピックについて議論を交わすという質疑応答形式の詩である。ムニャンパラがまとめた詩集『ＵＫＵＴＡのンゴンジェラ』（*Ngonjera za Ukuta I & II*. 1971, 1972）はタンザニア中の成人教育の場で正式な出版前から活用され、地元紙には類似の詩が多数掲載された。

ムニャンパラの詩はすべて韻と音節数の規則を完璧に守った定型詩である。ンゴンジェラ以外の詩では、言葉の選択に細心の注意が払われ、表現の洗練が追求されている。詩の内容は良い生き方を諭す教訓的なものや、物事の性質や本質を解説するものが目立つ。詩のタイトルも、「世の中」「団結」「嫉妬」「死」など一語が多く、詩の形式で書かれた辞書のようでさえある。美徳や悪徳、無力さといった人間に共通する性質を扱う一方、差別や植民地主義への明確な非難も見られ、人類の平等や普遍性について

書いた詩人と大まかに評価できよう。

一方、ムニャンパラのンゴンジェラは、それ以外の詩と比べて深みや洗練に欠けると言われる。ムニャンパラは「庶民の良心」であることを放棄し、「政権の拡声器」に成り下がったとも批判されている (Ndulute 1985: 154)。知識人が無知な者を啓蒙するというンゴンジェラの基本的な性質上、確かにそこには、人間や物事の単純化や、善悪の決めつけ、庶民の軽視が見られる。人間の共通性や普遍性に焦点を当てるヒューマニズムも失われている。表現の推敲の跡もあまり見られず、政権のスローガンをただ詩の形式に当てはめただけのようである。以下より、ムニャンパラのンゴンジェラが収められている『UKUTAのンゴンジェラI』と、一般的な詩が収められている『ムニャンパラ詩集』(*Diwani ya Mnyampala*, 1965)、そして『詩の教え』(*Waadhi wa Ushairi*, 1965) から、実際にいくつか詩を見てみよう。

『UKUTAのンゴンジェラI』内の「愚かさは我らが敵」では、「愚か者」が以下のように発言する。「みんな私をバカだと言う　学のない奴と／私が通るとみんなであざけり　友達でさえ私を笑う／悪口ばかり浴びせられ　言葉数さえ減ってきた／さあ、確かなことを教えてくれ　私のどこがバカなんだ？」それに対し、「助言者」は、「君は本当にバカだな　そう言われるのももっともだ／だって君は無知だ　教育されていないのだから／君は幼子、背負われた子どもだ／教育を欠いているからこそ　君はバカなのだ」と切り捨てる。その後のやり取りが続けられ、最後には「愚か者」が、「やっと理解した　私の欠陥を／勉強に邁進し　愚かさから抜け出そう／そして味わおう　読書の楽しみを／確かに私は　バカだったのだ」と改心する (Mnyampala 1970: 14-15)。

一方、『詩の教え』内の詩「愚か者こそが教師である」では、「愚か者」についての認識に大きな違いがある。詩人は、「愚か者はこし器のようなもの　知覚を清めることができる／愚か者こそが、賢者を教える教師なのである」(Mnyampala 1965b: 55) と、ンゴンジェラとは異なる思慮深さを見せる。また、上記のンゴンジェラに見られる教育至上主義は、『詩の教え』内の別の詩「高貴さ」とも矛盾する。

たとえば人の服装や金の装身具／あるいは大学教育や宗教の知識に驚かされることはあっても／それが人に高貴さをもたらすわけではない　そういったものに惑わされるな／服は高貴さとは無縁だ　高貴さとは信心なのだ

高貴さとは信心である　読書習慣とは関係ない／スルタンであることや、ローマ人やアラブ人であることでもない／それは心の中にある信心　慈悲深き神を知ること／騒乱は高貴さには似合わない　高貴さとは信心なのだ (Mnyampala 1965b: 24)

同様の矛盾は、社会主義政策の根幹であったウジャマー村についての詩にも見出せる。一九六〇年代末から七〇年代にかけて、平等と農業の効率化を目的として、人工的な村における集団農業の実施が試みられた。『UKUTAのンゴンジェラ』内の詩「ウジャマー村」では、政治家が定職のない都市の若者に、村に移住し農業に精を出すよう諭す。若者は「彼らが言うのだ　私たちは町を出ないといけないと／ウジャマー村というが　何の利益があるんだ？」と疑問を投げかけ、「この私がどんな利益を上げられるだろう？／体には力はなく　何も収穫することなどできない」、「なぜ一緒に暮らさないといけないのか　どういう義務なのか？／せっかくの成果を無駄にして　もっと貧しくなるだろう」と移住政策の有効性を疑問視し、「私はここの馴染みだ　私の人生は町にある／私はここで丸々肥えて　いつも喜びの中にある／もし村に住んだなら　骨と皮だけになってしまう」と懸念する。それに対し政治家は、「町を出ることは重要だ　共に村へ移住しよう／恩恵を共に得て　勝者の人生を歩もう」、「みんなで一緒に住むことは　国にとって大変意義のあること／例えば橋を作って

洪水を防ぐことができる／一緒に耕すのも有益だ　経済的成果を上げられる」とお決まりのスローガンを並べるだけである。にもかかわらず若者は最終的に、「鋭い言葉で　説得してくれてありがとう／怠け癖を捨て　鍬の柄を握ろう／そして雑草を抜いて　村に参加しよう／ウジャマー村には　確かに利益がある」と心変わりをするのである（Mnyampala 1970: 38-39）。

この詩は、その書かれた目的とは裏腹に、若者の懸念の妥当性と、政治家の理想主義の非現実性とを強く印象づける。以下の詩を書いたときのムニャンパラ自身も、この印象に賛同してくれるはずである。『ムニャンパラ詩集』内の詩「農民の苦労」では、農業の困難さが写実的かつ切実につづられる。

はるか昔から　農業には困難がつきもの／まずは原野を開墾し　枯草を山ほど燃やす／草にまみれ　一日中働きづめだ／農民の苦労には　忍耐が不可欠

忍耐こそが不可欠　心変わりは許されぬ／毎日夜明け前に目を覚まし／すぐに手に取るのは鍬　あるいは鍬の残骸／農民の苦労には　忍耐が不可欠

森を耕しキビを植え　草原を耕しモロコシを植え／たとえ一段落しても　いびきをかいて眠るなかれ／動物が畑にやってきて　作物を食い荒らす／農民の苦労には　忍耐が不可欠（三連略）

いつ休めるのか　いつこの辛苦が終わるのか／イノシシやサルに　怯えて暮らす苦しみが？／収穫の稼ぎを得る前から　疑念が膨らむばかり／農民の苦労には　忍耐が不可欠

キビがよく実ると　私はひたすら無事を祈る／すべての枝が花をつける時　私の疑いは晴れていく／そして鳥たちが舞い

降りて　私のキビを狙い打ち／農民の苦労には　忍耐が不可欠（一連略）
農民は衰弱し　憐れみを掻き立てる／その顔はやせ衰え　見る影もない／すべての困難は終わり、農民はついに収穫する　みずからの終焉を／農民の苦労には　忍耐が不可欠
(Mnyampala 1965a: 53-54)

ウジャマー村への移住政策は遅々として進まず、一九七〇年代に入ると武力を用いた強制移住が始まる。しかしムニャンパラはタンザニア政治が暴力性を帯びる前、一九六九年に亡くなった。『詩の教え』内の「政治」という詩には、「国民に無理強いするのは、政府のやることではない」という一節がある (Mnyampala 1965b: 5)。ムニャンパラがもう少し長く生き、社会主義政策の失敗を目の当たりにしていたなら、「政権の拡声器」か「庶民の良心」か、どちらの役割を守っただろうか。

ムニャンパラは、時の政権であれ、身近なコミュニティであれ、そこから期待された役割を忠実に演じきった詩人と言えるだろう。そのような詩人を前にしたとき、われわれはつい、詩人自身の思いはどこにあるのかと問いたくなる。しかしスワヒリ語詩において重要なのは個人の思いではなく、詩がその時代や社会において良い影響を与え得るかどうかである。社会情勢が変われば詩の内容も変わる。よって本稿のように、詩人の主張が一貫していないことを指摘するのは野暮なのだろう。

社会主義政策は失敗に終わったが、ンゴンジェラは現在でも教育的娯楽として広く親しまれている。特に教育現場では、子どもたちが保護者等の前で教育的成果を発表するための形式として重宝されている。自由詩の詩人ケジラハビ（本連載第6回〔『理』71号〕参照）は、ムニャンパラの功績を以下のように称えた。「都会の人も田舎の人もあなたの前に腰を下ろす／そしてあなたは彼らを楽しませ、一人一人の聴衆を／ンゴンジェラの詩人へと変えた！」(Kezilahabi 1974: 40)。

（大阪大学　おのだ・ふうこ）

注1　ゴゴ語で「一緒に行くこと」を意味するという (Kyamba 2022: 135)。

参考文献

Kezilahabi, E. (1974) *Kichomi*, Heinemann Educational Books.
Kyamba, Anna N. (2022) "Mchango wa Mathias Mnyampala katika Maendeleo ya Ushairi wa Kiswahili", *Kioo cha Lugha* 20(1): 130-149.
Kyamba, Anna Nicholaus (2016) "Muundo wa Mashairi katika *Diwani ya Mnyampala* (1965) na Nafasi Yake katika Kuibua Maudhui" *Kioo cha Lugha* Juz. 14: 94-109.
Mnyampala, Mathias (1965a) *Diwani ya Mnyampala*, Kenya Literature Bureau.
—— (1965b) *Waadhi wa Ushairi*, East African Literature Bureau.
—— (1970) *Ngonjera za UKUTA Kitabu cha Kwanza*, Oxford University Press.
Ndulute, C. L. (1985) "Politics in a Poetic Garb: The Literary Fortunes of Mathias Mnyampala", *Kiswahili* Vol. 52 (1-2): 143-162.

【4～7月の新刊】

『未来の教育を語ろう』
關谷 武司［編著］
A5判 一九四頁 二五三〇円

【近刊】 ＊タイトルは仮題

『宅建業法に基づく重要事項説明Q&A 100』
弁護士法人 村上・新村法律事務所［監修］

『教会暦によるキリスト教入門』
前川 裕［著］

『ローマ・ギリシア世界・東方』
ファーガス・ミラー古代史論集
ファーガス・ミラー［著］
藤井 崇／増永理考［監訳］

KGりぶれっと60
『学生たちは挑戦する』
開発途上国におけるユースボランティアの20年
村田 俊一［編著］
関西学院大学国際連携機構［編］

【好評既刊】

『ポスト「社会」の時代』
社会の市場化と個人の企業化のゆくえ
田中 耕一［著］
A5判 一八六頁 二七五〇円

『カントと啓蒙の時代』
河村 克俊［著］
A5判 二二六頁 四九五〇円

『学生の自律性を育てる授業』
自己評価を活かした教授法の開発
岩田 貴帆［著］
A5判 二〇〇頁 四四〇〇円

『破壊の社会学』
社会の再生のために
荻野 昌弘／足立 重和／山 泰幸［編著］
A5判 五六八頁 九二四〇円

KGりぶれっと59
『基礎演習ハンドブック 第三版』
さぁ、大学での学びをはじめよう！
関西学院大学総合政策学部［編］
A5判 一四〇頁 一三二〇円

※価格はすべて税込表示です。

スタッフ通信

弊会の刊行点数が五百点に到達した。九七年の設立から二八年かかったことになる。設立当初はまさかこんな日が来るとは思っていなかった。ちなみに東京大学出版会の五百点目は一九六二年（設立一一年目）、京都大学学術出版会は二〇〇九年（二〇年目）、名古屋大学出版会は二〇〇四年（二三年目）とのこと。特集に執筆いただいた草創期からの教員理事長をはじめ、歴代編集長・編集委員の方々、そしてこれまで支えていただいたすべての皆様に感謝申し上げるとともに、つぎの千点にむけてバトンを渡してゆければと思う。（田）

コトワリ No. 75 2025年7月発行
〈非売品・ご自由にお持ちください〉

知の創造空間から発信する
K.G. University Press
関西学院大学出版会
〒662-0891 兵庫県西宮市上ケ原一番町1-155
電話 0798-53-7002 FAX 0798-53-5870
http://www.kgup.jp/ mail kwansei-up@kgup.jp